Derrubando mitos

Phil Rosenzweig

DERRUBANDO MITOS

COMO EVITAR OS NOVE EQUÍVOCOS BÁSICOS NO MUNDO DOS NEGÓCIOS

tradução:
Ricardo Gouveia

EDITORA GLOBO

Título original: *The Halo Effect — And the Eight Other Business Delusions That Deceive Managers*

Preparação de originais e revisão: Antonio Faria
Capa: Andrea Vilela de Almeida
Diagramação: Crayon Editorial
Foto de capa: Freudenthal Verhagen / Stone / Getty Images
Indexação: Luciano Marchiori

CIP-BRASIL. CATALOGAÇÃO-NA-FONTE
SINDICATO NACIONAL DOS EDITORES DE LIVRO, RJ

R729d

Rosenzweig, Philip M., 1955-
Derrubando mitos : como evitar os noves equívocos básicos no mundo dos negócios / Phil Rosenzweig ; tradução Ricardo Gouveia. - São Paulo : Globo, 2008.

Tradução de: The halo effect
Inclui bibliografia
ISBN 978-85-250-4467-9

1. Administração de empresas - Filosofia. 2. Empresas - Opinião pública. 3. Falácias (Lógica). 4. Sucesso nos negócios. I. Título.

08-0513. CDD: 658
CDU: 65

14.02.08 14.02.08 005255

Direitos da edição em língua portuguesa
adquiridos por Editora Globo S.A.
Av. Jaguaré, 1485 — 05345-902 — São Paulo — SP
www.globolivros.com.br

Aos meus pais
Mark e Janine Rosenzweig

Sumário

O Efeito Aura e outros equívocos empresariais

Primeiro equívoco: *O Efeito Aura*

A tendência de olhar para o desempenho global de uma empresa e especular sobre sua cultura, liderança, seus valores etc. De fato, muitos fatores que acreditamos impulsionar o desempenho da empresa são simplesmente atribuições baseadas no seu desempenho anterior.

Segundo equívoco: *Correlação e Causalidade*

Dois fatos podem estar correlacionados, mas podemos não saber qual é a relação de causalidade entre eles. A satisfação dos empregados leva ao alto desempenho? A evidência sugere que é precisamente o contrário: o sucesso da empresa tem um impacto mais forte sobre a satisfação dos empregados.

Terceiro equívoco: *As Explicações Simples*

Muitos estudos demonstram que um fator em particular – cultura forte da empresa, ou foco no cliente, ou excelente liderança — leva a um desempenho melhor. Mas, uma vez que muitos desses fatores são altamente correlacionados, o efeito de cada um é usualmente menor do que o sugerido.

Quarto equívoco: *Ligar os Pontos Vencedores*

Se escolhermos um número de empresas de sucesso e procurarmos o que elas têm em comum, nunca isolaremos as razões para o seu sucesso pois não temos meios de compará-las com empresas de menor sucesso.

Quinto equívoco: *A Pesquisa Rigorosa*

Se os dados não forem de boa qualidade, não importa quantos tenhamos reunido, nem quão sofisticados os nossos métodos de pesquisa aparentam ser.

Sexto equívoco: *O Sucesso Duradouro*

Quase todas as empresas de alto desempenho regridem com o passar do tempo. A promessa de um projeto para o sucesso duradouro é atraente, mas não é realista.

Sétimo equívoco: *O Desempenho Absoluto*

O desempenho da empresa é relativo, e não absoluto. Uma empresa pode melhorar e mesmo assim ficar atrás das suas concorrentes.

Oitavo equívoco: *A Ponta Errada do Bastão*

Pode ser verdade que as empresas de sucesso freqüentemente tenham perseguido uma estratégia altamente focada, mas isso não significa que estratégias altamente focadas levem necessariamente ao sucesso.

Nono equívoco: *A Física Organizacional*

A despeito do nosso desejo de certeza e ordem, o desempenho da empresa não obedece a leis imutáveis da natureza e não pode ser previsto com a precisão da ciência.

Prefácio

Este livro trata de negócios e administração, sucesso e fracasso, ciência e contar histórias. Foi escrito para ajudar administradores a pensar por si mesmos, ao invés de dar ouvidos aos "peritos" em administração, consultores e CEOs célebres, cada qual alegando possuir *a* resposta. Pense nele como um guia para o administrador reflexivo, um modo de reconhecer verdadeiras idéias e descartar fórmulas mágicas.

É claro que para aqueles que desejam um livro que prometa revelar o segredo do sucesso, ou a fórmula para dominar o mercado, ou os seis passos para a grandeza, existe uma profusão de escolhas. A cada ano, dezenas de novos livros afirmam revelar os segredos das empresas líderes, da General Electric à Toyota, da Starbucks ao Google. *Aprenda os segredos deles e aplique-os à sua empresa!* Outros livros traçam o perfil brilhante de líderes empresariais, tais como Michael Dell ou Jack Welch, Steve Jobs ou Richard Branson. *Descubra o que os faz grandes, e então faça o mesmo!* Outros contam a você como se tornar um mestre da inovação, ou elaborar uma estratégia à prova de falhas, ou arquitetar uma organização sem fronteiras, ou tornar a concorrência irrelevante. *Eis o caminho para vencer os seus rivais!*

De fato, a despeito de todos os segredos e fórmulas, a despeito da autoproclamada liderança de pensamento, o sucesso nos negócios é algo de natureza indefinida. Talvez seja, nos dias atuais, ainda mais indefinido, em virtude da crescente competição global e da velocidade da mudança tecnológica — o que pode explicar por que somos tentados a acreditar de imediato em promessas de avanços revolucionários, segredos e soluções rápidas. Circunstâncias desesperadas nos forçam a buscar curas miraculosas.

Na verdade, não se trata de alguma conspiração da direita ou da esquerda, de Wall Street ou das elites estudantis. Em parte, é um casamento de conveniência. Administradores são pessoas ocupadas, sob enorme pressão para produzir receitas mais elevadas, grandes lucros e retornos ainda maiores para os acionistas. Eles naturalmente buscam respostas prontas, metódicas soluções *plug-and-play* que possam oferecer-lhes uma vantagem em relação aos seus rivais. E as pessoas que escrevem livros sobre negócios — consultores, professores de escolas de administração e gurus da estratégia — ficam felizes em condescender. A procura estimula a oferta, e a oferta sempre encontra uma procura. E assim prosseguimos...

Porém há mais coisas acontecendo do que apenas preguiça ou cobiça. Muitos pesquisadores trabalham duro e com seriedade para apontar com precisão as razões para o sucesso de uma empresa. Se eles têm problemas em encontrar respostas definitivas, deveríamos nos perguntar por quê. *Por que* é tão difícil determinar os fatores que levam ao alto desempenho? *Por que* até mesmo mentes brilhantes que sinceramente desejam descobrir os segredos do sucesso não encontram respostas sólidas — mesmo quando reúnem grandes quantidades de dados sobre centenas de empresas no decorrer de muitos anos? Existe alguma coisa na maneira como formulamos a questão, ou na maneira como procedemos na tentativa de encontrar respostas que nos impede de obtê-las corretamente?

A idéia central deste livro é que o nosso entendimento sobre negócios é formado por uma série de equívocos. Há bons precedentes para a investigação dos equívocos nos negócios e na economia. O clássico de 1841, de Charles Mackay, *Extraordinary Popular Delusions and the Madness of Crowds* [Delusões populares extraordinárias e a loucura das multidões], fazia a crônica dos desatinos do juízo público, desde a mania pelas tulipas holandesas às bolhas especulativas. Mais recentemente, psicólogos cognitivos identificaram tendências que afetam o modo como indivíduos tomam decisões em ambientes de incerteza. Este livro é sobre um conjunto diferente de equívocos, aqueles que distorcem o nosso entendimento do desempenho empresarial, que tornam difícil saber por que uma empresa tem sucesso enquanto outra fracassa. Esses erros de pensamento permeiam grande parte do que lemos sobre negócios, seja nas principais revistas, em publicações acadêmicas ou best-sellers sobre administração. Eles obscurecem a nossa capacidade de pensamento claro e crítico sobre a natureza do sucesso nos negócios.

Seria "equívoco" uma palavra forte demais? Eu não acho. Um velho amigo meu, Dick Stull, explica assim a diferença entre ilusão e equívoco. Quando Michael Jordan parece ficar parado e imóvel no ar por uma fração de segundo antes de enterrar a bola, isso é uma *ilusão*. Os seus olhos estão lhe pregando uma peça. Mas se você pensa que para ser como o Mike basta calçar um bom par de tênis e pegar uma bola de basquete, bem, isso é um *equívoco*. Você está pregando uma peça em si mesmo. Isso não vai acontecer. Os equívocos que descrevo neste livro são um pouco como isso — eles são promessas de que você pode conquistar grande sucesso se ao menos fizer uma coisa ou outra, mas são fundamentalmente falhos. De fato, alguns dos maiores sucessos de vendas dos anos recentes contêm não um ou dois, mas diversos equívocos. Apesar de suas alegações de rigor científico, apesar de todas as suas extensas descrições de pesquisas aparentemente sólidas e cuidadosas, eles operam principalmente no nível de contar histórias. Oferecem narrativas inspiradoras que achamos reconfortantes e satisfatórias, mas na verdade são baseados em pensamento duvidoso. Eles conduzem ao equívoco.

Mark Twain disse certa vez: "Sempre faça o que é certo. Isso irá gratificar algumas pessoas e espantar o resto". Meu objetivo é um pouco diferente. Em vez de gratificar e espantar, espero que este livro estimule a discussão e levante o nível do pensamento empresarial. O ponto não é tornar os administradores mais espertos. O mundo dos negócios está cheio de gente plenamente astuta — esperta, mentalmente ágil e versada em conceitos administrativos correntes. Há, isso sim, carência de administradores sensatos — e com isso quero dizer perspicazes, mais apropriadamente céticos, e menos vulneráveis a fórmulas simplistas e soluções mágicas. Por que seria este um objetivo meritório? Eu vivi dentro e em volta do mundo dos negócios por mais de 25 anos, primeiro como administrador de uma empresa líder nos EUA, depois como professor na Escola de Administração de Harvard, e nos últimos dez anos como professor da Escola de Administração do IMD, em Lausanne, na Suíça. Trabalho diariamente com executivos de uma grande variedade de indústrias. O que venho observando é uma tendência, seja por parte de administradores ou professores, de abraçar respostas simples, algumas delas patentemente simplórias e contumazes, e apegar-se a soluções rápidas ao invés de questionar e pensar por si mesmos.

Mas em vez de dizer a você *o que* pensar, prefiro que você pense criticamente por si mesmo. Você pode achar algumas partes deste livro um pouco provocativas. Se assim for, tudo bem. Quero que você desafie o que escrevo, ao invés de simplesmente aceitar. Um dos meus paradigmas é o falecido Herbert Simon, pai da inteligência artificial, ganhador do Prêmio Nobel de economia por seu trabalho em tomada de decisões, e professor da Carnegie Mellon University do fim dos anos 1940 até a sua morte em 2001. Em suas memórias, *Models of My Life* [*Modelos da minha vida*], Simon descreveu como os seus serviços em diversas missões de apuração de fatos no estrangeiro no final dos anos 1960, freqüentemente consumindo muito tempo e sendo muito onerosos, o levaram a formular o seu "Teorema de Viagem", que reza o seguinte:

Tudo o que pode ser aprendido por um adulto americano normal em uma viagem a um país estrangeiro (com menos de um ano de duração) pode ser aprendido mais depressa, barato e fácil, visitando a Biblioteca Pública de San Diego.[1]

A resposta? Simon escreveu: "As pessoas reagem quase violentamente ao meu Teorema de Viagem. Tento explicar que ele não tem nada a ver com os prazeres da viagem, mas somente com a eficiência da viagem para o aprendizado. Elas parecem não ouvir a minha explicação; continuam se sentindo ultrajadas. Ressaltam que aparentemente estou viajando o tempo todo. Por que as outras pessoas não deveriam viajar também? Mesmo depois que esfriam a cabeça o suficiente para entender o teorema, elas ainda o atacam. É preciso um longo tempo para acalmar sua paixão com a razão — e normalmente a paixão nunca é extinta, mas apenas temporariamente aplacada. Por quê, pensam elas, discutir com um maluco?".

Bem, eu acho o Teorema de Viagem maravilhoso — não porque concordo com ele, mas porque me faz pensar. Ele me força a perguntar: *Qual é o verdadeiro propósito desta viagem?* É para me divertir ou para aprender? No último caso, o que exatamente estou tentando aprender, e qual é o melhor modo de aprender? Poderiam o meu tempo e dinheiro ser mais bem gastos pesquisando fontes disponíveis do que percorrendo os quatro cantos do mundo? Discorde do Teorema de Viagem de Simon se quiser, mas o ponto não é esse. O ponto é nos forçar a perguntar sob que circunstâncias ele é correto e quando ele é falso — e esse tipo de pensamento crítico é sempre útil.

A maioria dos livros de administração faz a pergunta de primeira ordem: *O que leva ao alto desempenho?* Este livro se propõe a responder a uma pergunta diferente: *Por que é tão difícil entender o alto desempenho?* Minha meta é abrir as cortinas e fazer as perguntas que não surgem com freqüência, indicar alguns dos equívocos que nos impedem de ver claramente. Grande parte deste livro (capítulos de dois a oito) mostra por que os peritos — gurus, consultores, professores e jornalistas — estão tantas vezes errados. Ele expõe equívocos que estão ao nosso redor — na impressa de negócios, na pesquisa acadêmica e em best-sellers recentes. Mas isso só nos leva até um certo ponto. Uma vez que tenhamos removido os equívocos que tanto permeiam o pensamento popular sobre negócios, o que acontece? A segunda coisa que o administrador sensato deve fazer é focalizar os elementos que impelem o desempenho da empresa enquanto reconhecem a incerteza fundamental no âmago do mundo dos negócios. O restante do livro (capítulos nove e dez) é dedicado a essas questões, sugerindo como os administradores devem substituir os equívocos por um modo mais adequado de entender o desempenho da empresa, isto é, respeitando as probabilidades. Afortunadamente, há administradores no cenário atual que são verdadeiros paradigmas, e o capítulo final oferece alguns breves retratos que podem servir de exemplos para todos nós.

Existe um pote de ouro no fim do arco-íris? Não no sentido usual do termo. Você não vai encontrar promessas de resultados garantidos em nenhuma destas páginas. Não há garantias de que o sucesso decorra da adoção de quatro regras, ou de viver segundo um plano de cinco pontos, ou mesmo de se comprometer com eventuais seis passos. Contudo, estou convencido de que uma maneira melhor de pensar sobre administração dependa de empregarmos uma visão clara e escrupulosa; sem dúvida melhor do que o tipo de pensamento displicente que caracteriza a maior parte do que está disponível atualmente sobre negócios e administração nas estantes das livrarias.

Dentre os homens que consideramos sensatos e que mencionamos aqui, o físico Richard Feynman certa vez comentou que muitos campos têm uma tendência à pomposidade para fazer as coisas parecerem graves e profundas. É como se, quanto menos soubéssemos, mais tentássemos enfeitá-las com termos que soam complicados. Fazemos isso em incontáveis campos, da sociologia à filosofia, da história à economia — e, como não poderia deixar de ser, também no âmbito da administração de empresas. Suspeito que a aridez de tantos escritos sobre negócios origina-se freqüentemente de uma vontade de soar como se tivéssemos todas as respostas, e de uma correspondente falta de vontade de reconhecer os limites do que sabemos. Com relação a um filósofo particularmente presunçoso, Feynman observou:

> Não é a filosofia que me incomoda, mas a pomposidade. Se eles ao menos *rissem* de si mesmos! Se eles ao menos dissessem: "Eu acho que é assim, mas Von Leipzig achava que era assado, e ele também teve uma boa chance de acertar". Se eles explicassem que esse é o seu melhor palpite.[2]

Bem, esse é o *meu* melhor palpite. Esse é o modo como vejo as coisas.

CAPÍTULO UM
QUÃO POUCO SABEMOS

Quão pouco sabemos, quanto a descobrir...
Quem se importa em definir que química é essa?
Quem se importa, com teus lábios nos meus,
quão ignorante é o êxtase?
"Quão pouco sabemos (quão pouco isso importa)"
Letra de Carolyn Leigh, música de Philip Springer, 1956.[3]

EM JANEIRO DE 2004, depois de uma temporada de férias particularmente desastrosa, a Lego, empresa de brinquedos dinamarquesa, demitiu o seu principal dirigente operacional. Ninguém duvidava que Poul Plougmann tinha que partir. As baixíssimas vendas de Natal foram a última gota no fim de um ano terrível — a receita da Lego caíra 25%, e a empresa perdera US$ 230 milhões naquele ano, o pior da sua história. O que tinha dado tão gravemente errado? O executivo chefe Kjeld Kirk Kristiansen, neto do fundador, explicou simplesmente: a Lego havia "se desviado para longe demais das suas raízes e se apoiara muito pesadamente em subprodutos de merchandising, tais como figuras de Harry Potter, que provaram ser impopulares na temporada a despeito do sucesso continuado dos livros de J. K. Rowling". A solução? A Lego anunciou que iria "retornar ao básico". Kristiansen prometeu: "Vamos nos concentrar na lucratividade, especialmente no potencial atrativo dos nossos produtos de núcleo".[4]

Não há nada de especialmente notável em uma história como essa. Todos os dias lemos sobre empresas que estão indo bem e alguém é promovido, e outras empresas que fracassam e alguém é cortado. Hoje é a Lego, e amanhã será alguma outra. O tempo não pára.

Mas, deixemos por enquanto a Lego de lado. Como Rick poderia ter dito em *Casablanca*, o problema de um fabricante dinamarquês de brinquedos não significa absolutamente nada neste mundo louco*. O que *realmente* me interessa é como explicamos o desempenho da Lego, porque o modo como pensamos sobre o que aconteceu com a Lego é típico de como pensamos sobre sucesso ou fracasso em muitas outras empresas. Não queremos ler apenas que as vendas da Lego caíram abruptamente, queremos uma explicação para o que aconteceu. Não pode ter sido apenas má sorte. Deve ter havido alguma razão para que uma empresa-símbolo, uma presença constante nas prateleiras das lojas de brinquedos em todo o mundo, fiel companheira das brincadeiras de gerações de crianças, tenha se dado tão mal de uma hora para outra. Então, como a imprensa de negócios explica a queda da Lego? Uns poucos jornais relataram que a Lego foi prejudicada pela queda do dólar americano perante o kroner dinamarquês, o que significava que as vendas norte-americanas — cerca de metade do total da Lego — passaram a valer menos na contabilidade da Lego. Alguns repórteres também notaram que um novo e forte rival, a Mega Bloks Inc., sediada em Montreal, estava tirando lascas da participação dominante da Lego no mercado. Mas essas eram questões colaterais. Qual era a explicação principal para as perdas da Lego? *Ela se desviara do seu nú-*

* "[...] *don't amount to a hill of beans in this crazy world*", no original. (N. T.)

cleo. Perdera de vista as suas raízes. Foi isso o que disse o executivo chefe da Lego, e foi isso o que a mídia relatou, inclusive o *Financial Times*, o *The Wall Street Journal*, a *Associated Press*, o *Bloomberg News*, o *Nordic Business Report*, o *Danish News Digest*, o *Plastics News*, e cerca de uma dúzia de outras publicações. Dependendo da fonte, Poul Plougmann foi "posto no olho da rua", "demitido", "podado", "expulso", "removido", "dispensado", "substituído" ou simplesmente "desobrigado de suas funções". Mas, além do verbo usado para descrever a sua partida, não houve muita diferença entre as matérias. A grande asneira da Lego teria sido desviar-se do seu núcleo.

Considere por um momento a palavra *stray* [desviar-se]. O *American Heritage Dictionary of the English Language* define *to stray* como "errar para além de limites estabelecidos", "desviar-se de um curso considerado como correto" e "ficar perdido". Um míssil teleguiado pode *stray off course* [desviar-se do curso] e atingir o alvo errado. Um cão que foge de casa é chamado de *a stray*. Uma empresa também pode *to stray*, se partir para uma aventura tola, se ficar à deriva, se se perder. Aparentemente foi isso o que a Lego fez: ela perseguiu subprodutos de merchandising quando deveria ter focado a sua linha nuclear de produtos. Ela *se perdeu*.

Chris Zook, da Bain & Company, argumentou em seu livro de 2001, *Profit from the Core* [*Lucro a partir do núcleo*], que as empresas freqüentemente se dão melhor quando se concentram em poucos produtos para um segmento claro de clientes.[5] Quando as empresas se envolvem com produtos muito diferentes, ou vão atrás de conjuntos de clientes muito diversos, os resultados muitas vezes não são agradáveis. Mas a questão é esta: como definimos exatamente o núcleo de uma empresa? Zook identifica não menos de seis dimensões ao longo das quais uma empresa pode expandir razoavelmente as suas atividades — para novas geografias, novos canais, novos segmentos de clientes, novos passos na cadeia de valores, novos negócios e novos produtos. Qualquer uma delas pode ser um passo sensato para uma área adjacente, irradiando-se a partir do núcleo e trazendo sucesso. Também é possível que qualquer uma delas possa estar carregada de perigos e levar ao desastre. Então, como saber que caminho tomar? Onde termina o núcleo e onde começa o desvio do curso? Naturalmente, é fácil saber em retrospecto. Mas como saber antecipadamente?

O que nos traz de volta à Lego. Durante anos nossos amigos da Lego fizeram apenas uma coisa: eles fabricaram e venderam blocos de construção para crianças. Esse era o núcleo. A Lego fez milhões de blocos graças a técnicas industriais modernas de moldagem por injeção, produziu blocos numa abundância de cores, e os fez em formas e tamanhos diferentes para que pudessem ser facilmente manipulados por mãos pequenas. As crianças podiam construir quase tudo com os blocos Lego — o único limite era a sua imaginação. A Lego sempre cuidou de blocos de construção, e nada mais. Ela construiu uma participação dominante no mercado e tinha um enorme poder sobre distribuidores e varejistas. Em seu segmento, a Lego era a rainha.

Infelizmente, nada no mundo dos negócios fica parado. As preferências dos clientes mudam, a tecnologia evolui, e aparecem novos concorrentes. O mercado de brinquedos tradicionais estagnou-se à medida que as crianças menores passaram a preferir os jogos eletrônicos. Nos anos 1990, simples blocos plásticos de construção tornaram-se enfadonhos em um mundo de *videogames* e brinquedos eletrônicos. Se a Lego quisesse crescer, ou mesmo se quisesse continuar do mesmo tamanho, teria de tentar algumas coisas novas — a questão era o quê. De todas as coisas que a Lego poderia tentar, o que iria fazer mais sentido? Se a Lego decidisse se expandir para, digamos, serviços financeiros, *isso* seria se desviar do seu núcleo. Ninguém ficaria surpreso se a aventura desse errado — *O que uma empresa de brinquedos está fazendo, tentando ser um banco? O que eles entendem de transações bancárias?* — e o administrador responsável teria de ser removido sem pensar duas vezes. E se a Lego lançasse uma linha de roupas infantis? Talvez, neste caso, a surpresa não fosse tão grande: a Lego entende muito de crianças, bem como de produtos de consumo; tem muito poder sobre distribuição no varejo, mas não em vestuário, pelo menos ainda não. Talvez tenha sucesso, talvez não. E quanto a brinquedos eletrônicos? Mais uma vez, discutível. Talvez a Lego pudesse tirar vantagem da sua experiência com brinquedos, e com todo o crescimento no ramo de *videogames*, por que não? E, de fato, a Lego desenvolveu os jogos Bionicle, em CD-ROM, e os robôs Mindstorm, feitos de blocos de construção e controlados por microcomputadores. Mas figuras de Harry Potter? Brinquedinhos com componentes plásticos que se encaixam uns nos outros? Isto deveria se inserir diretamente *dentro* do núcleo da Lego. Se as figuras de Harry Potter estão *fora* do núcleo da Lego, deveríamos perguntar exatamente o quão amplo é realmente o núcleo da Lego. Porque se o núcleo da Lego nada mais é senão blocos tradicionais, teríamos de nos perguntar como ela iria criar oportunidades de crescimento suficientes para uma empresa com uma receita de US$ 2 bilhões.

De fato, Plougmann foi trazido da Bang & Olufsen, um fabricante dinamarquês de equipamento de áudio de alta qualidade, em parte para perseguir novas oportunidades. A sua contratação foi vista como um golpe, uma clara indicação da aposta da Lego em inovações depois que a empresa anunciou o seu primeiro grande prejuízo em 1998. Sob sua orientação, a Lego passou a diversificar a sua produção, investindo em brinquedos eletrônicos e subprodutos de merchandising, e a reação inicial foi boa. Na época, ninguém disse que a Lego estava se desviando do seu núcleo. Mas quando as vendas caíram abruptamente em 2003, Kristiansen perdeu a paciência e despediu Poul Plougmann. "Estivemos perseguindo uma estratégia de crescimento baseada em produtos totalmente novos. Essa estratégia não rendeu os resultados esperados." Portanto, em 2004, a Lego decidiu "retornar ao núcleo" e "concentrar-se na lucratividade". Estranho, porque se supõe que o crescimento dos lucros era justamente o que a Lego tinha em mente quando abraçou novas oportunidades.

Se pudéssemos voltar o relógio para 1999, imaginemos que a Lego tivesse decidido se ater aos blocos plásticos de construção e nada mais. Nem pensar em Harry Potter, que se tratava "apenas" do livro até então mais popular entre as crianças, e cujos primeiros dois filmes tinham rendido cerca de US$ 1,2 bilhão mundo afora. A manchete do ano seguinte? Provavelmente algo assim: EXECUTIVO DEMITIDO DEPOIS QUE VENDAS DA LEGO SE ACHATARAM. E o resumo da ópera? Algo como: "Empresa familiar dinamarquesa se apega demasiado à sua tradicional linha de produtos e perde oportunidades de crescimento para rivais mais inovadores". Os analistas comentariam que a Lego fracassou em avançar ousadamente. *Faltou-lhe visão. Estava olhando para dentro de si mesma. Seus administradores eram tímidos e complacentes* — ou talvez até *arrogantes*.

Naturalmente, algumas aventuras fora do núcleo são espetacularmente bem-sucedidas. Durante os anos 1980, a General Electric, maior empresa industrial dos EUA, há muito associada com lâmpadas elétricas, refrigeradores, motores de avião e plásticos, vendeu alguns dos seus negócios tradicionais — eletrodomésticos e televisores — e se arriscou na área de serviços financeiros — finanças comerciais, de consumo e seguros. Hoje, esses serviços financeiros são responsáveis por mais de 40% da receita da GE, algo em torno de US$ 8 bilhões no montante total de seus lucros. A GE desviou-se do seu núcleo? Sim, totalmente. Mas ninguém pediu a cabeça do chefão porque a GE teve sucesso. De fato, a GE foi classificada no topo da pesquisa da revista *Fortune* em 2005 das *Empresas Mais Admiradas do Mundo*, à frente do Wal-Mart, da Dell, da Microsoft e da Toyota, e ocupou o segundo lugar na lista de 2005 do *Financial Times* das *Empresas Mais Respeitadas do Mundo*, apenas um ponto abaixo após seis anos consecutivos ocupando o primeiro lugar.[6] E estamos falados quanto aos perigos de se desviar do núcleo produtivo de uma empresa.

Nas semanas que se seguiram à saída de Plougmann, a revista americana *Brand Strategy* examinou um pouco mais atentamente as perspectivas da Lego. Como todos os outros, ela relatou que os problemas da Lego eram resultado de "concentrar-se em novos produtos, tais como coleções licenciadas de Star Wars e Harry Potter, em detrimento dos seus negócios nucleares". Mas a *Brand Strategy* deu um passo adiante e perguntou a diversos peritos da indústria o que a Lego deveria fazer. Talvez esses peritos da indústria, que presumivelmente conhecem muito bem a indústria de brinquedos, assim como os seus principais *players*, fossem capazes de oferecer algum conselho incisivo. A questão proposta: *O que a Lego deveria fazer agora?*

Esta foi a visão de um dirigente de marketing da Hamley's, a legendária loja de brinquedos de Londres:

> A Lego não deve perder de vista aquilo pelo qual se tornou conhecida — blocos de construção confiáveis e coloridos. Seu marketing é impressionante, porém a Lego precisa continuar investindo no fator "uau!".

E este foi o conselho de um analista de uma indústria de brinquedos e jogos:

> Até certo ponto, a Lego perdeu o rumo em anos recentes. Ela procurou abranger uma série de novos setores e isso não funcionou. A

> Lego deveria se concentrar naquilo que faz melhor, isto é, voltar aos brinquedos.

E eis aqui a visão de um outro perito da indústria de brinquedos:

> A Lego precisa se lembrar da sua herança; ouvir os seus clientes; ser inovadora; concentrar-se nas questões-chave para o sucesso a longo prazo; e partir para a evolução, e não revolução.[7]

Uma bela coleção de conselhos! Cada um desses peritos da indústria quer que a Lego faça tudo ao mesmo tempo: por um lado, lembrar-se da sua herança e concentrar-se naquilo pelo que é conhecida, e, por outro lado, ser inovadora e conquistar um fator surpresa. (Lembre-se que o investimento no fator "uau!" foi exatamente o que a Lego tentou fazer — tendo sido arrasada por perder de vista o seu núcleo. Acho que este foi de fato o fator "uau!" errado!). Nem um único perito sugeriu que a Lego fizesse uma escolha clara e seguisse numa direção definitiva — todos eles querem que a Lego tenha o melhor de tudo. Você pode apostar que se a Lego voltasse a ser lucrativa, cada um desses peritos iria dizer: *Vejam, a Lego seguiu o meu conselho*; e caso a Lego continuasse a perder dinheiro, iriam dizer: *A Lego não fez o que eu lhe disse*. E esses são peritos da indústria, que presumivelmente entendem a indústria de brinquedos melhor do que você e eu.

Ted Williams, o grande jogador de beisebol do Red Sox, certa vez disse que havia uma coisa que ele sempre achava irritante. Com os corredores nas bases, e o "fera" do time oposto se preparando para rebater, o técnico anda até o monte e diz ao arremessador: "Não dê a ele um bom arremesso, mas não o deixe andar"; e então, dá meia volta e retorna ao banco. *Bobagem!*, disse Ted. *É claro* que o arremessador não quer dar nenhuma bola fácil para a rebatedor. O arremessador já *sabe* disso! O único conselho útil é: "nessa situa-

ção, é melhor arremessar um *strike*, porque você realmente não quer que esse rebatedor ande"; ou "é melhor permitir que esse rebatedor ande, porque nessa situação você realmente não quer arremessar um *strike* para ele".[8] Mas técnicos de beisebol, assim como os analistas industriais, acham mais fácil desejar o melhor dos mundos.

Uma nota final sobre o negócio de brinquedos. No meio de todo o barulho em volta da Lego havia o fato de que outros fabricantes de brinquedos também estavam lutando. A maior fabricante de brinquedos dos EUA, Mattel, em meio a uma reviravolta acumulada, depois de diversos anos ruins, anunciou em julho de 2004 que as vendas do seu produto campeão de vendas, a boneca Barbie, tinham caído 13%. Parte dos infortúnios da Barbie se originaram de um produto rival, as bonecas Bratz, da MGA Entertainment, alegadamente uma "boneca de estilo mais ousado", que havia conquistado a fatia de mercado da Barbie. O que a Mattel estava planejando fazer a fim de reavivar as vendas da Barbie? Concentrar-se no seu núcleo? Não, ela planejava uma nova linha baseada no programa de televisão *American Idol*, e uma linha baseada em moda intitulada "Fashion Fever". Meses depois de a Lego ter concluído que subprodutos de merchandising eram uma má idéia, a Mattel decidiu justamente se arriscar numa abordagem de mesmo tipo.[9]

Derivando com a WH Smith, *expandindo* com a Nokia

A Lego não é a única empresa a ser criticada por se desviar de seu curso. Considere a WH Smith, a problemática cadeia varejista de jornais e revistas. A WH Smith começou há mais de cem anos como uma distribuidora de jornais, e com o passar do tempo abriu bancas e lojas. Nada de estranho quanto a isso. O *The New York Times* relatou: "Foi nos anos 1980 que a WH Smith começou a diversificar seus produtos para além dos livros e periódicos, adicionando música, material de escritório, papelaria e presentes às suas prateleiras. Mas ao derivar dos seus produtos nucleares, disseram os analistas, a empresa também tornou-se vulnerável à concorrência".[10] A WH Smith agora via-se concorrendo com supermercados e outras grandes lojas de fachada — um jogo perigoso.

Observe o verbo: *derivar*. De acordo com o *Times*, a WH Smith não *expandiu* ou *diversificou*. Ela *derivou*. O *The American Heritage Dictionary* define *to drift* [derivar] como "mover-se de um lugar para outro sem nenhum objetivo em particular", "ser levado por correntes de ar ou água", "vagar a partir de um curso determinado ou ponto de atenção; extraviar-se". Uma jangada pode ser *cast adrift*, abandonada para vagar ao sabor das correntes. Madeira que é trazida à praia pelas marés é *driftwood*. Uma pessoa sem direção ou metas é um *drifter*. (No começo de *The Magnificent Seven* [*Sete homens e um destino*], o desenraizamento — e disponibilidade para contratação — dos pistoleiros é transmitido neste diálogo entre Steve McQueen e Yul Brynner. "Aonde você vai?", pergunta McQueen. Brynner responde: "Estou *drifting* para o sul, mais ou menos. E você?". McQueen sacode os ombros: "Apenas *drifting*".)

Bem, quem disse que a WH Smith derivou? Quem disse que vender música e material de escritório é um exemplo de ficar à deriva ou desviar-se do curso? Por que deveríamos pensar que a WH Smith não tinha nenhum objetivo em particular quando adicionou papelaria e presentes? Ela não entrou no ramo de publicação de livros. Ela não tentou vender comida fresca ou bebidas alcoólicas. A WH Smith não adicionou produtos que exigem explicações pelos vendedores, como equipamento eletrônico ou produtos que possam envolver devoluções. Tudo o que fez foi incluir outros produtos de consumo de rápida rotatividade. Ela expandiu a gama de produtos nas prateleiras, nada mais. E não é exatamente isso o que a WH Smith deveria fazer? Identificar áreas adjacentes que tenham potencial de se beneficiar das capacidades existentes e que contenham algum apelo para os seus clientes essenciais? De fato, o dilema da WH Smith soa como um problema clássico de expansão de formato. Quando grandes lojas e supermercados expandiram seu leque de ofertas para incluir alguns dos produtos da WH Smith, ela teve de decidir se ficava quieta e sofria as conseqüências, ou reagia expandindo o seu formato. Podia bem ser que, dadas as circunstâncias, adicionar música e material de escritório foi o melhor lance que ela poderia ter feito. Talvez a WH Smith não tenha sido capaz de administrar o seu novo formato por alguma razão — mau gerenciamento de estoques ou logística sofrível — ou talvez ela simplesmente não tenha conseguido competir com o poder de compra do Wal-Mart e do Safeway. Mas isso é muito diferente de dizer que a WH Smith tenha simplesmente *derivado* (*drifted*, em inglês).

Vamos dar um avanço rápido e ver se podemos localizar uma boa estratégia enquanto ela acontece. A Nokia foi líder em aparelhos telefônicos celulares desde meados dos anos 1990, combinando excelência tecnológica, design refinado e aplicações inteligentes da marca para construir a maior participação no mercado mundial. Porém, no ano 2004, a empresa sediada na Finlândia começou a sentir o calor de uma concorrência mais firme, grande parte dela vindo de rivais asiáticos de baixos custos. Os telefones celulares, aqueles engenhosos itens compactos que agora incluem câmeras, calendários, calculadoras e rádios, estavam correndo risco de se transformar em uma commodity — e as margens da Nokia estavam sob pressão. Então, o que a Nokia iria fazer? Redobrar o seu foco no núcleo e incrementar o seu investimento em aparelhos? Nada disso. De acordo com a *Business Week*, a Nokia estava decidida a "expandir para a mobilidade em jogos, imagens, música e até complexos sistemas sem fio para corporações".[11] Essas novas áreas eram atraentes pelo seu crescimento e promessa de margens mais altas, porém estavam longe do núcleo de projeto e fabricação de aparelhos da Nokia. Estavam mais distantes do núcleo da Nokia do que a papelaria estava do núcleo da WH Smith, ou os brinquedos de Harry Potter estavam do núcleo da Lego. Então, por que a *Business Week* não disse que a Nokia estava se desviando, ou *drifting*? Como na época ninguém sabia se a Nokia iria ter sucesso ou fracassar, a *Business Week* optou por um simpático verbo neutro: *expandir*. Além disso, a estratégia da Nokia fazia sentido de inúmeras maneiras — estava passando de um negócio difícil de margens baixas para novas áreas que prometiam margens maiores. Se a Nokia conseguisse fazer essa mudança funcionar, ela seria celebrada por sua estratégia ágil e sua administração inteligente. Naturalmente, se a Nokia fracassasse, os repórteres iriam dizer que ela tinha errado ao se mover para áreas que não entendia; ela se desviara, ou *drifted*. O executivo chefe (ou seu substituto, caso ele tivesse encontrado o mesmo destino de Poul Plougmann) poderia então decidir que a Nokia deveria voltar ao básico e insistir ainda mais com a garota que ele primeiro tirara para dançar: os aparelhos telefônicos. Contudo, se a Nokia tivesse decidido perseverar com os aparelhos enquanto a sua participação no mercado desabava e as margens implodiam, nós provavelmente leríamos que a Nokia tinha sido complacente e conservadora, olhando para dentro de si mesma. *Não admira que a Nokia tenha fracassado*, nos diriam. *Ela não reagiu a uma mudança no mercado. Ela não mudou com os tempos.*

A mãe de todas as questões sobre negócios

Esses relatos sobre a Lego, a WH Smith e a Nokia são todos variantes da questão mais básica no mundo dos negócios: *O que leva ao alto desempenho?* Esta é a mãe de todas as questões sobre negócios, um equivalente ao Santo Graal para a Wall Street. Por que uma empresa conquista um grande sucesso, transformando os seus acionistas em milionários, enquanto outras empresas apenas se debatem para realizar um lucro modesto sem jamais decolar ou, pior ainda, fracassam totalmente? O fato é que muitas vezes é difícil saber exatamente por que uma empresa tem sucesso e outra fracassa. Teria a Lego cometido um erro quando acrescentou as vendas casadas de merchandising? Na época, a decisão pareceu fazer sentido. Foi só mais tarde, depois que apareceram os resultados, que as iniciativas da Lego foram descritas como mal orientadas e mal consideradas. Mas isso é em retrospecto. A aventura da Lego deu mau resultado, sim, mas isso não faz necessariamente dela um erro. Muitas outras coisas, de mudanças no câmbio a ações de concorrentes e súbitas mudanças no gosto dos consumidores podem ter ajudado a enterrar a Lego. Além do quê, não está claro que qualquer das alternativas pudesse ter sucesso. Contudo, quando lemos uma palavra como *desviar-se*, é difícil fugir da conclusão de que a Lego errou — a própria palavra implica um julgamento condenatório. Se tivéssemos melhor idéia sobre aonde levariam as novas orientações da Lego, usaríamos uma palavra mais precisa do que *expandir* — poderíamos mais confiantemente descrevê-las como *imprudentes*, ou como *brilhantes*. Mas não o fizemos.

Consideremos um pequeno varejista a preços reduzidos, fundado em uma cidadezinha de Arkansas, em 1962. Como o

Wal-Mart cresceu até se tornar a maior empresa do mundo, com suas caixas registradoras operando ao som de US$ 1 bilhão por dia, tão grande que é responsável por 30% das vendas da Procter & Gamble, que vende 25% de todas as fraldas descartáveis e 20% de todas as revistas comercializadas nos Estados Unidos, tão poderosa que pode censurar revistas e CDs ameaçando não oferecê-los? Como o Wal-Mart se tornou tamanho sucesso? Não faltam teorias. Talvez tenha sido uma estratégia de "preços baixos todos os dias", ou uma obsessão incansável com os detalhes, ou uma cultura que consegue fazer com que as pessoas dêem o melhor de si, ou o uso sofisticado da tecnologia da informação no gerenciamento da rede de abastecimento, ou talvez uma abordagem implacável de pressionar os fornecedores. Será que *alguma* dessas explicações está certa? Estarão *todas* certas? Quais são as mais importantes? Algumas funcionam somente em combinação com outras? Algumas explicações, como o uso pelo Wal-Mart de sua própria escala para obter custos mínimos de *input* ajudam a explicar o alto desempenho de hoje, mas não nos contam de imediato como a empresa cresceu tanto. Essas questões são importantes porque, se queremos aprender com o Wal-Mart, se queremos ser pelo menos em parte tão bem-sucedidos quanto o Wal-Mart, quais as lições que devemos aprender? O fato é que é difícil ter certeza.[12] Como Frank Sinatra, o *chairman of the board* costumava cantar: "*How little we know, how much to discover*" [*Quão pouco sabemos, quanto a descobrir*].

É claro que não gostamos de admitir quão pouco sabemos. O psicólogo social Eliot Aronson observou que as pessoas não são tanto seres racionais como seres *racionalizantes*.[13] Queremos explicações. Queremos que o mundo à nossa volta faça sentido. Podemos não saber exatamente por que a Lego deu com a cara no muro, ou por que a WH Smith enfrentou tempos difíceis, ou por que o Wal-Mart se deu tão bem, mas queremos sentir que sabemos o que aconteceu. Queremos o conforto de uma explicação plausível, portanto dizemos que uma empresa *se desviou*, ou *drifted*. E isso vale também para o mercado de ações, cujas flutuações diárias, subindo um pouco num dia e caindo outro tanto no dia seguinte, se assemelham ao movimento browniano, o movimento irrequieto das partículas de pólen na água, ou a moléculas de gás ricocheteando entre si. Não é muito satisfatório dizer que o movimento do mercado de ações de hoje é explicado por forças aleatórias. Sintonize na CNBC e escute os sábios enquanto eles ficam de olho no teletipo, e você os ouvirá explicar: "A Dow subiu ligeiramente, pois os investidores ganharam confiança com a alta dos pedidos à fábrica", ou "A Dow caiu em um ponto percentual, pois os investidores retiraram lucros", ou "A Dow subiu um pouco, pois os investidores se tranqüilizaram em relação ao próximo movimento do Fed sobre as taxas de juros". Eles precisam dizer *alguma coisa*. Maria Bartiromo não pode simplesmente olhar para a câmera e dizer que a Dow caiu 0,5% hoje graças ao movimento browniano aleatório.

A ciência e o estudo dos negócios

Toda essa discussão invoca uma questão maior. Se temos dificuldade em determinar o que impele o desempenho de uma empresa, por que isso acontece? Com certeza não é por falta de tentar. Milhares de pessoas muito inteligentes e laboriosas em escolas de administração, centros de pesquisa e firmas de consultoria despendem uma grande quantidade de tempo e esforço buscando respostas. Há uma enorme quantia em jogo. Então, por que as explicações sobre o desempenho de empresas são tão freqüentemente crivadas de clichês e frases simplistas?

Em outros campos, da medicina à química, e delas à engenharia aeronáutica, o conhecimento parece evoluir de modo inexorável. O que esses campos têm em comum? Em uma palavra, esses campos avançam graças a uma forma de questionamento que chamamos de *ciência*. Richard Feynman certa vez definiu a ciência como "um método para tentar responder a perguntas que podem ser postas na forma: *Se eu fizer isto, o que vai acontecer?* A ciência não diz respeito à beleza, ou à verdade, ou à justiça, ou à sabedoria, ou à ética. Ela é eminentemente prática. Ela pergunta: se eu fizer alguma coisa por aqui, o que irá acontecer por ali? Se eu aplicar esse tanto de força ou aquele tanto de calor, ou se eu misturar estes produtos químicos, o que irá acontecer? Seguindo essa definição, *o que leva ao crescimento lucrativo sustentado?* é uma questão científica. Ela pergunta: se uma empresa fizer isso ou aquilo, o que acontecerá com as suas receitas, ou seus lucros, ou o preço das suas ações?

Como devemos responder a uma questão científica? Feynman explicou: "Fundamentalmente, a técnica é: teste e veja. Assim você reunirá uma grande quantidade de informações a partir de tais experiências".[14] Em outras palavras, você conduz experimentos e reúne informações de modos sistemáticos para deduzir regras que governam os fenômenos e que possam levar a previsões acuradas. A grande vantagem em lidar com ciências tais como a física e a química é que podemos realizar experimentos — do tipo *teste e veja* — em ambientes laboratoriais cuidadosamente construídos, que nos permitem controlar os ambientes, ajustar os *inputs* e observar os resultados. Então podemos manipular umas poucas variáveis, alterar alguns ajustes e testar de novo. O progresso científico deve muito ao refinamento cuidadoso e progressivo de experimentos.[15]

Mas, e quanto ao mundo dos negócios, que não se desenvolve em um laboratório, mas no confuso e complexo mundo à nossa volta? As questões administrativas se prestam à investigação científica? Podemos engendrar hipóteses alternativas e testá-las com experimentos cuidadosamente projetados para que possamos encontrar algumas explicações e rejeitar outras? Em muitos casos, a resposta é *sim*. Uma profusão de questões administrativas se presta à experimentação científica. Imagine que você quer saber onde colocar um item em um supermercado; ou que efeito uma mudança de preço terá sobre a quantidade vendida de um produto; ou ainda que efeito terá uma promoção especial. O que você pode fazer? Simples: você pode conduzir testes em lojas diferentes e comparar as respostas. Você pode descobrir o que funciona em um determinado cenário. *Se eu fizer isso, o que vai acontecer?* De fato, praticamente qualquer situação com uma abundância de transações similares oferece um ambiente natural para experimentos.

Uma explicação do sucesso do Wal-Mart é que ele estava entre os primeiros varejistas a aplicar rigor científico ao merchandising, estudando os padrões de consumo e entendendo as características comportamentais dos seus clientes, para depois aplicar as suas descobertas a tudo, do gerenciamento de logística ao layout da loja. Da mesma forma, algumas das melhores empresas de internet, tais como a Amazon.com e a eBay, usam técnicas altamente sofisticadas para rastrear os cliques de clientes e entender as suas escolhas. Um outro exemplo é a Harrah's Entertainment, uma das empresas líderes nos EUA em jogos de azar — a palavra polida é *gaming* — com centenas de milhares de clientes visitando os seus cassinos a cada dia. Quando Gary Loveman entrou para a diretoria como chefe de operações em 1998, ele não viu apenas fileiras de máquinas caça-níqueis, mesas de carteado e roletas — ele viu um fabuloso laboratório para conduzir experimentos.[16] Ele viu que o cartão de fidelidade da Harrah's, *Total Gold*, havia reunido enormes quantidades de dados sobre milhares de clientes e suas preferências. Usando esses dados, a Harrah's pôde conduzir experimentos e analisar os resultados, e então fazer ajustes para melhorar a satisfação e retenção dos clientes. Por exemplo, a Harrah's pôde configurar as áreas dos cassinos exatamente com a melhor combinação de máquinas caça-níqueis para beneficiar tanto os clientes quanto a empresa. Os experimentos de Loveman atenderam ao padrão de ciência? Pode apostar. E os resultados foram dramáticos: receitas e lucros subiram muito, tanto em termos absolutos quanto relativos aos concorrentes da Harrah's. O pensamento científico — *testar e ver* — ajudou a Harrah's a melhorar o seu desempenho.

Mas outras questões administrativas não podem se prestar facilmente a esse tipo de experimentação. Tome uma importante iniciativa estratégica, como o lançamento de um novo produto. A Coca-Cola não teve duas chances de lançar a New Coke em 1985 — ela deu uma mordida na maçã e, como se sabe, deu tudo completamente errado. A Daimler fez uma única tentativa de adquirir a Chrysler, e os erros foram difíceis, senão impossíveis de sanar. O mesmo quanto à AOL e a Time Warner — uma fusão complexa entre duas culturas corporativas inteiramente diferentes numa indústria em rápida mudança. Steve Case e Gerald Levin não tiveram jeito de conduzir experimentos. Simplesmente não havia como levar o rigor da experimentação a questões como essas. Quer saber o melhor jeito de gerenciar uma aquisição? Nós não podemos comprar cem empresas, administrar metade delas de um modo e metade de outro modo, e comparar os resultados. Não podemos conduzir esse tipo de experimento.

Ciência, pseudociência e fones de ouvido de coco

Nossa incapacidade de captar a plena complexidade do mundo dos negócios através de experimentos científicos forneceu um prato cheio para alguns críticos das escolas de administração. Os gurus da administração Warren Bennis e James O'Toole, em um artigo de 2005, na *Harvard Business Review*, criticaram as escolas de administração por sua fé no método científico. Eles escreveram: "Esse modelo científico é fundamentado na falsa suposição de que a administração é uma disciplina acadêmica, como a química ou a geologia, quando, de fato, a administração é uma profissão e as escolas de administração são escolas profissionais — ou deveriam ser".[17] A idéia por trás dessa afirmação é que uma vez que a administração nunca será entendida com a precisão das ciências naturais, ela é melhor entendida como uma espécie de humanidades, uma esfera onde a lógica da investigação científica não se aplica. Bem, sim e não. Pode ser verdade que a administração não pode ser estudada com o rigor da química ou da geologia, mas isso não significa que tudo o que temos é intuição e instinto. Não há necessidade de ir de um extremo a outro. Afinal, há muito espaço entre as ciências naturais e as humanidades. Podemos não ser capazes de comprar cem empresas e conduzir um experimento, mas *podemos* estudar aquisições que já ocorreram e procurar padrões. Nós *podemos* examinar algumas variáveis fundamentais, tais como o tamanho da empresa, a indústria e o processo de integração, e então ver o que leva a melhores ou piores resultados. Essa abordagem — chamada *quase-experimentação* — é corriqueira nas ciências sociais. Nunca seremos capazes de atingir o ideal das ciências naturais, mas podemos nos aproximar bastante da idéia de aplicar o princípio da investigação científica a algumas decisões-chave nos negócios.

De fato, existe uma grande quantidade de pesquisas sobre desempenho de empresas em ciências sociais muito boas, e vou rever algumas delas nos próximos capítulos. Mas muitas delas, precisamente porque são feitas cuidadosamente e são circunspectas em seus achados, tendem a não prover orientações claras e definidas para a ação. Simplesmente não é muito agradável ler que uma dada ação tem um impacto mensurável, apesar de pequeno, sobre o sucesso de uma empresa. Os administradores usualmente não gostam de encarar longas discussões sobre validade de dados, metodologia, modelos estatísticos e probabilidades. Nós preferimos explicações que sejam definitivas e ofereçam implicações claras para a ação. Queremos explicar a sina da Lego rapidamente, simplesmente, e com uma lógica cativante. Gostamos de histórias.

É útil fazer a distinção entre relatos e histórias. Um *relato* é acima de tudo responsável por prover os fatos, sem manipulação ou interpretação. Se as narrativas sobre a Lego e a WH Smith pretendem ser relatos — coisa que provavelmente são, já que foram escritas por *repórteres* — então palavras como *desviar-se* e *derivar* são problemáticas. *Histórias*, por outro lado, são um meio que as pessoas dispõem para tentar extrair sentido de suas vidas e de suas vivências no mundo. O teste de uma boa história não é tanto a sua responsabilidade para com os fatos, quanto a sua capacidade de prover uma explicação satisfatória de eventos. Como *histórias*, as notícias sobre a Lego e a WH Smith funcionam perfeitamente. Em uns poucos parágrafos o leitor fica sabendo qual é o problema (as vendas e lucros caíram), obtém uma explicação plausível (a empresa perdeu o seu rumo) e aprende uma lição (não se desvie, concentre-se no núcleo). Há um final elegante com uma resolução clara. Não restam pontas soltas. Os leitores saem satisfeitos.

Não há nada de errado com histórias, desde que saibamos bem o que temos diante de nós. Contudo, mais insidiosas são as histórias disfarçadas para parecer ciência. Elas assumem a forma de ciência e alegam ter a autoridade da ciência, mas lhes falta o verdadeiro rigor e a lógica da ciência. Elas deveriam ser consideradas *pseudociência*.[18] Richard Feynman cunhou uma expressão ainda mais memorável: *Cargo Cult Science* [*Ciência do culto à carga*]. Eis como Feynman o descreveu:

> Existe um culto nos mares do Sul. Durante a guerra, as pessoas viram aviões aterrissarem com montes de materiais, e querem que a mesma coisa aconteça agora. Então fizeram arranjos para construir coisas parecidas com pistas de pouso, acender fogos ao longo dos lados das pistas, construir uma cabana de madeira para um homem se sentar dentro, com dois pedaços de madeira na cabeça, tais como fones de ouvido, e varas de bambu espetadas para fora como antenas — o controlador de vôos — e aguardam pela descida dos aviões. Elas estão fazendo tudo certo. A forma é perfeita. Mas não funciona. Nenhum avião pousa. Então eu chamo essas atitudes de *Cargo Cult Science*, porque apesar de seguirem todos os preceitos e formas aparentes de investigação científica, falta-lhes algo de essencial, uma vez que nenhum avião aterrissa.[19]

Isso não quer dizer que a *Cargo Cult Science* não traga alguns benefícios. As pessoas que esperam pacientemente junto às pistas de pouso na sua ilha tropical, vestidas de controladores de vôo e usando um par de fones de ouvido de coco, podem extrair algum contentamento de todo o processo; elas podem viver na esperança de um futuro melhor, podem sentir prazer em ter algo em que acreditar, e podem se sentir mais próximas dos poderes sobrenaturais. Mas é só isso: uma história. Não se trata de um bom indicador do que irá acontecer na seqüência.

O mundo dos negócios é repleto de *Cargo Cult Science*, livros e artigos que alegam ser pesquisa científica rigorosa, mas que operam principalmente no nível de contar histórias. Nos próximos capítulos examinaremos algumas dessas pesquisas. Algumas atendem aos padrões de ciência, mas não são satisfatórias como histórias; outras oferecem histórias maravilhosas, mas são duvidosas como ciência. Como veremos, alguns dos livros sobre negócios mais bem-sucedidos dos últimos anos, figurando por meses a fio no topo das listas de best-sellers, cobrem-se com o manto da ciência, mas têm um poder de predição pouco maior do que um par de fones de ouvido de coco em uma ilha tropical.

CAPÍTULO DOIS
A HISTÓRIA DA CISCO

Aqueles que reescrevem a história provavelmente acreditam no seu íntimo que estão apenas remanejando fatos do passado. [...] Eles sentem que a sua própria versão foi o que verdadeiramente aconteceu aos olhos de Deus, e que por isso é justificável uma pessoa "rearranjar" os dados.

George Orwell

"Notes on Nationalism" [Notas sobre o nacionalismo], *1945.*

OS EXEMPLOS que vimos até agora sobre a Lego, a WH Smith e a Nokia foram extraídos de matérias da imprensa de negócios, por repórteres escrevendo com prazos apertados, talvez baseados em pouco mais que um *press release* da empresa. Não admira que tantos deles recorreram a clichês e frases feitas. Mas, e quanto a estudos de uma única empresa no decorrer de vários anos? Talvez o exame mais perto de uma empresa possa oferecer um melhor entendimento de seu desempenho.

Uma das medidas mais básicas do desempenho da empresa é o *shareholder value* [valor para os acionistas], e, segundo essa medida, a Cisco Systems se classifica como uma das empresas de mais alto desempenho de todos os tempos. Ela chegou a um valor de mercado de US$ 100 bilhões mais depressa do que qualquer outra empresa na história, e então, por um breve e notável momento — duas semanas, na verdade, em março de 2000 — a Cisco atingiu o topo, superando a Microsoft como a empresa mais valiosa do mundo, valendo assombrosos US$ 555 bilhões. Nos cinco anos após se tornar executivo chefe da Cisco, John Chambers presidiu sobre um incremento de US$ 450 bilhões em *shareholder value*, um aumento de mais de US$ 90 bilhões por ano — o que totaliza US$ 1 bilhão a cada quatro dias, ou US$ 250 milhões a cada dia do ano, inclusive domingos e feriados, durante cinco anos consecutivos. Alto desempenho, sem dúvida.

Tudo isso foi apenas uma bolha? É verdade, o preço das ações da Cisco teve uma grave queda repentina no final de 2000, e caiu ainda mais em 2001, ficando muito abaixo dos seus níveis de pico pelos dois anos seguintes. Mas quando a economia reanimou, a capitalização de mercado da Cisco recomeçou, e em 2005 estava em US$ 116 bilhões, fazendo da Cisco a 17ª empresa mais valiosa dos Estados Unidos. Ela se classificou à frente de lendas duráveis, tais como a Coca-Cola, a Chevron-Texaco e a Disney. Estava valendo mais que a 3M e a American Express juntas.[20] Isso não é exatamente o que se poderia esperar se a empresa tivesse crescido em virtude apenas de uma jogada de marketing.

Outro modo de medir o desempenho de uma empresa é pôr Wall Street de lado e olhar para a sua capacidade de gerar lucros em bases sustentáveis. Se usarmos essa abordagem, a Cisco *ainda* merece marcas muito fortes graças às suas vendas sempre crescentes, atingindo US$ 24 bilhões em 2005, enquanto ainda gera margens de lucro muito altas. De qualquer modo que encaremos, a Cisco Systems foi um sucesso! Se quisermos explicar o desempenho de uma determinada empresa, é melhor considerar aquela mais bem-sucedida dentre todas — porque, se não podemos explicar o sucesso da Cisco, como podemos esperar explicar um caso menos importante? Felizmente, a Cisco foi tema de dezenas de artigos de revistas, estudos de caso, e pelo menos de um par de livros. Portanto, vamos dar uma olhada em como repórteres, administradores e professores explicaram o sucesso da empresa.

Era uma vez no Vale

Desde o começo, a história da Cisco sempre teve um atributo de conto de fadas. Em *John Chambers and the Cisco Way* [*John Chambers e o estilo da Cisco*], John K. Waters começou o conto deste jeito:

> A lenda da fundação da Cisco Systems é um clássico do Vale do Silício. Sandra K. Lerner e Leonard Bosack se conheceram no curso de pós-graduação, se apaixonaram e se casaram. Depois de se formar, eles se empregaram como administradores de redes de computadores localizadas em cantos diferentes do campus de Stanford, de 42 km^2. Eles ansiavam por trocar e-mails românticos, mas suas redes eram incompatíveis. Sandy supervisionava os computadores da escola de pós-graduação em administração, enquanto Bosack trabalhava a quinhentos metros de distância, no laboratório de ciências da computação.[21]

A solução para redes incompatíveis era algo chamado roteador multiprotocolo, que permitia que os computadores trocassem dados. Lerner e Bosack idealizaram o roteador, fundaram a empresa, e o resto é história. Bem, essa é a lenda — a história que lemos e relemos. E ela está quase certa, pelo menos até onde posso dizer, vinte anos mais tarde e a mais de umas poucas centenas de metros de distância.

Como muitos iniciantes, a Cisco começou operando a partir de um porão, e de início vendia os seus produtos a amigos e profissionais conhecidos. Quando as receitas chegaram perto de US$ 1 milhão, Lerner e Bosack saíram à procura de capital de risco. O homem que finalmente disse *sim* foi Donald Valentine, da Sequoia

Capital, o 77º capitalista que abordaram, e que investiu US$ 2,5 milhões em troca de um terço das ações e do controle administrativo. Valentine começou a profissionalizar a administração da Cisco, trazendo como CEO um veterano da indústria, John Morgridge. As vendas cresceram rapidamente, de US$ 1,5 milhão em 1987 para US$ 28 milhões em 1989, e em fevereiro de 1990 a Cisco abriu o capital. No final do primeiro dia de *trading* sua capitalização de mercado ficou em US$ 222 milhões. No decorrer dos anos seguintes, Morgridge e Valentine continuaram a orientar a empresa para cima e, de acordo com padrão que freqüentemente se repete no Vale do Silício, os fundadores logo saíram, "espremidos para fora", pois seu tempo passara.

Em 1991, quando a Cisco era ainda um empreendimento relativamente pequeno e um tanto especulativo, um entre dúzias no gênero no Vale do Silício, Valentine e Morgridge trouxeram para a diretoria um executivo de vendas chamado John Chambers. A maioria dos perfis de Chambers o descreve do mesmo modo: humilde, mas também motivado; carismático, mas modesto; um supervendedor discreto. Ele crescera em meio à cultura da camisa branca da IBM e depois se mudara para a Wang Labs, duas grandes empresas de computadores que sofreram abruptos declínios nos negócios. Agora Chambers estava pronto para levar sua estrela a uma empresa menor, uma que ele pudesse ajudar a formar.

Um momento decisivo se apresentou para a Cisco em 1993. Embora as vendas do produto de núcleo, os roteadores, continuassem fortes, Chambers engendrou um novo plano estratégico. Juntamente com o CEO Morgridge e o diretor de tecnologia Ed Kozel, Chambers decidiu que a Cisco iria organizar uma ampla linha de produtos e se tornar um hipermercado para o mundo conectado, dominando o mercado de infra-estrutura para a internet. Havia apenas um senão. O mercado estava crescendo tão depressa, e as novas tecnologias eram tão imprevisíveis, que a Cisco não podia ter esperanças de crescer sozinha. Desenhando uma grade que mostrava a linha completa de produtos, Chambers sugeriu que a Cisco preenchesse os vazios adquirindo pequenas empresas. Durante os anos seguintes, a Cisco pesquisou iniciantes, identificando novas tecnologias inovadoras e engenheiros inteligentes. Logo fez a sua primeira aquisição, comprando a Crescendo Communications, uma empresa de *lan-swiching*, por US$ 97 milhões. Aquilo foi apenas um aperitivo. No decorrer dos três anos seguintes a Cisco iria adquirir duas dúzias de empresas.

Em 1995, John Morgridge se aposentou e John Chambers se tornou CEO da Cisco. Sob sua orientação, a Cisco logo se transformou em um colosso da Nova Economia. Ela comprou mais treze empresas em 1996, quase todas pequenas, porém um "peixe realmente grande", a StrataCom, um fabricante de dispositivos de *frame relay* e comutadores, com 1.200 empregados e receitas de US$ 400 milhões. Com a economia da internet se expandindo, e apoiada por suas diversas aquisições, as receitas da Cisco chegaram a US$ 4 bilhões em 1997. Ela agora começara a chamar a atenção da imprensa. Uma matéria de março de 1997 na *Wired* descreveu a Cisco em termos de culto, repleta de "gente brilhante e feliz" trabalhando por longos turnos, porém "adorando cada minuto". E, de forma elaborada, afirmou: "Essas pessoas fazem um trabalho difícil, que demanda muitas horas e que pode ser refinadamente frustrante e enrolado. São basicamente muito, muito bons mecânicos de um tipo peculiar à nossa era: constroem a tubulação da internet". Contudo havia algo inusitado nessa empresa: "*Ninguém* se diverte tanto indo trabalhar", comentou a *Wired*. "E tudo o que eles fazem é sorrir, sorrir, sorrir."[22] Um mês depois, a *Business Week* publicou uma matéria de destaque sobre a Cisco, chamando-a de "*um prodígio da tecnologia de ponta*". Ela era "o invencível rei do equipamento de redes e um dos membros da trinca que estabelece a agenda da indústria: a Cisco está para a via expressa da informação como a Microsoft Corp está para o software e a Intel para os chips de computador".[23] E as razões para esse sucesso? A *Business Week* explicou que era devido a outros fatores além de pessoas felizes e brilhantes: "Graças à administração aparentemente sem falhas de Chambers, a uma persuasiva arte de vender e a uma ousada série de aquisições [...] a Cisco saiu de uma relativa obscuridade para o superestrelato da indústria de computação". Duas semanas depois, em maio de 1997, a *Fortune* publicou a sua própria matéria de destaque sobre a Cisco, ungindo-a como a "Nova Superpotência da Computação". Nas palavras da *Fortune*, a Cisco "surfou no tsunami da internet com mais autoconfiança que qualquer outra empresa, manobrando com habilidade para dentro de novas áreas de tecnologia de rede com aquisições rápidas como raios".[24] Note bem as palavras: a Cisco não estava *se desviando do seu núcleo*, ou *derivando*, mas *manobrando com habilidade para dentro de novas áreas*.

A Cisco cavalgou a crista da onda da internet em 1998. As receitas chegaram a US$ 8,5 bilhões, seis vezes o nível de 1995. A Cisco ficou com uma fatia de 40% dos US$ 20 bilhões da indústria de equipamentos de rede de dados — roteadores, *hubs* e dispositivos que formavam o assim-chamado encanamento da internet — e maciços 80% de participação no mercado de roteadores *high-end*.[25] Mas a Cisco não estava apenas aumentando as receitas. Ela também era lucrativa. Numa época em que até os mais admirados iniciantes da internet, como a Amazon.com, estavam perdendo dinheiro, a Cisco anunciou margens operacionais de 60%. Aquilo não era qualquer empresa "ponto-com" com um plano de negócios extravagante, solta no espaço, cavalgando num sorriso e num sapato engraxado.[26] Ela não estava garimpando ouro na internet, ela estava vendendo picaretas e pás para mineiros que formavam uma fila dobrando a esquina para comprá-las. E Wall Street adorou isso. A Cisco era o "Grande C", uma força imbatível que superava ligeiramente as expectativas da Wall Street quinzena após quinzena. Em julho de 1998, o *The Wall Street Journal* relatou: "De todos os marcos recentes do *bull market*, poucos foram tão impressionantes quanto o alcançado na última sexta-feira pela Cisco Systems. O fabricante de equipamentos para rede de computadores viu a sua capitalização de mercado avançar para além dos US$ 100 bilhões".[27] Depois de apenas doze anos, a Cisco havia atingido a marca mágica em tempo recorde. A Microsoft, campeã anterior, levara vinte anos para chegar àquele tamanho. Em setembro de 1998, a *Fortune* coroou a Cisco como "O Verdadeiro Rei da Internet". Ela escreveu que Chambers "não desfiou nada a não ser doçura para os investidores, transformando as ações da Cisco na coisa mais próxima de uma certeza no negócio de tecnologia".[28] Àquela altura a Cisco havia adquirido 29 empresas. A disposição de Chambers para comprar, em vez de inventar a tecnologia de que necessitava, era pouco usual para o Vale do Silício. Enquanto muitas empresas de tecnologia de ponta encaravam a compra de novas tecnologias como um sinal de fraqueza, Chambers assumiu a visão oposta — de fato, ele achava que uma recusa em olhar para fora era um exemplo do pensamento insular que prejudicara a IBM.

As coisas foram para a frente e para o alto para a Cisco em 1999. Quanto maior ela ficava, mais depressa crescia — e vice-versa. E para onde iria a Cisco em seguida? Além de roteadores e computadores, para um clube muito maior — dos US$ 250 bilhões — um mercado anual para equipamentos de telecomunicações do qual até então a Cisco detinha apenas uma participação diminuta. A possibilidade de crescimento era imensa! É claro, expandir-se para esse segmento iria pôr a Cisco em concorrência direta com algumas empresas importantes — Lucent, Nortel e Alcatel. Os analistas estavam preocupados com a Cisco estar se desviando do núcleo? Nem um pouco. Enquanto a Cisco apresentava bons resultados, os analistas escreveram que a diversificação fazia sentido. JP Morgan comentou: "Chambers diversificou a linha de produtos e motivou seus dirigentes a permanecer completamente concentrados nos clientes. A Cisco está partindo para um início muito rápido, e se você lhes der uma dianteira será quase impossível alcançá-los". A SG Cowen Securities acrescentou: "Eles estão apenas começando" com as empresas de telefones.[29] A MCI WorldCom, a Sprint, a Swisscom e outras *telecoms* importantes estão todas planejando comprar produtos da Cisco.

Explicando o sucesso da Cisco

De 1997 a 2000, a Cisco recebeu destaque em numerosos e extensos artigos nas principais revistas americanas de negócios. A questão implícita nessas matérias? Por que essa empresa — essa e não alguma outra — estava indo tão bem? Alguns temas emergiram. Em praticamente todos os relatos o crédito ia para John Chambers, o executivo chefe da Cisco. Muitos perfis tocavam nos mesmos pontos. Chambers era filho de dois médicos de Charleston, West Virginia. Como ele superara a dislexia para freqüentar a faculdade de Direito, e então se empregara na IBM. Como ele vira a IBM e a Wang vacilarem deixando de reagir a importantes mudanças na tecnologia. Chambers relata: "Aprendi em ambas as empresas que se você não se mantém à frente das tendências elas destruirão tudo pelo que você trabalha, e arruinarão as vidas dos seus empregados.

Não quero jamais passar por isso de novo".[30] Era uma história inspiradora. E, com Chambers ao timão, a Cisco jamais repetiria aqueles erros — permaneceria enxuta, humilde e ágil. Iria pegar os melhores pontos da IBM e combiná-los com o ímpeto, a paixão e a visão da Nova Economia.

Um segundo elemento freqüentemente mencionado era a notável habilidade da Cisco para adquirir empresas. A *Fortune* escreveu: "Pense na Cisco como uma máquina de aquisições, tão engenhosamente projetada e altamente sintonizada quanto os roteadores gigantes que constrói para lidar com vastos surtos de tráfego na internet".[31] O que tornou a Cisco tão boa em aquisições? Parte da explicação era sua habilidade em selecionar as melhores empresas para comprar. Não havia falta de possíveis candidatos, de pequenos iniciantes a grandes empresas estabelecidas. Identificar as empresas certas era a função do garoto-prodígio de 33 anos, Michelangelo (Mike) Volpi, do qual dizia-se possuir um talento especial para identificar empresas iniciantes exatamente no momento certo. Um estudo de caso da Harvard Business School focalizou a estratégia de crescimento por aquisições da Cisco.[32] Os autores concordaram que a Cisco era altamente disciplinada, indo atrás de pequenas empresas com produtos que pudessem imediatamente ter lugar entre as suas ofertas, mas evitando aquisições especulativas e não relacionadas. Ela não comprava grandes empresas, ou muito distantes da base na Califórnia, ou com uma cultura corporativa muito diferente. Por quê? Porque a Cisco queria escolher empresas pequenas e similares que pudessem ser facilmente absorvidas. Antes de cada aquisição, a Cisco executava uma devida diligência meticulosa, usando uma equipe interfuncional com representantes de marketing, engenharia e fabricação. Dizia-se que ela se preocupava tanto com a adequação cultural quanto com a adequação tecnológica.

Encontrar as empresas certas para adquirir era apenas parte da história. A Cisco não estava apenas fazendo transações, ela estava integrando novas empresas com excelentes resultados. A *Fortune* observou que a Cisco se sobressaía em digerir aquisições suavemente. Quais eram as chaves para o seu sucesso? Primeiro, a Cisco tinha uma equipe dedicada, cuja tarefa única era "reembalar" os iniciantes na empresa maior.[33] O estudo de caso de Harvard relatou que, após fechada uma transação, a Cisco seguia um processo sistemático de integração pós-aquisição, com expectativas claras para marcos específicos em noventa e 180 dias. Os autores comentaram: "O sucesso da integração era em grande parte devido à abordagem muito organizada e metódica feita pela Cisco visando administrar a experiência dos empregados adquiridos".[34] Mas a Cisco também era conhecida por se dirigir à dimensão humana das integrações. Afinal, pequenas empresas de tecnologia de ponta não traziam apenas recursos e clientes — elas eram atraentes principalmente pelo seu pessoal. A integração suave era crítica para manter o talento a bordo, e a esse respeito dizia-se que a Cisco realizava um trabalho sensacional. Ela se preocupava com o lado delicado da integração de uma fusão, ajudando a trazer os novos empregados a bordo, fazendo-os sentirem-se parte da equipe — dando-lhes, por exemplo, bonés de beisebol da Cisco para ajudar a construir a identidade da empresa. A *Fortune* escreveu: "Quando a Cisco absorve uma empresa, ela se compromete a não fazer dispensas; a sua rotatividade para empregados adquiridos através de fusões é de meros 2,1%, contra uma média na indústria de 20%".[35] Finalmente, a abordagem da Cisco chegou ao equilíbrio certo entre flexibilidade e disciplina. Enquanto cada aquisição era única e requeria uma certa personalização, havia numerosas decisões a tomar, inclusive a fusão de sistemas de informação e a adoção de métodos de fabricação.[36]

Enquanto outras empresas faziam aquisições infreqüentes e tinham de aprender duras lições a cada vez, a Cisco estava criando uma ciência das aquisições. Em 1999, ela foi classificada como número um pela empresa de consultoria Best Practices de Chapel Hill, N. C., em seguida a uma pesquisa entre os clientes sobre políticas de fusão e aquisição bem-sucedidas.[37]

Quando a boa fortuna da Cisco elevou-se às alturas no final dos anos 1990, dois professores da Stanford Business School, Charles O'Reilly III e Jeffrey Pfeffer, estavam trabalhando em um livro, *Hidden Value: How Great Companies Achieve Extraordinary Results with Ordinary People* [*Valor oculto: como grandes empresas conquistam resultados extraordinários com pessoas comuns*]. Eles incluíram um capítulo sobre a Cisco, que, de acordo com a sua visão, era um paradigma no que diz respeito à administração de pessoal. Os autores passam algumas páginas contando a história da Cisco e discutindo sua estratégia, e ofereceram um perfil padrão de John Chambers, o humilde supervendedor com a fala arrastada de West Virginia. Eles se referiram à administração de aquisições da Cisco e observaram sua habilidade em reter talentos. Contudo, nada disso parecia adequado para explicar o sucesso fenomenal da Cisco. "Então permanece a questão" — escreveram O'Reilly e Pfeffer — "o que explica a vantagem competitiva da Cisco?" E a resposta? "Pense nisso dedutivamente", recomendaram eles. Se a Cisco era mais bem-sucedida do que outras empresas, isso devia significar que ela "foi mais competente que a concorrência em prover aos seus clientes a tecnologia e o equipamento que eles queriam". E isso significava duas coisas: a Cisco tinha "a forte crença de não possuir uma religião de tecnologia, e ouvir atentamente o cliente".[38] De acordo com O'Reilly e Pfeffer, isto é o que a Cisco fazia realmente bem — ela não tinha a sua própria tecnologia, mas ouvia atentamente os clientes. Ela observava para onde estava indo o mercado, depois adquiria a tecnologia necessária e retinha as pessoas que a desenvolveram. Em última análise, a chave para o sucesso da Cisco tinha tudo a ver com a sua habilidade em extrair o talento e a energia da sua força de trabalho.

Cisco na preamar

A NASDAQ surgiu no último mês de 1999 e, depois de uma breve pausa seguindo-se ao Ano Novo, decolou repentinamente para além de quatro mil e então tocou os cinco mil pontos. Em 27 de março de 2000, a Cisco atingiu um teto de mercado de US$ 555 bilhões, e eclipsou a Microsoft como a empresa mais valiosa do mundo. Em abril a NASDAQ começou a oscilar, e em maio as ações da Cisco caíram 20% em relação ao seu máximo de US$ 80. Hoje vemos aquilo como o primeiro tremor antes de o castelo de cartas desabar, mas na época muitos observadores viram o decréscimo nas ações de tecnologia somente como uma correção muito necessária, uma pausa antes de subir ainda mais. De fato, alguns acreditaram que as ações da Cisco pareciam mais atraentes que nunca. Em maio de 2000, a *Fortune* publicou uma matéria de capa sobre a Cisco e seu executivo chefe. A manchete da capa perguntava: "Seria John Chambers o melhor CEO do mundo? Será que é tarde demais para adquirir suas ações?". Dentro havia um artigo de seis páginas, com fotos e gráficos, baseado em extensas entrevistas e visitas locais (inclusive uma visita deferencial ao vinhedo doméstico de um par de altos executivos). A *Fortune* escreveu que "a Cisco, com o CEO John Chambers ao timão, deve ser considerada uma das empresas verdadeiramente excelentes da América, no mesmo clube que a Intel, o Wal-Mart e, sim, a GE". Foi uma matéria tão positiva quanto é possível imaginar, um marco na preamar promocional.

As razões que a *Fortune* deu para o surpreendente sucesso da Cisco? Os mesmos temas básicos foram ressaltados mais uma vez. A Cisco ganhou crédito por um "extremo foco no cliente". "Nenhum *networker* tivera até então o foco preciso nos clientes que a Cisco demonstrara desde o primeiro dia", escreveu a *Fortune*. Ela citou um capitalista de risco, John Doerr, que concordou: "Esse é o foco: clientes. John Chambers é o ser humano mais focado no cliente que você jamais irá conhecer". O próprio Chambers comentou: "Quando se trata dos nossos clientes, faremos tudo o que for preciso para ganhá-los". Um segundo tema foi a integração de aquisições. A *Fortune* escreveu que a Cisco estava "fazendo uma ciência das aquisições", observando que a sua "habilidade em integrar empresas adquiridas é lendária". Um terceiro foi a cultura corporativa especial da Cisco, que combinava *empowerment* pessoal com disciplina. "Você precisa entender", disse um executivo rival do Vale do Silício, "que o *empowerment* que os administradores recebem lá eles simplesmente não recebem na Oracle, na Sun, na HP, ou na Intel." E, mesmo assim, a Cisco foi também descrita como possuidora de cultura disciplinada e obsessão com os custos: "John e [o CEO] Larry Carter conduzem um navio tão rigoroso que é quase inacreditável", disse um administrador. Os escritórios da Cisco eram simples e frugais. Todo mundo viajava de classe econômica. Ninguém, e menos ainda o corpo diretor, desfrutava de privilégios ostentosos. Em quarto lugar, mas de modo algum em último, vinha John Chambers. Muito do crédito pelo sucesso da Cisco foi para o executivo chefe da Cisco. Jeff Bezos, da Amazon.com, pode ter sido a *Person of the Year* [pessoa do ano] da revista *Time* em 1999, mas de acordo com a *Fortune*, o melhor CEO na era da informação fora John Chambers.[39]

Quanto a possuir ações da Cisco, a *Fortune* ressaltou que o crescimento da Cisco foi duas vezes a taxa anual de 15% da GE. Se fosse para você possuir ações de uma única empresa, escreveu a *Fortune* em maio de 2000, então a Cisco era a empresa certa. E por algum tempo aquele conselho pareceu justificado. A NASDAQ estabilizou-se durante o verão norte-americano de 2000, e em outubro, quando a *Fortune* anunciou a sua votação anual para as empresas mais admiradas, a Cisco foi classificada como a número dois, logo atrás da General Electric — a empresa diversificada de maior sucesso no mundo, liderada pelo legendário Jack Welch.[40] Assim, lá estava ela. A Cisco estava no ápice, imensamente bem-sucedida, maravilhosamente orientada aos clientes, com uma cultura sensacional e uma maestria incomparável nas aquisições. A única questão, como a *Fortune* formulou em maio de 2000, era se não era tarde demais para comprar ações da Cisco.

A resposta provou ser *sim*.

Retrocesso na *Fortune*

As ações de tecnologia começaram a cair em setembro, caindo ainda mais depressa em outubro. Em novembro, as ações da Cisco estavam sendo negociadas a apenas US$ 50 em meio a uma debandada completa. As implicações para a Cisco não passaram despercebidas para os repórteres mais astutos. Scott Thurm, do *The Wall Street Journal*, observou: "Estão em jogo dezenas de bilhões de dólares do valor de mercado das ações da Cisco, agora US$ 393 bilhões. E como a Cisco depende das suas ações para contratar e reter empregados, bem como para adquirir tecnologias promissoras, ações mais fracas poderiam dificultar ainda mais os negócios da Cisco. Quando as ações se estagnaram recentemente, a taxa de desgaste da Cisco foi subindo gradualmente à medida que alguns empregados procuraram oportunidades mais lucrativas".[41] No final de 2000, o preço das ações da Cisco havia caído até US$ 38, menos de metade do seu valor recorde. Contudo, John Chambers continuou obstinado, anunciando que o declínio era uma oportunidade para expandir a participação no mercado, e continuou a ordenar incremento nos estoques. Mas dessa vez as coisas eram diferentes. As encomendas caíram, os pedidos em carteira diminuíram, e em abril de 2001 a Cisco depreciou assombrosos US$ 2,2 bilhões de seu patrimônio, finalmente reconhecendo que havia interpretado de forma errônea a demanda dos clientes. Então Chambers foi forçado a fazer aquilo que mais o apavorava: a dispensa de milhares de empregados. Em abril de 2001, exatamente um ano depois do pico de US$ 80, as ações da Cisco chegaram ao seu nível mais baixo, US$ 14. Mais de US$ 400 bilhões em capitalização de mercado se evanesceram em doze meses. As aquisições não estavam apenas fora de questão, elas já não tinham o menor sentido.

Em maio de 2001, exatamente um ano depois da sua última e maior peça de elogios exagerados, a *Fortune* publicou uma matéria muito diferente sobre a Cisco. O título: "Cisco destrói o seu próprio conto de fadas". Agora podia ser lido:

> A caminho de um valor no mercado de ações de meio trilhão de dólares, tudo com a Cisco parecia perfeito. Ela tinha um CEO perfeito. Podia fechar seu balanço num dia qualquer e fazer previsões financeiras perfeitas. Era uma máquina de aquisições, ingerindo empresas e suas tecnologias com uma enorme autoconfiança. Era líder da Nova Economia, vendendo equipamentos para companhias de telecomunicações do novo mundo, que iriam usá-las para suplantar operadoras do velho mundo e tornar seus fornecedores do velho mundo irrelevantes.[...] No decorrer do ano passado cada uma dessas caracterizações provou ser falsa.

De acordo com a *Fortune*, a capacidade da Cisco não foi apenas exagerada, ela foi falsa. E seus problemas não foram apenas externos — uma bolha explodindo e as encomendas diminuindo mais depressa do que qualquer um poderia prever. Segundo a reportagem, "dúzias de conversas com clientes, executivos da Cisco passados e presentes, concorrentes e fornecedores revelam: a Cisco fez a sua própria trapalhada".

E o seu extremo foco no cliente? Agora a *Fortune* relatava que a Cisco "havia demonstrado uma atitude arrogante para com clientes em potencial". As técnicas de vendas da Cisco foram "cansativas" e tinham "alienado" concorrentes. Sua lendária habilidade de prever? Desculpem. A Cisco "assinara contratos de longo prazo com fornecedores bem no momento errado". Suas habilidades em inovação? Agora se revelara que "alguns dos seus produtos não eram muito bons". Nada foi poupado: "aquisições, previsões, tecnologia e, claro, também o corpo diretivo — em tudo a Cisco fracassou no último ano". E o que a levara a tais erros? No fundo desses problemas estava uma arrogância trazida pelo sucesso. A *Fortune* observou que a Cisco estivera "se deleitando em uma cultura de autoconfiança", que a sua aventura nos produtos de telecomunicações era evidência das "bravatas" da Cisco, que ela "marchou presunçosa" e que a sua "petulância beirava a ingenuidade". Orgulho antes da queda, um tema tão antigo quanto os gregos. Outras empresas tropeçaram, com certeza, mas "os tropeços da Cisco são fascinantes porque Chambers promoveu a empresa como uma nova espécie de besta com extraordinário tamanho e poder — que era mais veloz, mais esperta e simplesmente melhor que os concorrentes".[42] É claro, tudo isso era ainda mais intrigante porque não tinha sido Chambers que fizera aquelas alegações, mas os colegas do jornalista na *Fortune*.

A *Business Week* não ficou muito atrás em mudar a sua história. Em agosto de 2001, em um artigo intitulado "Lições de administração do fracasso", lia-se:

> Há apenas um ano, a Cisco Systems Inc. foi amplamente aclamada como o paradigma brilhante da Nova Economia. Os gurus da administração viam a Cisco como o protótipo da organização do século XXI, na qual a tecnologia da informação ligava fornecedores e clientes de modos que permitiam à empresa reagir com agilidade a todas as nuances do mercado.
>
> A Cisco achatou a pirâmide corporativa, terceirizou a fabricação intensiva de capital e forjou alianças estratégicas com fornecedores que supostamente eliminariam quase inteiramente o seu estoque. Sistemas sofisticados de informação forneceram dados em tempo real aos seus administradores, permitindo-lhes detectar mudanças mínimas nas condições correntes de mercado e fazer previsões com precisão. Se alguém tinha "aquela coisa de visão" segura para a nova era digital, supostamente este era o CEO da Cisco, John T. Chambers.

Ops! A surpreendente, severa e repentina derrocada da Cisco — marcada por chocantes 2,2 bilhões de depreciação de seu patrimônio em abril — mostrou que ela era exatamente tão vulnerável a uma desaceleração econômica quanto qualquer outra empresa.[43]

As mesmas revistas que tinham se apressado em aplaudir a Cisco apenas um ano antes — *Rei da Internet, Melhor* CEO *do Mundo, Equivalente à General Electric e à Microsoft* — agora se acotovelavam para criticá-la. Em janeiro de 2002, a *Business Week* publicou mais uma revelação, esta chamada "A Cisco por trás da propaganda exagerada". Vejamos:

> Sempre houve uma boa dose de construção de mitos no que concerne à Cisco. No auge do frenesi da internet, ela era a própria encarnação da Nova Era. Quando se falava da Cisco, tudo parecia mais rápido, maior e melhor. Suas vendas e ganhos não perdiam para ninguém. Ela vendia mais equipamento sofisticado pela internet do que qualquer outra empresa, enquanto corria para atender a uma demanda que parecia insaciável. Ela podia fechar seu balanço num único dia graças aos seus poderosos sistemas de informação. Durante 43 quinzenas seguidas, a Cisco igualou ou bateu as mais famélicas expectativas de Wall Street por ganhos maiores. Por um breve e estonteante momento, ela se tornou a mais valiosa corporação do planeta.[44]

Todos os temas principais foram mencionados: o foco no cliente da Cisco, sua cultura, sua habilidade para administrar aquisições e sua liderança. Mas agora achavam a empresa deficiente em todos os departamentos. Naturalmente, é possível que a Cisco tenha mudado. O sucesso *pode* engendrar a complacência. O crescimento rápido *pode* levar a dificuldades em manter o controle. Algumas empresas *de fato* presumem que os clientes são garantidos. E assim por diante. Mas isso *não é* o que estava sendo dito. Ninguém estava dizendo que a Cisco mudara entre 2000 e 2001. O que se via era que agora, em retrospecto, a Cisco era vista através de lentes diferentes — as do desempenho decadente.

Primavera para a Cisco

Mas a história da Cisco não termina aqui. Primeiro uma tese, depois a antítese, e a seguir a síntese. Após o verão, um inverno rigoroso; e depois do inverno, sinais de primavera.

Durante os dois anos seguintes, 2001 a 2003, enquanto o setor tecnológico permanecia em depressão, John Chambers e seus colegas perseveraram, insistindo que a Cisco iria emergir do colapso mais forte do que nunca. A recuperação veio devagar, mas em 2003 havia claros sinais de uma mudança para melhor na indústria de tecnologia de ponta e a Cisco começou a apresentar números mais fortes. Em novembro de 2003, com as vendas melhorando, a *Business Week* novamente pôs Chambers na capa, dessa vez com a legenda "A reabilitação da Cisco". O argumento era fascinante, nem tanto pelo que dizia que a Cisco estava fazendo certo em 2003, mas pelo relato de todas as coisas que se dizia que a Cisco tinha feito *errado* em 2000.

Antes a Cisco tinha sido louvada pela sua excelência organizacional, por sua *disciplina* e *coordenação*. Agora a *Business Week* relatava que, de fato, a Cisco estivera fora de controle. Ela tinha uma "cultura do Oeste selvagem" que costumava "operar como um bando de tribos tecnológicas independentes. Cada unidade podia escolher os seus próprios fornecedores e fabricantes". A Cisco era "conhecida por sua cultura de 'viva o momento'— com pouco planejamento coordenado". Em vez disso, "os engenheiros seguiam as suas musas *geek* aonde quer que os levassem". A empresa era caracterizada pelo "caos que vem com o crescimento a qualquer custo" e "os membros do staff estavam ocupados demais com anotar pedidos e opções de compra de ações para se preocupar com a eficiência, redução de custos ou trabalho em equipe". Os seus muitos esforços de engenharia "eram uma mixórdia de projetos de desenvolvimento sobrepondo-se uns aos outros". Esse retrato de uma empresa caótica e desorganizada não se parecia em nada com aquilo que tínhamos lido em 2000; mas, não importa, porque todos aqueles problemas estavam no passado, e agora, em 2003, a Cisco estava "mais disciplinada e coerente".[45] Devíamos nos sentir aliviados com as melhoras da Cisco — pelo menos até nos lembrarmos de que disciplina e coerência eram exatamente o tipo de palavras usadas para descrever a Cisco de 1997 a 2000!

E quanto aos *clientes*? Os professores de Stanford, O'Reilly e Pfeffer, tinham observado que ouvir atentamente os clientes era uma razão importante para o sucesso da Cisco, e a *Fortune* descrevera o foco no cliente como a primeira das forças da Cisco. Agora a *Business Week* escrevia que mesmo no pico do seu sucesso, em 2000, a Cisco negligenciara os seus clientes. O próprio Chambers disse que talvez a Cisco tivesse esquecido uma de suas regras cardeais: "escute o seu cliente". Bem, então, o que dizer das *aquisições*, citadas seguidamente como a principal razão para o sucesso da Cisco? Sinto muito, disse a *Business Week*, mas a Cisco na verdade não foi afinal muito boa nas aquisições: "Durante muito tempo a Cisco foi uma compradora compulsiva — mesmo de iniciantes discutíveis e sem lucros". Em vez de seguir uma estratégia clara, dizia-se que a Cisco havia embarcado em uma "aquisição compulsiva de 73 empresas de 1993 a 2000, recolhendo qualquer companhia com alguma oportunidade de sucesso". Estivera em uma rodada de "aquisições de graça para todos", caracterizada por "práticas de investimento irresponsáveis" e "ao deus-dará". Esses relatos não perdoaram nada. Onde a Cisco outrora fora descrita como uma empresa focada e disciplinada, fazendo uma ciência da integração de fusões, ela era agora lembrada como uma compradora compulsiva. Quanto a comprar "iniciantes discutíveis e sem lucros" — bem, na época aquele tinha sido o ponto principal, isto é, encontrar novas empresas com gente inteligente e grandes idéias. Mas, em retrospecto, esse era o alimento da culpa.

Lidos no contexto da sua época, cada um desses artigos parece plausível. Eles oferecem uma explicação razoável para os eventos. Mas devemos observá-los no decurso de uns poucos anos, e temos que questionar se os repórteres tiveram acesso à história certa — ou se suas descrições foram matizadas pela história que eles queriam contar. Os fatos foram montados e formatados para contar a história do momento, fosse sobre um excelente desempenho ou sobre um desempenho decadente, ou sobre renascimento e recuperação. Colocando esses relatos juntos, a impressão não é nada menos que orweliana — um reescrever da história que lança os fatos no passado, rearranjando os dados para contar uma história mais coerente. É um exemplo de reinterpretação do passado para servir às necessidades presentes.

Intrigado com esses relatos totalmente diferentes, contatei o autor de um dos artigos mais efusivos, a laudatória peça de maio de 2000 na *Fortune*. O quê, perguntei a Andy Serwer, o editor-geral da *Fortune*, poderia explicar a adulação de 2000 e o extremo criticismo posterior? Serwer respondeu sinceramente: "Acho que há um efeito-pêndulo, e que podemos todos ficar demasiadamente arrebatados e talvez acentuar demais o que está acontecendo".[46] Também contatei Peter Burrows, da *Business Week*, autor do artigo de novembro de 2003, "A reabilitação da Cisco", que retratara a Cisco três anos antes, em 2000, como cheia de problemas. Burrows é um jornalista inteligente e experiente do Vale do Silício que escrevera extensamente sobre a Cisco, a Hewlett-Packard e outras empresas da região. "O que estava acontecendo?", perguntei. Burrows explicou que em sua visão a Cisco nunca fora realmente uma empresa com consciência de custos, mas *tinha* sido focada no cliente. Ele então acrescentou: "Falando de um modo geral, acho que existe uma tendência a exagerar as forças de uma empresa durante tempos de *boom* — nunca mais do que durante o maior *boom* de todos, no final dos anos 1990".[47]

Serwer e Burrows estão sem dúvida corretos. Há uma tendência natural, mesmo em publicações influentes como *Fortune* e *Business Week*, para exagerar os altos e baixos e para fiar-se em frases simples para explicar o desempenho de uma empresa. Isso ajuda a construir uma matéria melhor, contudo nos conduz por um caminho perigoso. Diz-se freqüentemente que o jornalismo é o primeiro esboço da história, e esses relatos jornalísticos se tornam fontes primárias para estudos posteriores. O estudo de caso de Harvard mencionado anteriormente, por exemplo, foi baseado naqueles mesmos artigos de jornais e revistas, e o capítulo sobre a Cisco em *Hidden Value* também citou esses mesmos artigos da *Fortune* revistos anteriormente. Esses estudos de caso e capítulos de livros são apenas tão bons quanto as fontes em que se basearam.

Mas existe um problema ainda mais profundo. A história da Cisco talvez seja menos um exemplo de hipérbole jornalística intencional do que algo mais básico: a dificuldade que temos em entender o desempenho de uma empresa, mesmo quando ele se desdobra na nossa frente. Apesar de toda a atenção que a Cisco recebeu, apesar de toda a sua proeminência na imprensa no decorrer de vários anos, mesmo jornalistas experientes e acadêmicos respeitados têm problemas em identificar com qualquer precisão as razões para o excepcional sucesso da Cisco, ou seu formidável declínio. Falou-se seguidamente sobre orientação em relação aos clientes, liderança e eficiência organizacional, mas essas coisas são difíceis de medir objetivamente, portanto tendemos a fazer atribuições sobre elas baseados em coisas a respeito das quais *de fato* nos sentimos seguros — receitas, lucros e preço das ações. Como de fato talvez não saibamos o que *realmente* leva ao alto desempenho de uma empresa, apelamos para frases simples que atribuem sentido ao que aconteceu.

CAPÍTULO TRÊS
ALTOS E BAIXOS COM A ABB[48]

Milo empalideceu de novo. "Ele fez o quê?".
"Ele amassou centenas de barras de sabão distribuídas pelo Exército junto com as batatas doces apenas para mostrar que as pessoas têm o paladar dos filisteus e não sabem a diferença entre bom e ruim. Todos os homens do esquadrão ficaram doentes. Missões foram canceladas."
"Bem!", exclamou Milo com os lábios apertados em desaprovação. "Ele certamente descobriu o quanto ele estava errado, não é?".
"Pelo contrário", corrigiu Yossarian. "Ele descobriu o quanto estava certo. Nós mandamos ver às pratadas e clamamos por mais. Todos nós sabíamos que estávamos doentes, mas não tínhamos idéia de que tínhamos sido envenenados."

Joseph Heller
Catch-22 [Ardil 22], 1961

PODE NÃO SER surpresa encontrar um forte efeito dominó na história da Cisco. O mundo dos negócios parecia ter perdido o contato com a realidade durante a bolha da tecnologia de ponta no final dos anos 1990. Talvez possamos perdoar uns poucos jornalistas por perder seu senso de perspectiva. Mas a mesma coisa pode ser observada em outras empresas, inclusive algumas que não são nem novas, nem de tecnologia de ponta, e nem americanas.

Considere a ABB, a companhia industrial sueco-suíça. A ABB foi criada em 1988 pela fusão de duas destacadas empresas de engenharia, a ASEA, da Suécia, e a Brown Boveri, da Suíça. A fusão foi idéia do executivo chefe da ASEA, Percy Barnevik, que viu que os mercados nacionais de equipamento elétrico estavam em declínio e argumentou que uma empresa que operasse além das fronteiras poderia ter uma grande vantagem competitiva. A empresa recém-combinada era líder em geração de energia, transmissão e distribuição, bem como alguns outros negócios incluindo automação de processos, robótica e plásticos.

Barnevik rapidamente pôs-se a fundir as duas empresas em uma. A velocidade da integração foi de tirar o fôlego, com uma economia de custos sem precedentes. Diversas fábricas foram fechadas por toda a Europa, empregos foram cortados, e os custos indiretos foram consideravelmente reduzidos. Ao mesmo tempo, a ABB expandiu a sua posição global por meio de uma série de aquisições. Em 1989, ela ganhou as manchetes ao pagar US$ 700 milhões pelo negócio norte-americano de transmissão e distribuição de energia da Westinghouse Electric, e depois comprou a Combustion Engineering, sediada nos EUA, por US$ 1,6 bilhão. A seguir a ABB se expandiu para a Europa Central e Oriental, tirando vantagem da liberalização e privatização depois da queda do comunismo. Ela também entrou nos mercados asiáticos, onde a demanda por energia e engenharia estava crescendo rapidamente. Em 1994, o perfil da ABB tinha sido completamente transformado, com redução da contagem de efetivos na Europa Ocidental, consolidação na América do Norte e expansão para mercados emergentes. Durante todo esse tempo, as vendas e lucros subiram. Entre 1988 e 1996, as receitas da ABB quase dobraram para US$ 34,7 bilhões, e os lucros triplicaram para US$ 1,2 bilhão. O preço de suas ações cresceu rapidamente e a capitalização de mercado da ABB ultrapassou os US$ 40 bilhões.

EXPLICANDO O SUCESSO DA ABB

POR APROXIMADAMENTE uma década, desde o final dos anos 1980 até o final dos 1990, a imprensa de negócios estava cheia de histórias sobre a ABB. O que poderia explicar o sucesso de tirar o fôlego da ABB? A maior parte das explicações começava pelo topo: o executivo chefe da ABB. Alto, esbelto, com olhos penetrantes e um cavanhaque perfeitamente aparado, Percy Barnevik era uma figura surpreendente. Ele não tinha precedentes para um líder de negócios europeu — um escandinavo que combinava maneiras e habilidades lingüísticas do velho mundo com o pragmatismo e a orientação para a ação americanos. Era uma combinação memorável. A imprensa americana ficou impressionada com o MBA de Stanford de Barnevik e o seu domínio da gíria americana. Matérias de destaque logo começaram a aparecer nas principais revistas. Um perfil de 1991 na *Harvard Business Review* descreveu Barnevik como um "pioneiro corporativo" que estava construindo "o novo modelo de empreendimento competitivo".[49] Disseram que ele acreditava em rápida tomada de decisões e comunicação implacável, e estava empenhado em construir um conjunto de valores que mantivesse unida a sua vasta empresa. Em 1992, a *Long Range Planning* descreveu a ABB como uma "fusão-modelo para uma nova Europa" e foi direta ao louvar o seu líder: "Por quaisquer padrões, Barnevik é um dos CEOs de classe mundial da Europa. Conhecê-lo [...] é ficar imediatamente consciente de uma abordagem incisiva e original na administração, em que a habilidade de tomar decisões rápidas e confiantes é suprema".[50] A *Fortune* extravasou seu entusiasmo: "Se o leve e agressivo pudesse ser personificado, Percy Barnevik entraria pela porta. [...] Barnevik é o *hatchet man* [carrasco] mais notável da Europa. Ele também é o criador daquela que está se tornando a mais bem-sucedida fusão cruzando fronteiras desde que a Royal Dutch se ligou à Shell em 1907".[51]

Mais histórias lisonjeiras se seguiram. Em 1993, a *Business Week* publicou uma matéria de destaque intitulada "A cruzada global de Percy Barnevik". Começava assim: "Podem chamar de Planeta Barnevik. O agressivo executivo da ABB enxergou o futuro, que já não se limita às fronteiras nacionais".[52] Nas páginas seguintes, a *Business Week* pintou um retrato vívido. "A despeito de um ímpeto maníaco e de uma carreira ultra-rápida, Barnevik é — para um dirigente de empresas europeu — surpreendentemente despretensioso e acessível." Barnevik "reúne-se freqüentemente com todos os níveis de administração da ABB, desde os conservadores dirigentes do quartel-general em Zurique até os supervisores em mangas de camisa no chão de uma fábrica de turbinas na Polônia — a maior parte dos quais ele trata pelo primeiro nome". Ele era um *workaholic* conhecido por fazer "trabalhos burocráticos na sauna". Barnevik também era "renomado por sua habilidade de leitura dinâmica" e "brilhantes habilidades analíticas", e como alguém que "jamais se preocupa em preparar discursos antecipadamente, preferindo falar de improviso até sobre tópicos densos como ajustes econômicos internacionais". Para completar o quadro diziam que fora do trabalho Barnevik escala montanhas e "aprecia maratonas de até dez horas de corrida, pausando apenas para intervalos curtos". Um ano depois, a *Forbes* escreveu que Barnevik aprecia "usar uma foice em obstruções burocráticas". Ele era "uma figura dominadora que fala em uma rica voz de barítono. Mas de modo algum ele é o CEO imperial no estilo europeu. É despretensioso e franco, dando murros no ar e colorindo a nossa conversa com uma ocasional obscenidade americana".[53] A *Industry Week* escreveu que Barnevik tinha "uma prodigiosa reserva de energia pessoal, um domínio ilimitado sobre operações de negócios, e a clara determinação de melhorar a marca competitiva da sua empresa na indústria". Ele era "notavelmente ousado, dinâmico e cativante".[54]

Acadêmicos juntaram-se ao coro de elogios. Um dos professores de administração mais conhecidos da Europa, Manfred Kets de Vries, da INSEAD, confirmou que Barnevik era, como amplamente relatado, um homem com pressa, "mas o que também era notável era a sua humildade. Ele continuamente minimizava a sua própria contribuição para o sucesso da ABB".[55] No decorrer dos anos seguintes, a reputação de Barnevik continuou a crescer. Em 1996, a *Director* repetiu histórias sobre as prodigiosas qualidades pessoais de Barnevik. "Notoriamente *workaholic* e incessantemente em movimento, ele às vezes diz brincando que passa dois dias por semana no escritório — sábado e domingo. [...] Os colegas falam com admiração reverencial de sua habilidade para tratar com profundidade dos detalhes de um negócio sem ficar atolado, ou para trabalhar vinte horas por dia através dos fusos horários, cochilando à vontade, e para manter-se em contato por telefone e fax durante suas férias velejando no meio do verão. Ele foi inclusive visto fazendo trabalho burocrático dentro da sauna."[56] Se os hábitos de Barnevik na sauna eram observados diretamente, ou se a observação de um repórter em 1993 foi reciclada por outros três anos depois não ficou claro — mas isso realmente não importava. A esta altura, Barnevik havia assumido um status heróico. Durante quatro anos consecutivos, em meados dos anos 1990, ele foi eleito "CEO/presidente da empresa mais respeitada da Europa".[57] Ele foi chamado de "o Jack Welch da Europa". A reputação de Barnevik ganhou um ímpeto próprio: em 1996, a Korean Management Association o nomeou "o mais honrado alto dirigente da Europa".[58] Barnevik estava agora ganhando prêmios por ganhar mais prêmios!

O executivo chefe da ABB não era a única explicação para o seu sucesso. Associado a Barnevik havia um segundo tema: uma cultura corporativa dinâmica. A ABB não tinha nem uma solene cultura sueca, enfatizando consenso e participação, nem uma conservadora cultura suíça, mas era retratada como uma confiante amálgama de velocidade e ação. A sua própria criação tinha sido uma jogada audaciosa, visando a criação de uma empresa de classe mundial a partir de duas venerandas firmas européias. Pouco depois da fusão, em um discurso para altos dirigentes em Cannes, Barnevik descreveu o *modus operandi* da ABB em três princípios: "1. Agir (e arriscar o pescoço) e fazer as coisas certas é obviamente o melhor comportamento; 2. Agir e fazer as coisas erradas é o segundo melhor (dentro do razoável e um número limitado de vezes); 3. Não agir (e perder oportunidades) é o único comportamento inaceitável".[59] Em uma entrevista para o *Financial Times*, ele afirmou: "Se você faz cinqüenta coisas, é suficiente que 35 sejam na direção certa. Uma regra básica é: 'tome a iniciativa e faça as coisas certas'. A mensagem seguinte é: 'tome a iniciativa mesmo se subseqüentemente ela levar a coisas erradas'. A única coisa que não podemos aceitar é pessoas que não fazem nada".[60] Esse *ethos* — ação, iniciativa, correr riscos — caracterizava, diziam, a cultura da ABB, e era freqüentemente mencionado como a razão primeira para o crescimento e sucesso da empresa.

Um terceiro tema nas histórias sobre a ABB era o seu complexo projeto de organização. Todas as companhias multinacionais têm de tirar vantagem de sua escala global enquanto também competem nos mercados locais. Para a ABB, o desafio era capturar benefícios de eficiência global em uma indústria onde muitos clientes eram empresas de energia estatais e não firmas globais. Barnevik descreveu o paradoxo: a ABB tinha uma necessidade simultânea de ser "global e local, grande e pequena, e radicalmente descentralizada com relatórios e controle centrais".[61] Tudo isso exigia um novo modo de organizar e administrar. Barnevik nunca se referiu à ABB como uma empresa "global", preferindo descrevê-la como uma "federação de empresas nacionais". O objetivo era encontrar as melhores soluções para os problemas dos clientes e então espalhá-las pelo mundo inteiro. Era desencadear a energia dos empreendedores locais "rompendo a burocracia para que executivos em Atlanta possam lançar novos produtos sem interferências da matriz, para que técnicos de energia na Suécia possam fazer mudanças de projeto, e para que fábricas na Índia possam alterar métodos de produção por si mesmas".[62]

Para atender tanto aos objetivos globais como locais, a ABB engendrou uma estrutura matricial com sete setores principais divididos em áreas de negócios em um eixo e dúzias de países no outro eixo. Enquanto outras multinacionais estavam se afastando da complexidade da administração matricial, a ABB a abraçou explicitamente. A matriz da ABB tinha 51 áreas de negócios e 41 administradores nacionais, que interagiam com 1.300 empresas separadas. Essas empresas eram divididas em 5 mil centros de negócios, cada qual responsável por gerar lucros e habilitados para conquistar alto desempenho. Uma organização tão complexa — 5 mil centros de negócios *separados*! — naturalmente suscitava questões. A *Industry Week* especulou que "simplesmente tentar descobrir quem tem responsabilidade pelo quê aparentemente impede as comunicações interpessoais e torna mais difícil a manutenção de um foco nítido no cliente".[63] Mas quando os repórteres falaram com os dirigentes da ABB, suas preocupações caíram por terra. Os dirigentes pareciam satisfeitos, e é claro que os resultados da empresa falavam por si — portanto a organização *tinha* de ser boa. A *Business Week* contou a história de um diretor de uma fábrica suíça que se lembrou dos seus dias na Brown Boveri, quando não dispunha de nenhuma autonomia e tinha pouca responsabilidade. A nova organização da ABB o encarregou de um centro de negócios, uma mudança maravilhosamente motivadora que levou a melhoras substanciais quando ele tomou emprestadas idéias de uma fábrica similar à ABB na Suécia. As melhoras não demoraram a chegar e os lucros logo decolaram.[64]

A sofisticada organização da ABB foi aplaudida por jornalistas, acadêmicos e gurus da administração. Tom Peters, talvez o mais conhecido guru do mundo no início dos anos 1990, chamou a ABB de "organização *buckyball*", referindo-se às elegantes estruturas geodésicas projetadas por Buckminster Fuller. De acordo com Peters, Percy Barnevik era o mais insistente inimigo da burocracia que ele já conhecera. Ele escreveu que o "permanente ódio de Barnevik à burocracia é crítico para fazer funcionar a estrutura da ABB".[65] Christopher Bartlett, da Harvard Business School, escreveu um estudo de caso que descrevia não apenas a estrutura organizacional da ABB, como também explicou os sofisticados processos e a filosofia administrativa que a fizeram funcionar tão bem.[66] Manfred Kets de Vries apresentava a organização da ABB como um modelo para outras emularem.[67] A despeito do seu tamanho e escopo gigantescos, dizia que a ABB tinha a agilidade e a flexibilidade de uma empresa pequena. De acordo com Kets de Vries, a ABB inventara uma nova forma organizacional: ela exemplificava a "organização prototípica pós-industrial".

A ABB no Monte Olimpo

Em meados dos anos 1990, a ABB estava no topo do mundo, consistentemente citada entre as empresas mais admiradas e mais bem administradas do mundo. Em 1996, a ABB foi eleita pelo *Financial Times* a *Empresa Mais Respeitada* da Europa pelo terceiro ano consecutivo. O artigo que acompanhava a lista explicava:

> Além de ser a vencedora total, [a ABB] é excepcionalmente bem considerada pelo desempenho nos negócios, estratégia corporativa

> e maximização do potencial dos empregados. Ela também é citada muito freqüentemente como a marca de referência contra a qual as outras empresas medem o seu desempenho.
> De fato, a admiração pelas conquistas da ABB é eclipsada tão somente pela estima de que goza o sr. Percy Barnevik, seu presidente. Eleito como o líder mais respeitado da Europa, ele atraiu mais votos do que os que foram dados à sua empresa na classificação geral: ele foi particularmente louvado por sua visão e foco estratégicos.[68]

Mesmo observadores normalmente céticos aplaudiram a ABB e seu líder. Em 1996, John Micklethwait e Adrian Wooldridge, da *The Economist*, escreveram um livro acerbo, *The Witch Doctors* [*Os curandeiros*], cujo alvo eram os gurus da administração. No entanto, eles puseram de lado o seu ceticismo quando o assunto era a ABB. Micklethwait e Wooldridge comentaram:

> A Europa produziu preocupantemente poucos superastros da administração. Mas um homem que inquestionavelmente preenche os requisitos é Percy Barnevik. [...] Um sueco alto, de fala rápida, com os modos agitados de um homem superdotado de energia, Barnevik ganhou quase todas as honrarias que a sua profissão pode outorgar, de "CEO do ano em mercados emergentes" a (duas vezes) chefão da empresa mais respeitada da Europa.[69]

A admiração por Barnevik foi excessiva? Nem um pouco, disseram Micklethwait e Wooldridge. "Desta vez", eles continuaram, "a hipérbole é grandemente merecida." Eles prosseguiram elogiando Barnevik por sua presença dominadora, sua ousada visão estratégica, seu estilo resoluto e a organização ágil da ABB, repetindo os amplos temas de vários anos anteriores.

Em janeiro de 1997, depois de mais de uma dúzia de anos ao timão da ASEA e depois da ABB, Percy Barnevik passou as responsabilidades de executivo chefe para Lindahl, vice-presidente executivo de transmissão de energia, mas permaneceu como *chairman* não-executivo. A transição foi suave, e o desempenho da ABB continuou forte. A empresa foi destacada numa série do *Financial Times* chamada *Mastering Management* [*Dominando a administra-*

ção], escrita por dois pesquisadores do Ashridge Management Centre na Inglaterra, Kevin Barham e Claudia Heimer. Observando que a ABB desfrutara de um espetacular sucesso financeiro, os autores a louvaram como uma "nova forma de organização global". Eles atribuíram o sucesso da ABB a "cinco luzes-guia": foco no cliente, conectividade, comunicação, colegialidade e convergência.[70] No ano seguinte, 1998, Barham e Heimer publicaram um livro inteiro, *ABB: The Dancing Giant* [*ABB: O gigante que dança*]. Baseado em dezenas de artigos e estudos de casos, bem como entrevistas originais com dirigentes da ABB, o livro de 382 páginas foi a consagração de uma década de louvores. Barham e Heimer chamaram Barnevik de "o dirigente mais influente do mundo". Eles descreveram a estrutura organizacional da ABB e admiraram os altos níveis de administração participativa dos empregados. Eles compararam os dirigentes da ABB a "uma nova estirpe de super-humanos". Eles concluíram que a ABB ocupava uma posição no "Monte Olimpo Corporativo" junto com a General Electric e a Microsoft. Não havia um vestígio sequer de ironia nas suas palavras — e por que deveria haver? Naquela época, a ABB havia acumulado uma sólida década de fortes resultados financeiros. Seu sucesso parecia claro para todos.

Saindo dos trilhos: a ABB depois de 1997

No entanto, no momento em que o livro de Barham e Heimer chegou às livrarias a sorte da ABB estava começando a mudar. Lindahl e Barnevik tinham começado a afastar a ABB de sua dependência de manufatura pesada e engenharia em direção a um novo *mix* de atividades, inclusive serviços. Numa época em que o pensamento administrativo era formado por conceitos tais como "capital intelectual" e "ativos intangíveis", os líderes da ABB disseram que queriam se tornar uma empresa "baseada em conhecimento". Barnevik explicou: "A ABB está transformando a sua carteira de negócios, expandindo para aqueles de valor mais elevado baseados em capital intelectual, focados em softwares, produtos inteligentes e soluções completas de serviços. É uma estratégia com vantagens significativas". Ele descreveu "a transformação da ABB em uma empresa de conhecimento", o que envolvia "se mover para cima na cadeia de valores, oferecendo uma maior competitividade em vez de produtos e serviços. A ABB também irá reduzir sua exposição a algumas oscilações cíclicas às quais tinha sido vulnerável no passado".[71]

De acordo com isso, a ABB retomou as aquisições, mas desta vez entrando em novas áreas, inclusive serviços financeiros. Ela também começou a despojar-se de algumas de suas atividades nucleares anteriores. A ABB vendeu sua participação de 50% na *joint venture* Adtranz com a Daimler Chrysler por US$ 472 milhões, saindo de todo do negócio de trens e bondes. A ABB vendeu seu nuclear negócio de combustível e combinou seu negócio de geração de energia com a Alsthom da França para criar uma *joint venture* meio a meio, a ABB Alsthom Power. Como o público reagiu a essa mudança fundamental? Alguém se preocupou com o fato de a ABB estar se desviando do seu núcleo? Nem um pouco. A nova direção da ABB foi saudada com aprovação. Para começar, a reputação da ABB era tão forte que poucos observadores duvidaram abertamente do que a empresa poderia conquistar. Além disso, sua estratégia se assemelhava à migração anterior da General Electric, que mudara com sucesso da fabricação para os serviços financeiros. Enquanto isso, o preço das ações da ABB continuou a subir — nada de semelhante à Cisco, é claro, mas a uma taxa saudável, juntamente com muitas outras empresas naqueles anos de *bull market*. Mas a reputação da ABB não era baseada somente no preço das suas ações — ela era conhecida como uma empresa ousada, que transformara um par de pomposas empresas industriais em um dínamo da Nova Era. A admiração dos pares continuou, e o brilho da ABB agora se refletia em seu novo executivo-chefe. Em novembro de 1999, Goran Lindahl foi eleito CEO *do Ano* pela publicação americana *Industry Week*, se tornando o primeiro europeu a receber o prêmio, juntando-se a ganhadores anteriores, incluindo Jack Welch, Lou Gerstner, Michael Dell e Bill Gates. A *Industry Week* citou Lindahl por sua liderança estratégica, observando com aprovação as aquisições da ABB em novos mercados e a liquidação de negócios maduros.

As primeiras evidências pareciam confirmar a sensatez da estratégia da ABB. As receitas continuavam a crescer, e em meados de 2000 o preço das ações atingiu o nível mais alto de todos os tempos: US$ 31. Um estudo de caso de uma escola de administração falou da transformação da ABB como se ela ainda fosse um sucesso. "Os resultados dessas iniciativas ficaram claramente visíveis quando a ABB entrou no novo milênio. No início de 2000, a empresa relatou um aumento de 24% no rendimento líquido para US$ 1,6 bilhão, e um aumento de 4% em receitas para US$ 24,7 bilhões em 1999. Analistas empresariais viram unanimemente as perspectivas da empresa como excepcionais. 'A ABB não é mais uma história de custo. É uma história de crescimento', observou um desses analistas."[72]

Em *ABB: The Dancing Giant*, Barham e Heimer previram que os anos pós-1996 seriam de "colheita dos frutos". A ABB havia plantado a sua horta e agora iria usufruir dos frutos. Cheio de otimismo quanto ao futuro sucesso da empresa, o livro terminava declarando: "Aguardamos ansiosamente pela próxima grande surpresa que virá de Zurique!".

Os anos seguintes foram sem dúvida cheios de surpresas, mas não as que todos esperavam. Sinais de problemas começaram a se acumular em 2000, enquanto o crescimento das receitas diminuía. Em novembro de 2000, Goran Lindahl anunciou abruptamente o seu pedido de demissão, pegando quase todo mundo de surpresa. A razão que ele deu: entregar as rédeas a alguém com aptidões mais fortes de TI, que eram críticas devido à mudança da ABB para negócios de conhecimento intensivo. Lindahl foi substituído em janeiro de 2001 por Jürgen Centerman, que logo anunciou uma mudança na famosa estrutura organizacional da ABB. De agora em diante a ABB seria planejada em volta de indústrias e grupos de clientes, e não produtos. Centerman explicou que a antiga estrutura tinha até dez entidades lidando com o mesmo cliente, causando sobreposição e confusão. O novo planejamento seria mais simples e ajudaria a aprofundar as relações com os clientes-chave.[73]

Novo planejamento ou não, o desempenho da ABB continuou a cair. Em abril de 2001, ela relatou um declínio de 6% nas receitas anuais enquanto a demanda do mercado decrescia. Os repórteres agora especulavam que a piora dos resultados tinha sido a verdadeira razão para o súbito afastamento de Lindahl.[74] Então, surpresas desagradáveis começaram a pipocar de aquisições passadas. Em resposta aos requisitos de arquivamento da Securities & Exchange Commission, a ABB revelou algumas notícias perturbadoras: a Combustion Engineering, a firma norte-americana que ela adquirira em 1989, era alvo de uma complicada questão judicial sobre amianto, forçando a ABB a pôr de lado US$ 470 milhões como provisões para demandas por danos. Essas provisões prejudicaram os limites de crédito da ABB e agravaram as suas preocupações com dívidas. O desempenho continuou a afundar durante o verão e no outono de 2001 o preço das ações da ABB caíra 70% em relação ao pico do ano anterior. O *The Wall Street Journal* agora relatava que com a "visão da ABB de se afastar da indústria pesada, valorizando o ramo do conhecimento, os campos de tecnologia de ponta pareciam ter falhado à medida que os lucros caíam".[75]

Sob pressão crescente da diretoria, Barnevik renunciou ao cargo de *chairman* não-executivo em novembro de 2001, e foi substituído por Jürgen Dormann, um membro da diretoria e ex-executivo chefe do grupo químico alemão Hoechst.[76] Mas o desempenho da ABB caiu ainda mais depressa no decorrer do ano seguinte, e Centerman foi substituído como CEO em setembro de 2002. Jürgen Dormann assumiu então como executivo-chefe, além de *chairman*, e começou a rever a ampla gama de negócios da ABB. Sentindo a extensão dos problemas da ABB, Dormann rapidamente reverteu o curso da empresa. Ele se desfez da divisão de petroquímicos da ABB, vendeu a divisão de finanças estruturadas da ABB para a GE, e garantiu um empréstimo de US$ 1,5 bilhão para que a ABB pudesse evitar uma crise de liquidez. Com a venda desses ativos "não-essenciais", a ABB estreitou o seu foco e agora se autodefinia em termos de tecnologias de automação e tecnologias de energia.

Em meio ao intenso declive da ABB veio mais um choque. No início de 2002 estourou a notícia de que Barnevik e Lindahl haviam assegurado uma pensão secreta no valor de US$ 150 milhões. O pacote tinha sido acertado em 1992 com Peter Wallenberg, co-*chairman* da ABB e membro da mais poderosa família sueca, mas não fora revelado para os outros membros da diretoria, e muito menos para os demais administradores da empresa. O tamanho da pensão acertada era imenso, uma vez que estava ligado aos resultados da ABB, que tinham sido excelentes durante os anos 1990. No entanto, na época em que Barnevik e Lindahl se desligaram a ABB não era mais uma empresa de alto desempenho, e o grande desembolso — sem precedentes pelos padrões europeus — desencadeou uma enorme gritaria. Dentro e fora da empresa, na Suécia e por toda a Europa, as pessoas ficaram chocadas com o que perceberam como um exemplo de "ganância de executivo". Sob intensa pressão, Barnevik concordou em devolver 90 milhões, dos 148 milhões de francos suíços, e Lindahl devolveu 47 milhões, dos 85 milhões de francos suíços, mas suas reputações ficaram prejudicadas.

Em 2002, a ABB perdeu US$ 600 milhões em receitas fixas. A dívida havia inflado e alguns analistas especulavam que a empresa estava perto da falência.[77] A capitalização de mercado agora era menor do que US$ 4 bilhões, mal chegando a um décimo do seu pico de US$ 40 bilhões. Quando começou 2003, a ABB mais uma vez procurou reestruturar suas atividades, cortar empregos e vender ativos, e ainda enfrentava imensos passivos nos processos do amianto. No decorrer do ano seguinte, liderada por Dormann e uma nova equipe de executivos, a ABB trabalhou resolutamente para restaurar a lucratividade. No verão de 2004, as receitas estavam começando a subir de novo e a lucratividade foi restaurada pela primeira vez depois de um prejuízo líquido no ano anterior. Um novo CEO, Fred Kindle, assumiu, e no outono de 2005 a ABB estava chegando a um acordo final com relação às reclamações do amianto e levara a sua dívida a um nível administrável. Os lucros operacionais eram modestos e a demanda da indústria permanecia incerta, mas a ABB já não estava no vermelho.

A ABB do outro lado do espelho

Não faltaram histórias enquanto a ABB estava subindo a ladeira, e a tinta não secou também quando ela estava em queda livre. Quando os tempos eram bons, a cultura da ABB era celebrada como ousada e destemida. A ação era preferível às análises extensas — a disposição para agir era uma razão para o sucesso da ABB.

Mas, uma vez que o crescimento cessou, e os processos do amianto nos EUA se avolumaram, a ambiciosa estratégia de crescimento da ABB passou a ser percebida de modo diferente. Agora a ABB era descrita como tendo sido impulsiva e tola. Em 2003, o *chairman* da ABB, Jürgen Dormann, lembrou-se: "Nos faltou foco quando Percy partiu para uma farra de aquisições. A empresa não era suficientemente disciplinada".

E quanto à organização da Nova Era da ABB? Enquanto os tempos foram bons, a complexa organização matricial era descrita como a chave para o seu sucesso, um *mix* hipermoderno de global e local, uma *buckyball* flexível. Agora emergia um quadro diferente. Quando o desempenho da ABB se desemaranhava, um repórter escreveu: "A estrutura administrativa descentralizada que o sr. Barnevik criou para as vastas unidades da empresa acabou causando conflitos e problemas de comunicação entre departamentos". Administradores da ABB, antes cheios de louvores ao planejamento ágil da empresa, lembravam-se agora de uma organização assediada pelo caos e conflitos. Tantas divisões, tantos países e tantos centros de negócios resultaram em um "vasta duplicação de esforços".[78] A permissão de decisões locais produzira departamentos administrativos fragmentados, com 576 sistemas de planejamento de recursos empresariais, sessenta sistemas diferentes de folhas de pagamento e mais de seiscentos softwares de planilha eletrônica usados na empresa. O compartilhamento de dados se tornara um pesadelo. Os administradores também se lembravam de uma coordenação deficiente entre países e competição disfuncional — como a falta de planos de compartilhamento por medo de que administradores em outros países os roubassem.[79] Não exatamente o paradigma de administração pós-industrial sobre o qual havíamos lido apenas alguns anos atrás! E é interessante: nenhum desses artigos recentes sugeriu que a organização da ABB houvesse *mudado* de algum modo — era a mesma organização, mas agora a ênfase estava nos seus defeitos.

Talvez a revisão mais ácida tenha sido guardada para Percy Barnevik. Quando a ABB estava divulgando um desempenho recorde, Barnevik era o foco de um virtual culto da personalidade, retratado com os poderes de um super-homem. Ele foi descrito como carismático, audaz e visionário. Mas depois que o desempenho caiu, Barnevik foi lembrado como arrogante, imperial e resistente a críticas. Dizia-se que ele havia "construído muros em torno de si mesmo". Havia sido "prepotente no seu trato com os diretores". Havia "monopolizado o fluxo de informação", exatamente o oposto do espírito de abertura que ele alegara esposar. Barnevik era agora acusado de ter sido "viciado em aquisições" e recebeu o apelido de "Percifal", uma referência ao cavaleiro que procurara em vão pelo Santo Graal. Outros disseram que Barnevik sofria de uma fixação doentia em Jack Welch, e estava obcecado com a idéia de igualar o tamanho e o sucesso da General Electric.

Teria Barnevik mudado? Talvez. Manfred Kets de Vries, da INSEAD, explicou que alguns executivos de sucesso "começam a acreditar nos comentários da imprensa sobre eles mesmos e isso se torna um círculo vicioso de narcisismo".[80] Contudo, ninguém ofereceu qualquer evidência do alegado "narcisismo". Ninguém disse que Barnevik agora olhava para si mesmo reverentemente no reflexo da própria banheira, nem devotava tempo demais a cuidar da própria aparência pessoal, ou decorava as paredes do seu escritório com os muitos prêmios que ganhara, ou de qualquer modo negligenciava os negócios da ABB. Ninguém mostrou como o "narcisismo" levara a quaisquer erros específicos, sejam estratégicos ou organizacionais. (E nem ninguém apontou que parte da cobertura mais favorável da imprensa, que supostamente levara ao narcisismo de Barnevik, viera do próprio professor Kets de Vries.) De fato, olhando através de quinze anos de artigos acumulados, Barnevik foi geralmente retratado como o mesmo homem a qualquer momento: ousado, direto e muito seguro de si. Ninguém ofereceu qualquer evidência de que ele havia mudado — tudo tinha sido inferido com base no desempenho da empresa. Os vencedores são confiantes, os perdedores são arrogantes. A *Fortune* observou: "Com sua reputação em farrapos, o ex-*chairman* da ABB se defronta com outro golpe indelicado: seus sucessores estão questionando o seu legado nos negócios".[81]

Naturalmente, Percy Barnevik não ficou nada satisfeito com a visão revisionista dos seus anos na ABB. O *The Wall Street Journal* escreveu que Barnevik "fica eriçado com as acusações de que ele ajudou a destruir a empresa", citando-o como tendo dito: "Eu me recuso a aceitar que nós vivíamos com o dedo no gatilho". Ser transformado em um bode expiatório "não é muito divertido". Com relação aos processos do amianto na Combustion Engineering, Barnevik sustentou que na época fora um risco aceitável. "É uma coisa infernal dizerem que você devia ter visto treze anos atrás riscos que ninguém mais viu."[82] No entanto, a tendência de atribuir o sucesso de uma empresa a um indivíduo específico é difícil de resistir. De fato, uma das principais razões por que adoramos histórias é que elas não relatam simplesmente fatos desconectados, mas fazem conexões de causa e efeito, freqüentemente atribuindo crédito ou culpa a indivíduos. Nossas histórias mais convincentes freqüentemente colocam pessoas no centro dos eventos. Quando as coisas vão bem, prodigalizamos elogios e criamos heróis. Quando as coisas vão mal, atribuímos culpas e criamos vilões. Essas histórias oferecem um meio de estabelecer certo e errado, um meio de atribuir responsabilidade moral. Das dúzias de artigos sobre a ABB, somente uns poucos tentaram resistir a essa tendência e manter um senso de perspectiva. No seu artigo de 2002, na *Fortune*,

Richard Tomlinson e Paola Hjelt escreveram: "Barnevik nunca foi tão bom quanto as apreciações entusiásticas que ele recebeu nos anos 1990, e não foi nem de longe tão ruim quanto a atual cobertura incriminadora da imprensa poderia sugerir. O que está faltando desde que foi aberta a temporada de caça a Barnevik é um senso de proporção sobre com quanto da culpa ele deveria arcar".[83] Uma visão sensata, porém rara demais entre as dezenas de artigos e estudos de caso sobre a ABB. A maioria dos autores simplesmente ficou com a história mais simples. Outrora amplamente reverenciado, Percy Barnevik era agora um exemplo de arrogância, ganância e má liderança. Um pós-escrito final à saga da ABB veio no final de 2005, quando o Gabinete do Promotor em Zurique abandonou o caso contra Barnevik e Lindahl em conexão com a questão da pensão.[84] Não encontrando nenhuma prova contra ambos os administradores, o promotor observou que o acordo havia sido ajustado em 1998, quando a ABB era uma empresa muito lucrativa, e havia sido inteiramente apropriado segundo critérios de transparência. Contudo, a essa altura o dano já estava feito, e a percepção de vilania gravada em pedra. Era, como disse Barnevik, uma coisa infernal.

CAPÍTULO QUATRO
Auras por todos os lados

A diferença entre uma lady e uma florista não está no comportamento de ambas, mas na maneira como elas são tratadas.

George Bernard Shaw
Pygmalion [Pigmaleão], 1916

Durante a I Guerra Mundial, um psicólogo americano chamado Edward Thorndike estava realizando uma pesquisa sobre as maneiras como os superiores tratam seus subordinados. Num dado momento ele pediu a oficiais do exército que classificassem seus soldados segundo uma variedade de características – inteligência, físico, liderança, caráter, e assim por diante – e ficou impressionado com os resultados. Alguns homens foram considerados "soldados superiores" e obtiveram altas notas em praticamente tudo, enquanto outros foram considerados abaixo da média em todas as categorias.[85] Era como se os oficiais imaginassem que um soldado de boa aparência e boa postura deveria também ser capaz de atirar direito, engraxar bem as botas e tocar gaita. Thorndike chamou isso de "Efeito Aura".[86]

Existem alguns tipos de Efeito Aura. Um deles se refere ao que Thorndike observou, isto é, uma tendência a fazer inferências sobre traços específicos com base em uma impressão geral. É difícil para a maioria das pessoas avaliar características distintas; existe uma tendência comum a combiná-las. O Efeito Aura é um jeito de a mente criar e manter um quadro coerente e consistente para reduzir a dissonância cognitiva. Eis um exemplo recente: No outono de 2001, depois dos ataques de 11 de setembro, os índices de aprovação geral de George W. Bush subiram bruscamente. Nenhuma surpresa, pois o público americano cerrou fileiras atrás do seu presidente. Mas o número de americanos que aprovavam a política econômica do presidente Bush também aumentou — de 47% para 60%.[87] Agora, goste você ou não da política econômica de Bush, não há razão para acreditar que o seu manejo da economia ficou subitamente melhor nas semanas subseqüentes ao 11 de setembro. Mas é difícil manter essas coisas separadas: a aprovação geral do presidente transportou-se para a aprovação de uma política específica. O público americano conferiu uma aura ao seu presidente e fez atribuições favoráveis em todas as categorias. Afinal, é desconfortável para muita gente acreditar que seu presidente pode ser bom em questões de segurança nacional, mas ineficaz na economia — é muito mais fácil que ele seja bom em ambas as coisas. E o que sobe também pode descer. Em outubro de 2005, com o apoio público à Guerra do Iraque enfraquecendo na esteira da devastação do furacão Katrina, a aprovação geral do presidente Bush decaiu para 37%, de 41% em agosto de 2005. O interessante é que os americanos também conferiram ao presidente notas mais baixas em todas as questões específicas da pesquisa. Para a política econômica, Bush teve uma aprovação de 32% em outubro em comparação com 37% em agosto; com relação ao Iraque, 32% em vez de 38%; e no combate ao terrorismo, 46% versus 54%. Perguntados se o presidente Bush possuía fortes qualidades de liderança, 45% dos americanos disseram sim, em comparação com 54% em agosto.[88] Cada um desses indicadores individuais moveu-se em paralelo, sugerindo que eles não eram independentes, mas antes baseados em uma única avaliação global — uma aura.

Esse tipo de Efeito Aura aparece em muitos lugares. Uma das empresas com que trabalho recebe milhares de telefonemas todos os dias para a sua Central de Suporte ao Cliente. Às vezes os problemas podem ser resolvidos na hora, mas muitas vezes o atendente do serviço precisa examinar a questão e retornar a chamada mais tarde. Quando a empresa tratou de fazer posteriormente um levantamento com os seus clientes para averiguar o quão satisfeitos estavam com a Central de Suporte, os clientes cujos problemas foram resolvidos na hora classificaram o atendente do serviço como mais bem-informado que os clientes cujo problema não havia sido resolvido. Isto não é surpreendente, uma vez que é razoável inferir que uma solução rápida vem de um atendente bem-informado. Mas o que mais intriga é isto: 58% dos clientes cujo problema fora resolvido na hora se lembravam de que o seu telefonema fora respondido "imediatamente" ou "muito depressa", enquanto apenas 4% se lembravam de ter ficado aguardando "tempo demais". Enquanto isso, dentre aqueles clientes cujo problema *não* fora resolvido na hora, apenas 36% se lembravam de que o seu telefonema fora respondido "imediatamente" ou "muito depressa", enquanto 18% se lembravam de ter esperado "tempo demais". De fato, a empresa dispunha de um sistema de atendimento automático e não havia diferença no tempo de espera entre os dois grupos. Ao invés disso, uma impressão global sobre o serviço ao cliente criou um poderoso Efeito Aura que formou percepções sobre o tempo de espera.

Mas o Efeito Aura não é apenas um meio de reduzir a dissonância cognitiva. É também um meio heurístico, uma espécie de regra prática que as pessoas usam para fazer suposições sobre coisas que são difíceis de acessar diretamente. Tendemos a conjeturar informações que são relevantes, tangíveis e parecem ser objetivas, e então fazer atribuições sobre outras características que são mais vagas ou ambíguas. Por exemplo, podemos não saber se um novo produto é bom, mas se ele vem de uma empresa conhecida, com excelente reputação, podemos razoavelmente inferir que ele deve ser de boa qualidade. É isso o que significa a construção de uma marca: criar auras para que os consumidores tenham maiores probabilidades de pensar favoravelmente em termos de um produto ou serviço. Ou então, vamos considerar um ambiente bem documentado para o Efeito Aura: a entrevista de emprego. Qual é a informação mais relevante e tangível que primeiro temos sobre os candidatos ao emprego? Provavelmente, a escola onde obtiveram o seu diploma, ou a sua média de avaliação, ou os prêmios que receberam. Com essa informação clara em mente — relevante, tangível e aparentemente objetiva — os entrevistadores tendem a matizar suas avaliações sobre outras coisas que são menos tangíveis, tais como os modos pessoais do candidato ou a qualidade das respostas a perguntas genéricas. Um histórico expressivo de uma escola excelente? O candidato ao emprego freqüentemente parece ser um pouco mais inteligente, com respostas mais espertas e um potencial maior para o sucesso. Um histórico modesto de uma escola local pouco conhecida? Exatamente as mesmas respostas podem parecer um pouco menos inteligentes, a mesma aparência é um pouco menos impressionante. É exatamente isso que Thorndike descobriu com o seu estudo sobre oficiais do exército e seus soldados naqueles anos lá atrás.

Agora consideremos as empresas. Qual é a mais relevante e tangível informação que freqüentemente temos sobre uma empresa? Desempenho financeiro, é claro. Se a empresa é lucrativa, se as vendas estão crescendo, se o preço das suas ações está subindo, o desempenho financeiro parece ser acurado e objetivo. Os números não mentem, gostamos de dizer — e é por isso que a Enron, a Tyco e um punhado de outros escândalos recentes balançam tão profundamente a nossa confiança. Nós confiamos rotineiramente nos números do desempenho financeiro. E é natural que, com base nesses dados de desempenho, as pessoas façam atribuições sobre outras coisas que são menos tangíveis e objetivas. Tudo isso ajuda a explicar o que vimos na Cisco e na ABB. Enquanto a Cisco estava crescendo e era lucrativa, estabelecendo recordes para o preço das suas ações, dirigentes, jornalistas e professores inferiram que ela tinha uma habilidade maravilhosa para ouvir os seus clientes, uma cultura corporativa coesa e uma estratégia brilhante. E, quando a bolha estourou, os observadores foram rápidos em fazer a atribuição oposta. Tudo aquilo fazia sentido. Contei uma história coerente. O mesmo para a ABB, onde vendas e lucros crescentes levaram a avaliações favoráveis da sua estrutura organizacional, sua cultura de correr riscos, e muito claramente o homem no topo — seguidas pelas avaliações desfavoráveis quando o desempenho caiu. Hipérbole jornalística? Até um certo ponto, com certeza. Porém, o que é mais importante: uma natural tendência humana de fazer atribuições baseadas em pistas que pensamos ser confiáveis.

Auras no mundo dos negócios

As informações financeiras estão longe de ser os únicos dados com base nos quais as pessoas fazem atribuições. Barry Staw, então na Universidade de Illinois e depois na Universidade da Califórnia, conduziu um experimento em que grupos de participantes foram solicitados a estimar as vendas futuras e ganhos da empresa por ação com base em uma série de dados financeiros.[89] Depois, ele disse a alguns dos grupos que eles tinham se desempenhado bem, fazendo estimativas acuradas das vendas e ganhos por ação, e disse aos outros grupos que tinham se desempenhado sofrivelmente — mas Staw fez isso de modo completamente *aleatório*. De fato, os "grupos de alto desempenho" e os "grupos de baixo desempenho" tinham se saído igualmente bem em seus cálculos financeiros; a única diferença foi que Staw lhes *falou* de seu desempenho. Então ele pediu aos participantes que avaliassem o quanto seus grupos se saíram bem em uma série de questões. Os resultados? Quando lhes foi dito que haviam se saído bem, as pessoas descreveram seus grupos como altamente coesos, com melhor comunicação, maior abertura para a mudança e motivação superior. Quando lhes foi dito que haviam se saído sofrivelmente, elas se lembraram de falta de coesão, comunicação falha e baixa motivação. Staw concluiu que as pessoas atribuem um conjunto de características aos grupos que acreditam ser eficazes, e um conjunto de características muito diferentes aos grupos que acreditam ser ineficazes. É o Efeito Aura em ação.

Naturalmente, esses achados não significam que a coesão do grupo e a comunicação eficaz não são importantes no desempenho do grupo. Significam apenas que você não pode esperar medir a coesão, ou a comunicação, ou a motivação pedindo às pessoas que avaliem a si mesmas quando já sabem alguma coisa sobre o resultado. Uma vez que as pessoas — sejam elas observadores de fora ou participantes — acreditam que o resultado é bom, elas tendem a fazer atribuições positivas sobre o processo de decisão; e quando elas acreditam que o resultado é sofrível, tendem a fazer atribuições negativas. Por quê? Porque é difícil saber em termos objetivos exatamente o que constitui boa comunicação, ou ótima coesão, ou clareza apropriada de função; portanto, as pessoas tendem a fazer julgamentos baseados em outros dados que acreditam ser confiáveis. O desempenho é uma pista pela qual as pessoas atribuem características a grupos e a organizações.

Algumas pessoas questionaram as descobertas de Staw. Elas duvidaram que um experimento que põe estranhos juntos por apenas trinta minutos poderia capturar adequadamente as percepções de grupos de trabalho. Uma equipe liderada por H. Kirk Downey, da Universidade de Oklahoma, replicou o estudo de Staw, usando exatamente o mesmo conjunto de problemas financeiros, mas com grupos de pessoas que tinham uma história prévia de trabalho em conjunto, e dando a eles consideravelmente mais tempo para fazer os seus cálculos.[90] Novamente foi dito aos grupos — *aleatoriamente* — que eles haviam se saído bem ou sofrivelmente. Os resultados foram virtualmente os mesmos que no experimento de Staw. Mais uma vez "equipes de alto desempenho" relataram que seus grupos tinham sido mais coesos, que os companheiros de equipe possuíam grande habilidade e tinham apreciado trabalhar juntos, que a comunicação tinha sido de alta qualidade, que eles foram abertos a novas idéias, e que, de modo geral, tinham ficado satisfeitos com o processo do grupo. Tudo por causa da descrição aleatória de desempenho — e nada mais. Como Staw, Downey e seus colegas descobriram uma forte tendência a fazer julgamentos com base no desempenho.

Surpreendente? Provavelmente não deveria ser. Imagine um grupo no qual as pessoas expressam seus pontos de vista vigorosa e apaixonadamente, mesmo discutindo entre si. Se o grupo se sai bem, os participantes podem razoavelmente olhar para trás e dizer que expressões abertas e diretas de opinião eram a razão principal para o sucesso. Elas dirão: *Nós fomos honestos, nós não hesitamos, e é por isso que nos saímos tão bem! Tivemos um bom processo!* Mas se o desempenho do grupo resultasse sofrível? Agora as pessoas poderiam se lembrar das coisas diferentemente. *Nós discutimos e brigamos. Nós fomos disfuncionais. Na próxima vez deveremos seguir um processo respeitoso e disciplinado.* Mas, agora, imagine um grupo no qual as pessoas são calmas, polidas e respeitosas entre si. Elas falam serenamente e cada uma por vez. Se o grupo se sai bem os participantes podem olhar para trás e dar crédito à sua natureza cortês e cooperativa. *Nós respeitamos um ao outro. Nós não brigamos. Tivemos um bom processo!* Mas se o desempenho do mesmo grupo for sofrível, as pessoas poderão dizer: *Nós fomos polidos demais. Nós nos censuramos. Na próxima vez deveremos ser mais diretos e abertos, não tão preocupados com os sentimentos alheios.* O fato é que uma ampla variedade de comportamentos pode levar a boas decisões. Não existe um modo preciso de projetar um processo de discussão "ótimo". Podemos tentar evitar extremos, certamente, mas entre esses extremos há uma ampla margem de comportamentos que podem conduzir ao sucesso. E como realmente não sabemos o que faz um processo de decisão ótimo, tendemos a julgar baseados em outras coisas que são relevantes e aparentemente objetivas — especificamente, o que nos é dito sobre resultados de desempenho.

Auras em volta das pessoas e para as pessoas

O Efeito Aura dá forma a muitas coisas, inclusive às especulações sobre as pessoas de uma organização. Acredita-se amplamente que empresas que administram bem os seus recursos humanos têm um desempenho melhor do que aquelas que não o fazem. Essa era, afinal, a idéia por trás do livro de O'Reilly e Pfeffer, *Hidden Value: How Great Companies Achieve Extraordinary Results with Ordinary People* [*Valor oculto: como grandes empresas conquistam resultados extraordinários com pessoas comuns*]. Ela faz sentido. Uma empresa que realiza um trabalho eficaz de atrair pessoas, as provê de um ambiente em que elas podem ser produtivas e criativas, e as motiva a trabalhar duro pelo bem comum deve se dar bem. Como poderia ser de outra forma? Mas cuidado com o Efeito Aura. Se não formos cuidadosos, qualquer empresa bem-sucedida pode atribuir seus bons resultados ao seu pessoal.

Eis um exemplo memorável. Em 1983, a *Fortune* publicou o seu primeiro levantamento das *Empresas Mais Admiradas da América*. A vencedora foi a IBM. No ano seguinte, 1984, a IBM ficou novamente no topo da lista. Quando lhe pediram para descrever os pontos fortes da IBM, o CEO John Opel deu crédito ao pessoal da sua empresa. "O fundamental é que as pessoas que trabalham na empresa fazem dela uma boa empresa. Este é realmente o segredo: as pessoas. É nossa boa sorte contar com pessoas superiores, que trabalham duro e se apóiam. Elas adotaram o nosso conjunto básico de crenças — o padrão que esperamos um do outro — e seguem esses padrões ao lidarem entre si e com pessoas de fora da empresa. Sei que isso parece fora de moda, mas é verdade, e não há razão para tentar analisar muito mais do que isso." E que tipo de pessoas a IBM procurou? Opel explicou: "Somos um pacote positivo de pessoas, do tipo que gosta de fazer coisas criativas. Acredito que semelhantes geram semelhantes. Você procura pessoas com as mesmas qualidades que as outras pessoas que estão construindo a empresa". Não só se diz que o pessoal da IBM é notável, como também precavido contra sentimentos de auto-satisfação. Opel concluiu: "Se qualquer um de nós em nossa empresa se comportasse de algum modo que reforce a idéia de presunção de poder ou arrogância, então nossa imagem poderia ser severamente manchada. O herói de hoje pode se transformar no patife de amanhã".[91]

Era assim que parecia em 1984 e, é claro, isso era aparentemente razoável. Todos os dias John Opel vinha trabalhar e via-se cercado por gente inteligente, criativa e trabalhadora. Era apenas natural pensar que as pessoas notáveis da IBM eram responsáveis pelo seu sucesso. Mas durante aqueles mesmos anos a IBM falhou em ver a crescente transformação em commodity das suas principais linhas de negócios — sistemas de computação *mainframe* e minicomputadores. No final dos anos 1980, a IBM estava escorregando gravemente e, em 1992, ela estava encharcada de tinta vermelha. O sucessor de Opel, John Akers, foi substituído. Como os observadores explicaram o mau desempenho da IBM? Apontando o dedo para o seu pessoal e para a cultura da empresa, é claro. Em *Big Blues: The Unmaking of IBM* [*Big Blues: O desmanche da IBM*], o repórter do *Wall Street Journal*, Paul Carrol, criticou a "cultura abotoada" da empresa, sua "burocracia rígida" e seus "executivos complacentes".[92] As mesmas pessoas que foram louvadas em 1984 agora eram culpadas pelo declínio de um grande empreendimento industrial. Teriam eles subitamente mudado o seu estilo? Provavelmente não. Teria o CEO sido cego em relação ao seu pessoal? Teriam eles sido *complacentes* e *rígidos* o tempo todo? Eu não acho. John Opel provavelmente foi inteiramente honesto quando sentiu que estava cercado por pessoas trabalhadoras e excelentes. E elas eram bem adaptadas à IBM dos anos 1960 e 1970. Mas quando a indústria mudou e a IBM se perdeu no caminho, o seu pessoal estava na extremidade receptora de uma atribuição muito diferente. Nossas avaliações dependem de estarmos vendo uma lady ou uma florista.

Auras em volta de nossos líderes

Talvez nada se preste mais ao Efeito Aura do que a liderança. Dizem freqüentemente que os bons líderes possuem um punhado de importantes qualidades: visão clara, habilidades eficazes de comunicação, autoconfiança, charme pessoal etc.[93] A maioria das pessoas concordaria que esses são elementos da boa liderança. Mas defini-los é um assunto completamente diferente, uma vez que diversas dessas qualidades tendem a estar nos olhos de quem vê — os quais são afetados pelo desempenho da empresa. Isto é exatamente o que vimos na ABB. Enquanto a empresa foi bem-sucedida, as pessoas diziam que Percy Barnevik tinha uma visão clara, excelentes habilidades de comunicação, autoconfiança impressionante e um charme incrível; e quando a sorte da ABB mudou, exatamente o mesmo homem foi demonizado como arrogante, excessivamente controlador e abrasivo. Naturalmente, é possível que à medida que a boa fortuna da ABB foi diminuindo Barnevik tenha se tornado cada vez mais estressado e ansioso, caso em que a causalidade segue na direção oposta — do desempenho da empresa para o comportamento individual. Contudo, esse argumento, por plausível que seja, não foi sugerido; ninguém disse que Barnevik havia mudado.

Bill George, ex-CEO da Medtronic, sugeriu uma lista similar sobre liderança em seu livro de 2003, *Authentic Leadership: Rediscovering the Secrets to Creating Lasting Value* [*Liderança autêntica: redescobrindo os segredos da criação de valor duradouro*]. George escreveu que líderes excelentes compartilham um punhado de qualidades, incluindo coragem inabalável, visão clara, integridade pessoal e excelente caráter. Eles são *líderes autênticos*. Não surpreendentemente, todos os exemplos vêm de empresas de sucesso. George também mencionou um punhado de empresas fracassadas, e seus líderes foram sempre *inautênticos*. Bem, *sempre* podemos encontrar coisas boas para dizer sobre líderes de empresas bem-sucedidas, e sempre podemos encontrar razões para criticar líderes de empresas fracassadas. Um leitor crítico deveria perguntar se alguma empresa de sucesso tem *líderes inautênticos*, e se alguma empresa malsucedida é dirigida por *líderes autênticos*, porque, caso contrário, é bem possível que estejamos apenas espargindo auras à nossa volta. E, muito previsivelmente — pelo menos para um livro escrito em 2003 —, entre os *líderes inautênticos* estava listado ninguém menos que Percy Barnevik. George relatou o desembolso secreto da pensão para Barnevik e Lindahl, descreveu a resultante gritaria pública, e então observou: "Atualmente, a ABB está operando abaixo do custo, sangrando dinheiro, e seu mercado de US$ 40 bilhões [capitalização] desabou para US$ 4 bilhões".[94] A inferência era clara: Barnevik era *inautêntico* — prova definitiva disso seria a pensão secreta, a arma fumegante — e tudo isso ajudava a explicar por que a ABB tivera um mau desempenho. Mas é claro que ninguém sugeriu que Barnevik era inautêntico enquanto a ABB ia bem.

George explicou também que uma qualidade dos *líderes autênticos* é "uma paixão ardente por suas missões" e "um foco preciso para superar barreiras". Um exemplo proeminente? Bill Gates, da Microsoft, que "acreditava tão apaixonadamente na missão da Microsoft de unificar a computação com um conjunto integrado de softwares que estava disposto a lutar contra o governo dos EUA com todas as suas forças para impedir que ele fosse separado".[95] Foi fácil aplaudir a persistência de Gates em 2003, quando ficou claro que a Microsoft não seria dividida. Mas apenas dois anos antes, em 2001, as coisas pareciam muito diferentes. A Microsoft foi considerada culpada de comportamento predatório — dificilmente algo que alguém associaria com "liderança autêntica" — e foi ordenada pelo juiz Thomas Penfield Jackson a ser dividida. Gates tinha sido profundamente criticado por liderar teimosamente a sua empresa para uma desnecessária e destrutiva confrontação com o governo dos EUA, algo que poderia ter sido evitado com um pouco de perspicácia e diplomacia. David Yoffie, da Harvard

Business School, escrevendo em 2001, comparou o estilo de liderança de Gates com o do executivo chefe da Intel, Andy Grove, cuja empresa também fora foco de uma investigação do Departamento de Justiça, porém assumira uma abordagem muito diferente. Grove pilotara cuidadosamente a posição da Intel, sem admitir nada de errado, porém demonstrando mais cooperação com o Departamento de Justiça e evitando um julgamento sangrento. Gates, nesse meio tempo, não cedera um milímetro, e o resultado tinha sido uma enrascada. Yoffie escreveu: "Depois de anos, agora a Microsoft se via atolada nos tribunais, enfrentando acusações de comportamento predatório pelo Departamento de Justiça dos EUA e pelos procuradores gerais de mais de uma dúzia de estados. Ela viu seu nome e práticas comerciais serem arrastados na lama, seus executivos seniores perturbados e embaraçados, e o seu próprio futuro como uma só empresa exposto a dúvidas. Não importa como o litígio venha a ser finalmente decidido, a Microsoft terá sofrido danos significativos para seus negócios e sua reputação".[96] Entrar em conflito com o governo não é exemplo de boa liderança, observou Yoffie: "Mesmo se uma empresa ganha a causa, ela ainda pode sofrer grandes penalidades na forma de recursos desperdiçados, administração perturbada e uma imagem maculada. Perguntem a Bill Gates".[97] E isso não foi tudo. Alguns meses depois que Bill George aplaudiu o comportamento de Gates, no início de 2004, o testemunho em um novo processo de ação popular contra a Microsoft mostrou que a empresa era "combativa e rude", usando intimidação e outras táticas injustas para competir em mercados nos quais a sua tecnologia era inferior.[98]

Então o sr. Gates era *autêntico* ou temerário? Tenho sido um observador de Gates há muito tempo (escrevi o meu primeiro estudo de caso sobre Bill Gates e a Microsoft em 1991, tendo passado uma semana no campus de Redmond entrevistando Gates, Steve

Ballmer e uma dúzia de outros executivos da Microsoft)[99] e, além de um importante compromisso filantrópico com a melhora da saúde mundial, ele parece ter mudado relativamente pouco através dos anos. Como executivo-chefe da Microsoft, ele era um competidor altamente ambicioso, duro, intransigente e obstinado. Isso o fazia digno de elogios como um líder brilhante, visionário e *autêntico*? Quando a Microsoft estava indo bem, esse tipo de descrição parecia justificado. Estaria Bill Gates sendo inflexível e obstinado, às vezes petulante e ocasionalmente expondo a sua empresa a riscos desnecessários? Quando os tempos eram difíceis, esse tipo de crítica também parecia razoável. Os julgamentos que nós fizemos basearam-se no destino da empresa.

Nada disso deveria ser muito surpreendente. Um sério estudioso da liderança, o falecido James Meindl, da SUNY Buffalo, concluiu, depois de uma série de estudos criteriosos, que não temos uma teoria satisfatória de liderança eficaz que seja independente do desempenho.[100] Pensamos que sabemos o que significa boa liderança — clareza de visão, habilidades de comunicação, boa capacidade de julgamento etc. — mas, de fato, podemos dizer que uma vasta gama de comportamentos pode se adequar a esses critérios. Mostre-me uma empresa que apresenta alto desempenho e sempre poderei encontrar algo de positivo para dizer sobre a pessoa encarregada — sobre a clareza de visão dele ou dela, sobre boas habilidades de comunicação, julgamento seguro e integridade. Mostre-me uma empresa que caiu em tempos difíceis e sempre poderei encontrar alguma razão para explicar por que o líder fracassou. Tudo isso traz à mente um caso de 1964 da Corte Suprema sobre liberdade de expressão, em que o juiz Potter Stewart, afirmando que uma vez que não podia dar uma boa definição sobre o que era pornografia explícita, deixou registrado de forma memorável: "eu a reconheço quando a vejo".[101] Uma vez que a boa liderança é usualmente difícil de identificar na ausência de dados sobre desempenho, parece que a liderança e até *mais* difícil de reconhecer que a pornografia explícita — a qual, ao menos o juiz Stewart, reconhecia ao vê-la. Apesar de todos os livros escritos sobre liderança, a maioria das pessoas não reconhece a boa liderança quando a vê a não ser que também tenham pistas sobre o desempenho da empresa em função de outras coisas a que possam ter acesso mais claramente — especificamente, o desempenho financeiro. E, uma vez de posse de evidências de que uma empresa esteja se desempenhando bem, elas confiantemente traçam considerações sobre a liderança da empresa, bem como sua cultura, seu foco no cliente e a qualidade do seu pessoal.

Auras em nossas pesquisas

O Efeito Aura dá forma ao pensamento de indivíduos sobre processos de decisão, o pessoal de uma organização e a liderança — e ele também não vai embora quando conduzimos pesquisas em larga escala. Antes, pelo contrário. Se não tomarmos cuidado, as pesquisas podem ser pouco mais que grandes coleções de auras, como bem vimos em relação às avaliações do presidente Bush. Considere a classificação da revista *Fortune* das *Empresas Mais Admiradas do Mundo*, antes mencionada, que elegeu a IBM como a *Mais Admirada* em 1983 e 1984.[102] A cada ano a *Fortune* pede a milhares de executivos e analistas da indústria que avaliem centenas de empresas em oito categorias: qualidade de administração, qualidade de produtos e serviços, valor como investimento de longo prazo, capacidade inovativa, saúde da posição financeira, capacidade de atrair, desenvolver e reter pessoas talentosas, responsabilidade para com a comunidade e o meio ambiente, e uso prudente dos ativos corporativos. Combine as respostas e você obterá as *Empresas*

Mais Admiradas do Mundo em cada uma dessas categorias — bem como a ganhadora geral. É um esforço impressionante, que produz uma vistosa matéria de capa todos os anos. Com o correr dos anos, a *Fortune* nomeou não apenas a IBM, mas outras empresas famosas, como a General Electric, a Wal-Mart e a Dell — um pacote muito impressionante.

Mas, quando alguns pesquisadores olharam mais de perto, descobriram que as avaliações das *Mais Admiradas* da *Fortune* foram grandemente influenciadas por um Efeito Aura. As pontuações relativas aos oito diferentes fatores para uma dada empresa mostram ser altamente correlatos — muito mais do que deveria ser o caso dada a variância dentro de cada categoria. Além disso, muitas das pontuações foram em grande parte induzidas pelo desempenho financeiro da empresa, exatamente o que poderíamos esperar considerando a natureza saliente e tangível dos resultados financeiros.[103] Dois estudos diferentes mostraram que o desempenho financeiro de uma empresa explicava entre 42% e 53% da variância na contagem geral.[104] Em outras palavras, quando uma empresa anuncia altos lucros e o preço das suas ações está em ascenção, as pessoas que preenchem a pesquisa da *Fortune* tendem a inferir que seus produtos e serviços são de alta qualidade, que ela é inovadora e bem administrada, que ela é boa em reter pessoas, e assim por diante. A Cisco oferece um caso apropriado. Em 1997, o mesmo ano em que a Cisco saltou para a capa das principais revistas de negócios, ela apareceu pela primeira vez na lista das *Mais Admiradas* da *Fortune*, entrando para as tabelas como número catorze.[105] Ela então disparou para cima, chegando ao número quatro, em 1999, antes de chegar ao máximo, como número três, em 2000. Não é surpresa que a Cisco tenha recebido uma alta avaliação por valor de investimento — o valor de suas ações estava afinal ficando estratosférico. Mas a Cisco também recebeu alta avaliação por uma porção de outras coisas: qualidade de administração, capacidade inovadora, qualidade do pessoal e assim por diante. Quando a bolha tecnológica estourou e as ações da Cisco caíram em 2001, a classificação da Cisco como valor de investimento também caiu muito naturalmente. Mas com a aura do desempenho financeiro manchada, *suas avaliações caíram por igual*. A Cisco era agora *menos admirada* por capacidade inovadora, por pessoal, o serviço completo. Sua classificação geral caiu para o número quinze em 2001, depois 22 em 2002, e 28 em 2003. A pesquisa da *Fortune* não é a única a ser solapada pelo Efeito Aura. Estão lembrados da pesquisa do *Financial Times* sobre as *Empresas Mais Respeitadas*? Em 1966, quando a ABB estava no seu auge, ela recebeu alta avaliação em tudo, por desempenho nos negócios, estratégia corporativa e maximização do potencial dos empregados, e seu líder foi aplaudido por sua visão e foco estratégicos. Novamente, o padrão é inteiramente consistente com o Efeito Aura.

E ainda há mais. Em 1984, uma organização chamada Great Places to Work Institute fez uma grande onda com um livro chamado *The 100 Best Companies to Work for in America* [*As 100 melhores empresas para se trabalhar na América*].[106] Todos os anos, desde então, ela vem compilando o índice das *Melhores Empresas Para se Trabalhar*. Baseado nesses achados, o *International Herald Tribune* afirmou que ser um *Excelente Lugar Para se Trabalhar* leva ao alto desempenho, observando que as empresas na lista de 1998 tinham um total de retorno de mercado (preço das ações mais dividendos reinvestidos) durante os cinco anos seguintes de 9,56%, em comparação com um retorno de 3,81% para todas as empresas na lista S&P 500. A inferência era clara: as empresas que se preocupam em criar um excelente lugar para se trabalhar irão atrair gente boa e ajudá-la a ser mais produtiva, levando ao desempenho superior. Tudo isso faz sentido. Mas como o Instituto determina o que é um excelente lugar para se trabalhar? Simples, eles perguntam aos empregados. Os empregados são solicitados a classificar suas empresas em dois atributos: confiança e cultura. O índice de confiança tem cinco elementos: credibilidade, respeito, equanimidade, orgulho e camaradagem.[107] A credibilidade, por sua vez, era medida por respostas a afirmações como estas: *A administração me mantém informado sobre assuntos e mudanças importantes. As pessoas por aqui recebem muita responsabilidade*. Novamente, a alta concordância significava respeito, o qual era associado com ser *Um Excelente Lugar Para se Trabalhar*. O *website* também reunia comentários como este, que se afirmava ter partido de um empregado de uma empresa exemplar: "Aqui existe um alto nível de confiança e *empowerment*. Não somos limitados por quaisquer regras e podemos fazer o que quisermos no trabalho. Recebemos encorajamento e motivação dos nossos líderes de equipes. Temos eventos da empresa e programas de saúde que nos permitem equilibrar nossas vidas pessoais e profissionais".

À primeira vista, tudo isso parece plausível, mas é solapado pelo Efeito Aura. As empresas que são lucrativas, prósperas e de rápido crescimento freqüentemente são percebidas como locais desejáveis para se trabalhar. Novamente, olhe para a Cisco. Ela debutou nas tabelas em 1998 no número 25, depois subiu para o 23º lugar em 1999. Em 2000, quando a Cisco foi, durante um curto período, a empresa mais valiosa do mundo, ela disparou para o terceiro lugar, onde permaneceu por dois anos.[108] Depois que as demissões começaram e o preço das ações afundou, como a Cisco foi classificada na lista do *Excelente Lugar para se Trabalhar*? Ela caiu para 15º em 2002, depois para 24º, e finalmente 28º em 2004 — não exatamente um desempenho fraco, mas muito próximo disso. A Cisco se tornou um lugar *pior* para se trabalhar depois de 2000? Sim, se pensarmos em termos de moral do empregado e da chance de ficar rico. Mas isso é um *reflexo* do desempenho, não a sua *causa*. Se você *não* acredita que as listas da *Fortune* e *Melhores Lugares* são influenciadas pelo Efeito Aura, você tem de acreditar que as pessoas que preencheram as pesquisas *não* são afetadas pela mesma tendência encontrada em participantes do experimento de Barry Staw, ou pelos jornalistas da *Business Week*, *Fortune* e outras publicações, o que pareceria duvidoso.

Primeiro equívoco: O Efeito Aura

No capítulo 1 perguntamos por que sabemos tão pouco sobre o desempenho das empresas. Apesar de toda a atenção dedicada à questão, por que é tão difícil entender o motivo de algumas empresas obterem sucesso e outras fracassarem? De fato, nosso pensamento sobre os negócios é formado por diversos equívocos, sendo o primeiro deles o Efeito Aura. Muitas coisas que nós — administradores, jornalistas, professores e consultores — normalmente julgamos *contribuir* para o desempenho da empresa são muitas vezes atribuições *baseadas* no desempenho. E mesmo quando tentamos reunir dados em amostragens de grande escala, como a pesquisa da *Fortune* ou o estudo *Excelente Lugar Para se Trabalhar*, freqüentemente fazemos pouco mais que multiplicar o Efeito Aura.

O Efeito Aura não é o único equívoco que distorce o nosso pensamento sobre negócios. Nos capítulos seguintes vamos cruzar com vários outros. Mas, de muitas maneiras, o Efeito Aura é o equívoco mais básico de todos. É uma falha — às vezes combinada com outros erros — que aparece seguidamente, enfraquecendo a qualidade dos nossos dados e freqüentemente reduzindo a nossa capacidade de pensar claramente sobre os fatores que contribuem para o desempenho de uma empresa.

CAPÍTULO CINCO
A PESQUISA SALVADORA?

Um famoso estatístico certa vez demonstrou uma correlação precisa entre prisões por embriaguez pública e o número de pregadores batistas na América do século XIX. *A correlação é real e intensa, mas podemos assumir que os dois aumentos não são causalmente relacionados, e que ambos surgem como conseqüência de um único fator diferente: um marcado aumento geral na população americana.*

Stephen Jay Gould
Full House: The Spread of Excellence from Plato to Darwin
[Casa cheia: a disseminação da excelência de Platão a Darwin], 1996

O Efeito Aura dá forma ao modo como normalmente falamos sobre muitos tópicos em negócios, de processos de decisão a pessoas e liderança. Ele aparece em nossas conversas cotidianas e em artigos de jornais e revistas. Ele afeta estudos de casos e pesquisas de grande amostragem. Não é tanto o resultado de uma distorção consciente quanto a tendência humana natural para traçar juízos sobre coisas abstratas e ambíguas com base em outras que são mais evidentes e aparentemente objetivas. O Efeito Aura é simplesmente forte demais. O desejo de contar uma história coerente é grande demais. A tendência para ser maria-vai-com-as-outras é tentadora demais.

O Efeito Aura dá forma à grande parte do modo como pensamos sobre negócios, sim, mas de maneira alguma por completo. Não há nada de inevitável quanto ao Efeito Aura. Se temos consciência da tendência para conferir auras, podemos tomar medidas corretivas. Por exemplo, sabemos que uma maneira de avaliar um candidato a emprego mais acuradamente é insistir para que algumas avaliações sejam feitas sem nenhum conhecimento da escola do candidato — usar testes padronizados ou conduzir algumas entrevistas cegas. De modo similar, podemos esperar que pesquisas cuidadosas conduzidas por sérios estudiosos treinados em métodos científicos possam evitar o Efeito Aura. Talvez então possamos encontrar uma resposta satisfatória para a mais fundamental das questões administrativas: *O que leva ao alto desempenho*?

A boa notícia é que existem muitas pessoas em escolas de administração e firmas de consultoria que realizam pesquisas muito boas sobre o desempenho de empresas. Elas podem não ser capazes de conduzir experimentos com o rigor das ciências naturais, mas podem realizar pesquisas sólidas usando um planejamento quase experimental. Esse tipo de estudo tenta isolar o impacto que algumas variáveis — chamadas *variáveis independentes* —, têm sobre um dado resultado, chamado de *variável dependente*. Reunindo dados de forma cuidadosa e depois testando hipóteses com testes estatísticos precisos, isolando o efeito de variáveis independentes sobre variáveis dependentes, esses pesquisadores podem esperar destilar os motivadores do desempenho da empresa.

O que é necessário, para começar, são bons dados sobre a variável dependente — especificamente, o desempenho da empresa. Por sorte, isso normalmente não é um problema. Toda empresa de capital aberto publica suas receitas e lucros. Existe informação abundante compilada devidamente em bases de dados, como o Compustat ou o DataStream, que podem nos dar medidas contabilizáveis de desempenho (lucratividade ou retorno sobre ativos), bem como medidas de mercado (retornos cumulativos de ações, ou Tobin's q, a razão de custo de reposição de ativo ao valor de mercado). Quanto aos motivadores do desempenho, os dados de que precisamos dependem do que estamos tentando testar. Para algumas hipóteses — digamos, gastos em diversificação ou pesquisa e desenvolvimento (P&D), ou estratégia de aquisição — as mesmas bases de dados são relativamente completas e não são afetadas por auras. Muito mais enganadores são os estudos sobre o que acontece dentro de uma empresa, como a qualidade da administração, níveis de orientação ao cliente, ou a cultura empresarial. Aqui, o Compustat ou o DataStream não ajudam muito. E nem a Bloomberg colocou on-line uma base de dados poderosa que possa dizer quais empresas são bem administradas, ou inovadoras, ou éticas, ou ambientalmente responsáveis. Esses dados precisam ser reunidos pelo pesquisador.

Uma vez que coleta de dados é um trabalho duro, uma tendência natural é primeiro examinar outros estudos cujos dados possam servir como substitutos úteis. Mas tome cuidado: se esses estudos estiverem contaminados por auras eles não ajudarão muito. Quer estudar se empresas fortes em responsabilidade social corporativa têm um desempenho melhor que o resto? A tentação é conferir a lista dos *Mais Admirados* da *Fortune* quanto à "responsabilidade para com a comunidade e o meio ambiente" e verificar se está relacionada com o desempenho. (Resposta: *Sim, está*!) Quer testar se as empresas mais inovadoras têm um desempenho melhor que o resto? Apenas confira a lista da *Fortune* quanto à capacidade inovadora e verifique se tem correlação com o desempenho. (Mesma resposta: *Sim, tem*!) *É claro que tem.* Mas tudo o que estamos realmente medindo é a força da aura. E se evitarmos de todo os substitutos e dedicarmos nosso tempo a reunir os dados diretamente? Isto é se mover na direção certa, mas, mesmo assim, poderemos ter um problema com auras — tudo depende de como os dados são coletados.

Dados de orientação ao cliente

Suponha que queiramos testar se a orientação ao cliente leva ao alto desempenho. Pelo que vimos na Cisco, sabemos ser cautelosos com o Efeito Aura. Enquanto as vendas e lucros estavam subindo, a Cisco era tida como um brilhante exemplo de excelente orientação ao cliente. Ela foi descrita, no seu auge pré-bolha de 2000, como tendo "extremo foco no cliente" e John Chambers era "o ser humano mais focado no cliente que você jamais irá conhecer". Um ano depois, quando o desempenho caiu, foi dito que a Cisco exibiu "uma atitude arrogante para com clientes em potencial" e suas táticas de vendas eram "cansativas". A não ser que acreditemos que a Cisco realmente *ficou pior* — e ninguém sugeriu que esse fosse o caso — tudo o que temos são mudanças de atribuições sobre orientação ao cliente feitas com base em um desempenho financeiro decadente. Sabemos, portanto, evitar depender de artigos de revistas e jornais para reunir dados de um modo diferente.

Um estudo realizado por John Narver, da Universidade de Washington, e Stanley Slater, da Universidade de Colorado, propunha estudar a relação entre orientação ao cliente e desempenho da empresa.[109] Eles definiram *desempenho* como lucratividade da unidade de negócios. Até aí, nenhum problema. Mas para capturar a orientação ao cliente eles pediram a alguns administradores que classificassem suas empresas em seis critérios: compromisso geral com o cliente, criação de valor do cliente, entendimento das necessidades do cliente, estabelecimento de objetivos de satisfação do cliente, medidas de satisfação do cliente e provisão de serviços pós-venda. Quando conduziram seus testes estatísticos, eles descobriram que certamente havia uma correlação significativa entre desempenho e orientação ao cliente. Isso não é nenhuma surpresa — é exatamente o que poderíamos esperar devido ao Efeito Aura. Se queremos testar se a orientação ao cliente leva ao alto desempenho, a *última* coisa que devemos fazer é perguntar aos administradores: "Quão orientada ao cliente é esta empresa?". Provavelmente obteremos uma atribuição baseada em desempenho. Para ter qualquer validade de todo precisamos depender de medidas que sejam *independentes* do desempenho. Nada disso, aliás, sugere que a orientação ao cliente *não* leve a um melhor desempenho. Suspeito que, se medirmos cuidadosamente, iremos descobrir que leva, pelo menos até certo ponto. Mas elaborar uma pesquisa na qual as respostas provavelmente serão influenciadas pelo Efeito Aura não é o jeito certo.

Auras de cultura corporativa

A CULTURA CORPORATIVA é mais uma coisa que geralmente se pensa afetar o desempenho da empresa. Mais uma vez há aqui uma abundância de estudos sem rigor científico sobre a importância da cultura de uma empresa. Vimos isso na Cisco e na ABB, é claro, e encontramos isso em outras empresas também. Durante a crise do Tylenol, em 1982, quando sete pessoas morreram após a ingestão de cápsulas com cianeto, a Johnson & Johnson tomou a medida sem precedentes de remover todos os frascos de Tylenol de todas as prateleiras de lojas nos Estados Unidos, muito embora as mortes tenham ocorrido somente na área de Chicago. O *recall* custou US$ 100 milhões, mas promoveu o respeito e a admiração dos consumidores pela Johnson & Johnson. Como a Johnson &

Johnson conseguiu agir tão rápida e decisivamente? O executivo chefe James E. Burke relatou: "Nossa cultura é realmente assim. Foi o que nos uniu quando aconteceram as tragédias do Tylenol. Sem ela nunca teríamos sido capazes de administrar a crise tão eficazmente como o fizemos".[110] De acordo com Burke, a Johnson & Johnson foi bem-sucedida nessa crise porque tinha uma forte cultura corporativa. A ação rápida e coordenada só foi possível porque os empregados da Johnson & Johnson compartilhavam valores comuns sobre a saúde do cliente, sobre fazer a coisa certa e sobre integridade.[111]

O relato do Tylenol e da Johnson & Johnson nos fornece uma passagem memorável, mas podemos encontrar um bom encadeamento de fatos para sustentar praticamente qualquer história. Se queremos demonstrar que a cultura corporativa tem um impacto importante sobre o desempenho nos negócios, temos de coletar dados pelas empresas e procurar padrões. É exatamente o que John Kotter e James Heskett, da Harvard Business School, se propuseram a fazer. Seus achados foram publicados em um livro de 1992 chamado, não surpreendentemente, *Corporate Culture and Performance* [*Cultura corporativa e desempenho*]. Kotter e Heskett definiram uma cultura corporativa forte como aquela em que "quase todos os administradores compartilham um conjunto de valores e métodos relativamente consistentes de fazer negócios".[112] Pensava-se que essas empresas tinham "um estilo, uma maneira de fazer as coisas que promove coesão interna, forte compromisso com um objetivo comum, alta motivação e consistência de comportamento sem as regras formais e a burocracia sufocantes". Essa é a chave: empresas com culturas fortes não requerem uma porção de regras e formalidades porque as pessoas compartilham valores básicos e maneiras de fazer as coisas. Até aí, tudo bem.

Kotter e Heskett primeiro testaram se uma "cultura forte"

estava associada com alto desempenho. Como eles mediram a "força da cultura"? Teriam encontrado um meio de capturar a cultura corporativa que estava livre do Efeito Aura? Nada disso. Eles meramente pediram aos administradores que avaliassem a força da sua cultura corporativa numa escala de um a cinco. Não surpreendentemente, eles encontraram uma correlação positiva entre força de cultura e desempenho — justamente o que poderíamos esperar devido ao Efeito Aura.[113] Mas eles não pararam por aí. Mesmo uma cultura forte, eles argumentaram, poderia não levar ao alto desempenho se ela não "se encaixasse" no ambiente competitivo; portanto, Kotter e Heskett testaram uma segunda hipótese: a cultura de uma empresa deveria "se encaixar" no seu ambiente. Como eles testaram esse "encaixe"? Novamente pedindo aos seus informantes que avaliassem a sua empresa, dessa vez em uma escala de um ("péssimo encaixe") a sete ("encaixe perfeito"). E mais uma vez sua análise demonstrou que as empresas de alto desempenho tinham culturas que se encaixavam em seu ambiente, com uma média de 6,1 em sete, enquanto as empresas de baixo desempenho tiveram uma média de apenas 3,7.[114] Esses resultados são, é claro, exatamente o que poderíamos esperar de uma auto-avaliação. É inteiramente previsível que quando o desempenho é alto os administradores percebam que a sua cultura "se encaixa" no ambiente, e quando a empresa vai mal eles percebam uma disparidade. Seria surpreendente constatar outra coisa.

Então, Kotter e Heskett deram um passo adiante. Se uma cultura forte é boa e uma cultura que se encaixa em seu ambiente é melhor, talvez uma que possa se adaptar com o correr do tempo seja a melhor de todas. Mas como medir adaptabilidade cultural? O modo ideal seria estudar a cultura de uma empresa no decorrer de vários anos, observando como ela evolui, usando o tempo todo medidas que não estão sujeitas ao Efeito Aura. Mas isso toma um bocado de tempo. Em vez disso, Kotter e Heskett assumiram que a adaptabilidade cultural estava ligada a duas coisas. Primeiro, vinha a "liderança": eles alegaram que uma empresa com liderança forte teria mais probabilidade de se adaptar a circunstâncias em modificação. Eles perguntaram aos seus informantes: "Quanto a cultura da [nome da empresa] valoriza a liderança excelente por seus administradores?", com respostas em uma escala de sete pontos. As firmas de alto desempenho receberam em média uma pontuação de seis em sete, enquanto as firmas de baixo desempenho receberam menos de quatro, o que é exatamente o que poderíamos esperar — os entrevistados tendem a atribuir boa liderança às empresas bem-sucedidas. E a segunda maneira como eles tentaram capturar a adaptabilidade? Medindo o foco no cliente! A idéia aqui foi que, se as empresas se concentram em seus clientes, elas se adaptam mais depressa e têm um desempenho melhor. Soa razoável, mas como já vimos, pedir aos administradores que avaliem as suas empresas em termos de foco no cliente irá capturar pouco mais que uma aura. Os resultados mostraram que empresas de alto desempenho pontuaram seis em sete, enquanto as de baixo desempenho pontuaram apenas 4,6. Mas, como não havia de todo medição independente do foco no cliente, nós realmente não sabemos se o foco no cliente leva à adaptabilidade cultural, o que por sua vez leva ao desempenho nos negócios, ou se os empregados em empresas de alto desempenho tendem a inferir que as suas empresas são boas em foco no cliente. Pelo que sabemos do Efeito Aura, a última hipótese é pelo menos tão plausível quanto a anterior.

A despeito dessas falhas básicas de lógica e validade dos dados, Kotter e Heskett foram enfáticos em dizer que haviam demonstrado que a cultura corporativa tem *efeito causal* sobre o desempenho. Eis como eles sumarizaram o seu trabalho:

> A cultura corporativa pode ter um impacto significativo sobre o desempenho econômico no longo prazo de uma empresa. Descobrimos que as firmas com culturas que enfatizavam todos os constituintes administrativos principais (clientes, acionistas e empregados), e a liderança de administradores em todos os níveis, tinham desempenho melhor que as firmas que não tinham esses traços culturais por uma enorme margem. No decorrer de um período de onze anos, as primeiras aumentaram as receitas em uma média de 682% versus 166% para as últimas; expandiram sua força de trabalho em 282% versus 36%; aumentaram os preços de suas ações em 901% versus 74%; e melhoraram suas receitas líquidas em 756% versus 1%.
> Considere-se novamente aquela constatação final: as empresas que prestaram atenção igualmente a clientes, acionistas e empregados tiveram um desempenho melhor do que as que não o fizeram em crescimento da receita líquida durante um período de onze anos por um fator de 756. Prestar atenção em algo mais do que apenas retornar os lucros aos acionistas pode ter uma enorme compensação.[115]

Note bem as palavras "tem um impacto significativo sobre". Esta é uma alegação da ciência: *Se você fizer isto, eis aqui o que vai acontecer*. O enredo é atraente, e os achados podem até estar corretos, mas dadas as falhas da pesquisa nós realmente não sabemos. Na verdade, a abordagem de Kotter e Heskett não nos deixa de todo concluir muita coisa sobre a cultura corporativa e seu impacto sobre o desempenho de uma empresa.

Só para deixar claro, acredito que uma forte orientação ao cliente provavelmente deve levar a um melhor desempenho. Empresas que ouvem seus clientes, que projetam produtos e serviços para atender às necessidades dos clientes, e que trabalham duro para satisfazer seus clientes deveriam, tudo o mais sendo igual, ter usualmente um desempenho melhor do que as empresas que não o fazem.[116] Mas você não descobre essas empresas perguntando: *Vocês são orientados em relação ao cliente?* Tudo o que você irá obter é a aura da auto-avaliação sugerida pelo desempenho da empresa. O mesmo se aplica à cultura corporativa. É lógico que quando os empregados compartilham valores comuns e não é preciso dizer-lhes o que fazer, as decisões são tomadas mais depressa e as pessoas colaboram mais facilmente. Mas não se mede a força ou a adaptabilidade de uma cultura corporativa simplesmente perguntando a pessoas que já têm uma opinião formada sobre o desempenho da empresa. Em vez disso, deve-se procurar ações, ou políticas, ou comportamentos específicos que não são moldados pelas percepções de desempenho.

Segundo equívoco: Correlação e Causalidade

Se queremos responder à mãe de todas as questões administrativas — *O que leva ao alto desempenho?* — uma coisa já está clara: temos de evitar o Efeito Aura. Temos de coletar dados procurando evitar que eles sejam afetados pelo desempenho, para que as variáveis independentes sejam medidas separadamente da coisa que estamos tentando explicar. E a boa notícia é que existem muitas pessoas inteligentes que pensam profundamente sobre problemas de independência de dados e trabalham muito duro para realizar pesquisas cuidadosas e disciplinadas. Contudo, mesmo que os pesquisadores tenham conseguido evitar o Efeito Aura, eles podem igualmente não ser capazes de dizer muita coisa sobre os motivadores do alto desempenho. Por quê? O exemplo de Stephen Jay Gould no começo do capítulo oferece a idéia principal: o número de prisões por embriaguez pública e o número de pregadores batistas nos EUA do século XIX podem ter sido intimamente correlacionados, mas não podemos dizer muita coisa sobre se um é *causa* do outro. Teria o nível de embriaguez levado a uma atenção maior sobre moralidade na sociedade e, portanto, a uma demanda por pregadores? Ou teria uma abundância de pregadores levado os americanos a beber? Ou seriam ambos resultado de algo diferente — especificamente, crescimento da população total? Se tudo o que temos é uma correlação, nós realmente não sabemos.

Inferir causalidade de correlação derruba muitos estudos sobre negócios. Tome algo básico como, digamos, a relação entre satisfação dos empregados e desempenho da empresa. É lógico pensar que ter empregados satisfeitos deve levar ao alto desempenho. Afinal, empregados satisfeitos podem estar dispostos a trabalhar mais duro por mais tempo, e podem se preocupar mais com manter seus clientes felizes. Isso *soa* correto. Sabemos que não se deve medir a satisfação dos empregados simplesmente perguntando aos empregados — "Vocês estão satisfeitos?" —, já que as respostas provavelmente serão coloridas pelo Efeito Aura. Mas suponha que procuremos uma medida que não seja corrompida por auras — digamos, a taxa de mobilidade dos empregados — e encontremos uma alta correlação com o desempenho. Agora o desafio é desembaraçar a direção da causalidade. Uma menor mobilidade leva a um desempenho mais alto da empresa? Talvez, já que uma empresa com uma força de trabalho estável pode ser capaz de prover um serviço ao cliente mais confiável, gastar menos em contratações e treinamento, e assim por diante. Ou será que um melhor desempenho da empresa leva a uma mobilidade menor? Isso também poderia ser verdade, já que uma empresa lucrativa e crescente poderia oferecer um ambiente mais estimulante e recompensador, bem como maiores oportunidades de progresso. Para que os administradores saibam o que fazer é importante saber o que está em jogo: quanto devem investir em maiores níveis de satisfação versus outros objetivos.

Ou suponha que queremos capturar o impacto da formação de executivos no desempenho da empresa. Como primeiro passo, temos de evitar o Efeito Aura medindo a formação de executivos de modo que não seja influenciada por percepções de desempenho, como total de gastos em capacitação, número de dias cursados por empregado, faixa de oportunidades educacionais disponíveis, e assim por diante. Suponha que constatemos que as empresas que gastam mais em formação de executivos também tendem a ter alto desempenho. Como vamos interpretar os resultados? Podemos dizer que investir em capacitação leva ao alto desempenho? Não, porque poderia ser que as empresas lucrativas dispõem dos fundos para se permitir um maior investimento em formação. Enquanto coletarmos dados em um ponto no tempo — *por corte transversal* — não saberemos. O psicólogo Edwin Locke afirmou enfaticamente: "Conquanto o método de correlação possa ser útil para propósitos de sugerir hipóteses causais, ele não é um método de prova científica. Uma correlação, por si só, não explica nada".[117]

Você imaginaria que firmas de consultoria fazem um trabalho melhor tentando distinguir entre correlação e causalidade? Adivinhe outra vez. Em 2006, um dos principais consultores, Bain & Company, proclamou no seu *website* que "os clientes da Bain superaram o mercado de ações em quatro para um".[118] Um gráfico mostrava que de 1980 a 2004, enquanto a lista S&P 500 subiu por um fator de cerca de quinze, as ações dos clientes da Bain's cresceram por um fator de cerca de sessenta — quatro vezes a taxa do mercado. A implicação? Seguir o conselho da Bain conduz a um desempenho melhor, de fato a um desempenho muito melhor. Mas há duas enormes falhas nessa alegação. Primeiro, como um porta-voz da Bain me explicou, os dados de fato mostram o desempenho de trimestre em trimestre dos então atuais clientes da Bain em relação ao índice S&P naquele trimestre. Um hiato de 400% no decorrer de 25 anos, ou cem trimestres, se traduz num hiato médio de pouco mais de 1% por trimestre — 1,014, para ser exato — o que não é insignificante, mas você teria de aproveitar essa diferença *todos os trimestres durante 25 anos* a fim de superar os seus rivais por uma margem de quatro para um. A maioria dos contratos de consultoria duram alguns anos, não duas décadas e meia, o que significa que o hiato de desempenho para um cliente típico é muito menor. Mas a segunda falha, e a mais importante para a nossa discussão presente, é que, na melhor das hipóteses, a Bain mostrou uma correlação e não uma causalidade. Mesmo que os clientes da Bain tenham superado a média do mercado em pouco mais de 1% a cada trimestre, isso acaso significa que contratar a Bain leva a um desempenho melhor? Esta é a sugestão, e talvez seja verdade. Ou será que apenas empresas lucrativas teriam condições de contratar os serviços da Bain? Também isso poderia ser verdade. Neste caso, trabalhar com a Bain não proporciona melhores resultados; de fato, pode bem ser ao contrário — somente empresas com altos lucros podem se dar ao luxo de contratar a Bain. Outra vez, uma simples correlação nos diz muito pouco.

Um meio de melhorar a nossa habilidade de explicar a causalidade é coletar dados em pontos diferentes no tempo, para que o impacto de uma variável sobre algum resultado subseqüente possa ser mais claramente isolado. Essa abordagem, chamada de plano *longitudinal*, é mais demorada e dispendiosa de realizar, mas tem melhor possibilidade de evitar inferências enganosas de uma simples correlação.[119] Desse modo podemos, por exemplo, dizer se o conselho dado por uma empresa de consultoria em um período de tempo levou a um melhor desempenho em períodos subseqüentes. Um estudo recente, por Benjamin Schneider e colegas de Universidade de Maryland, usou um plano longitudinal para examinar a questão de satisfação dos empregados e desempenho da empresa para tentar descobrir qual é causa de qual. Eles coletaram dados durante vários anos para que pudessem observar as mudanças na satisfação, bem como as mudanças no desempenho da empresa. A conclusão? O desempenho financeiro, medido pelo retorno sobre ativos e ganhos por ação, tem um efeito mais poderoso sobre a satisfação dos empregados que o inverso.[120] Parece que estar em uma equipe vencedora é uma causa mais forte para a satisfação dos empregados; empregados satisfeitos não têm muito efeito sobre o desempenho da empresa. Como Schneider e seus colegas foram capazes de romper a obstrução e responder à questão da causalidade? Coletando dados no decorrer do tempo. É muito mais fácil, é claro, depender de dados de um único ponto no tempo e fazer uma suposição sobre a direção da causalidade. Mas é agindo assim que incorremos em equívocos.

Terceiro equívoco: As Explicações Simples

Qualquer pessoa com um sólido treinamento em métodos de pesquisa deveria saber evitar fontes de dados que estejam contaminadas pelo Efeito Aura. O mesmo se aplica à questão entre correlação e causalidade: os perigos de inferir causalidade de dados de corte transversal são bem conhecidos. Porém, mesmo se evitarmos esses dois problemas, a pesquisa sobre o desempenho da empresa às vezes vai diretamente para uma questão espinhosa diferente: a das explicações simples.

Vamos voltar à questão da orientação ao cliente. Nós sabemos que não podemos medir a orientação ao cliente apenas perguntando — "A sua empresa é orientada ao cliente?" — porque tudo o que captaremos será a incandescência da aura. Mas existe um meio melhor. Um estudo realizado por Bernard Jaworsky, da Universidade do Arizona, e Ajay Kohli, da Universidade de Texas-Austin, examinou a relação entre orientação de mercado e desempenho.[121] Eles definiram orientação de mercado em termos de três elementos — geração de inteligência de mercado, disseminação de inteligência de mercado e receptividade da unidade de negócios à inteligência de mercado — e então pediram aos entrevistados para avaliar 32 afirmações separadas. A maioria dessas afirmações não era sobre percepções, mas sobre fatos objetivos. Este foi um grande passo. Por exemplo, perguntaram aos informantes se eles sondavam os usuários finais pelo menos uma vez por ano para avaliar a qualidade dos produtos e serviços. Presumivelmente, isso é algo que podemos medir objetivamente e não será respondido de modo diferente com base no desempenho. Também foi investigado se "os dados sobre satisfação do cliente eram disseminados em todos os níveis dessa unidade de negócios em bases regulares". Isso ou acontece ou não acontece; logo, a avaliação não deveria ser suscetível ao Efeito Aura.

Jaworsky e Kohli reuniram dados de uma ampla amostragem de empresas em três cenários competitivos diferentes — turbulência de mercado, intensidade competitiva e turbulência tecnológica. Desse modo, eles puderam comparar resultados em ambientes diferentes e dizer se algum efeito entre orientação de mercado e desempenho da firma era explicável por variáveis tais como turbulência de mercado ou intensidade competitiva. Quando eles executaram seus cálculos, descobriram que a orientação de mercado era fortemente associada com um melhor desempenho. O efeito foi, em termos estatísticos, altamente significativo, pois não se tratava apenas de alguma ocorrência aleatória — algo de *real* estava acontecendo. Seu modelo tinha um r^2 de 0,25, significando que poderia explicar cerca de 25% da variância no desempenho da empresa. Estes resultados são surpreendentes! Os autores se encheram de confiança: "Os achados desse estudo sugerem que a orientação de mercado de um negócio *é um importante determinante do seu de-*

sempenho, independentemente da turbulência de mercado, intensidade competitiva ou turbulência de mercado do ambiente em que opera" (itálicos meus). De acordo com Jaworsky e Kohli, a melhor orientação de mercado leva a um incremento no desempenho dos negócios. Eles não alegam que a orientação de mercado é tudo, mas observam que seu modelo explicou 25% da variância no desempenho global, o que é algo muito forte. E eles não hesitam em dizer aos administradores o que isso significa: "Como tal, parece que os administradores devem se empenhar em incrementar a orientação de mercado dos seus negócios em seus esforços para atingir um melhor desempenho nos negócios".[122]

Tenha isso em mente por um momento enquanto nos voltamos para outro tópico de interesse corrente: a responsabilidade social corporativa (RSC). A idéia aqui é que as empresas deveriam fazer mais do que apenas perseguir lucros, mas deveriam pensar de modo mais amplo nos demais interesses envolvidos — a comunidade, o meio ambiente, os empregados e a sociedade em geral. Soa plausível, mas existem evidências para demonstrar que a RSC leva ao melhor desempenho? Nós sabemos que não devemos depender de simples correlações, porque mesmo se descobrimos que empresas com fortes posições em responsabilidade social também tendem a ter bom desempenho, não sabemos o que conduz a quê. Pode ser que coisas como um bom passado em proteção ambiental, alta segurança do produto e investimento comunitário de fato levem a um melhor desempenho, mas o inverso também pode ser verdade, já que empresas de sucesso podem ter mais fundos para investir em ações socialmente responsáveis.[123] Bernadette Ruf, da Universidade de Delaware, e quatro colegas propuseram-se a testar o impacto da RSC no desempenho da firma coletando dados de 488 empresas — uma boa, grande amostragem. Eles não perguntaram simplesmente aos administradores — "Quanto vocês são bons em

RSC?" —, mas usaram um conjunto independente de dados que media a RSC em oito dimensões — um bom modo de minimizar o Efeito Aura. Para certificar-se de que eles não confundiam correlação com causalidade, Ruf e seus colegas reuniram três anos de dados. Desse modo, eles puderam ver se melhoras em RSC em um ano levaram a um melhor desempenho em anos posteriores. Eles também incluíram variáveis de controle para a indústria e o tamanho da empresa. Nenhum problema até agora — este parecia ser um estudo cuidadoso e rigoroso. Quando testaram seu modelo, Ruf e seus colegas descobriram que a melhora em RSC levava a vendas mais altas da empresa no ano dois e aumentaram os lucros no ano três. Novamente, o efeito era estatisticamente significativo, e o r^2 era 0,415 para o retorno em patrimônio líquido e 0,425 para o retorno em vendas. Este é um achado extraordinário: mais de 40% da mudança no desempenho financeiro de uma empresa estavam ligados à responsabilidade social corporativa! Os autores confiantemente declararam: "Os resultados do corrente estudo sugerem que melhoras [em RSC] têm impactos financeiros tanto imediatos quanto continuados".[124]

Mas espere. Se a orientação de mercado explica 25% do desempenho da firma, e a responsabilidade social corporativa explica 40%, isto significa que juntas elas explicam 65%? Estes são efeitos *separados* e portanto *cumulativos*? Ou poderia ser que as empresas que são boas em orientação de mercado também são provavelmente boas como cidadãs corporativas? Isso é imensamente importante porque, se esses efeitos se sobrepõem, então na verdade não podemos dizer que a melhora observada por Jaworsky e Kohli era devida à orientação de mercado somente, ou que o aumento de desempenho encontrado por Ruf e seus colegas era devido somente à RSC. Talvez eles estejam explicando a mesma coisa, caso em que o poder explicativo de cada um foi exagerado. (E de fato, em uma pesquisa de 2005, o *The Economist* sugeriu que muitas iniciativas de RSC eram pouco mais que exemplos de "boa administração".[125] Praticamente *qualquer* empresa bem administrada provavelmente fará muitas das coisas que chamamos de responsabilidade social corporativa — ficaríamos surpresos se não o fizessem.)

Agora vamos acrescentar mais um estudo ao *mix*. Mark Huselid, da Universidade de Rutgers, colaborando com Susan Jackson e Randall Schuler, da Universidade de Nova York, testou o impacto das habilidades de gerenciamento de recursos humanos de uma empresa (GRH) no desempenho da firma. Eles pediram a administradores que descrevessem suas empresas em mais de quarenta itens separados de GRH. Eles fizeram perguntas visando a minimização do Efeito Aura e também conduziram seu estudo através do tempo para evitar problemas de correlação e causalidade.[126] Além disso, eles incluíram variáveis de controle para o tamanho da firma, intensidade de capital, cobertura de sindicatos, crescimento de vendas e intensidade de P&D. Eles descobriram que a eficácia de GRH estava associada com o desempenho da firma e que, melhorando a eficácia de GRH por um desvio padrão, levava a um aumento de vendas de 5%, melhora de fluxo de caixa em 16%, e um valor de mercado das ações em 6%. Os autores foram enfáticos: "Como um todo, essas estimativas ilustram o impacto do efetivo gerenciamento de recursos humanos em três medidas amplamente seguidas do desempenho da firma". Eles prosseguiram: "Nossos resultados reforçam o antigo argumento da década passada de que investimentos em recursos humanos são uma fonte potencial de vantagem competitiva".[127]

Mas teria sido essa melhora no desempenho devida unicamente ao GRH, muito separadamente de outras coisas como orientação de mercado e RSC? Nesse caso, uma empresa que já havia melhorado o seu desempenho ao se tornar mais orientada ao mercado e adotar fortes políticas de RSC iria aproveitar esse incentivo adicional ao melhorar o seu gerenciamento de recursos humanos? Ou esses efeitos se sobrepõem, talvez até em grande parte? A última explicação parece mais provável. De fato, é inteiramente lógico que uma empresa que se preocupa com seus clientes e a comunidade como um todo também se preocupe com os seus empregados. Os empregados são, afinal, um dos maiores interessados incluídos nas medidas de RSC por Ruf e seus colegas. Orientação de mercado, RSC e gerenciamento de recursos humanos muito provavelmente se sobrepõem em grande parte.

Para mostrar exatamente o quão difundido é esse problema, darei mais um exemplo, desta vez sobre liderança. É claro que isso faz sentido. Podemos todos provavelmente pensar em exemplos de um novo líder que realizou ações que pareciam incentivar o desempenho ou, infelizmente, de um novo dirigente que conduziu a empresa por uma direção errada. Um estudo tentou isolar o efeito do CEO sobre o desempenho, rastreando a mudança no desempenho da empresa imediatamente antes e depois de uma mudança na liderança.[128] Os dados sobre o desempenho da firma e sobre o exercício do CEO são assuntos de registro público, portanto não havia perigo de um Efeito Aura de auto-avaliação ou percepções coloridas pelo desempenho. Os autores descobriram que 15% da variância total no desempenho da empresa eram explicados por uma mudança de CEO. "Em outras palavras", concluiu um dos autores, "a escolha de um executivo-chefe é crucial."[129]

Ótimo, mas seriam esses 15% *em adição* ao que poderia ser explicado por melhora na orientação ao cliente, RSC e GRH? Ou teria o efeito da liderança se sobreposto aos outros? Presumivelmente, o novo CEO faz mais do que apenas substituir a placa com o nome e sentar-se atrás de uma grande mesa no escritório mais luxuoso. O novo CEO *faz alguma coisa* — como estabelecer novos objetivos, ou dirigir um melhor foco ao mercado, o que pode ajudar a melhorar a cultura corporativa, ou fazer uma revisão geral na abordagem com relação ao gerenciamento de recursos humanos, e assim por diante. O desempenho melhorado que atribuímos ao CEO quase certamente se sobrepõe a uma ou mais explicações para o sucesso da empresa.

O que nos traz à essência do problema: cada um desses estudos olha para uma única explicação para o desempenho da firma e deixa as outras de lado. Isso estaria certo se não houvesse correlação entre elas, mas o senso comum nos diz que provavelmente são encontrados muitos desses fatores na mesma empresa. Não deveríamos esperar que uma empresa forte em um deles *também* seja boa em muitos dos outros? Ocasionalmente um pesquisador admite isso. O autor do estudo de GRH recém-citado, Mark Huselid, da Rutgers, escrevendo com Brian Becker, da SUNY Buffalo, observou que, a despeito dos seus melhores esforços para medir acuradamente o impacto de sistemas de GRH sobre o desempenho da firma, havia "características não observadas no nível da firma, tais como a qualidade do marketing ou as estratégias de fabricação que poderiam influenciar a relação estimada entre estratégia de RH-firma". Eles elaboraram: "A preocupação típica nessa literatura é que os efeitos não-medidos na firma são positivamente correlacionados com a estratégia de RH por causa da adoção de tais práticas, sejam elas contingentes ao sucesso da firma ou simplesmente um reflexo de firmas que são mais bem administradas em todas as funções".[130] Corretíssimo! E eles concluíram: "Existe uma considerável evidência na imprensa de negócios de que as reputações de firmas em uma ampla gama de práticas administrativas são altamente correlatas".

Não admira que seja tão difícil saber o que impele o desempenho da firma. Mesmo se evitarmos o Efeito Aura, e mesmo se conduzirmos um estudo longitudinal, *ainda assim* temos o problema das explicações alternativas. Tantas coisas contribuem para o desempenho da empresa que é extremamente difícil saber exatamente quanto é devido a um fator em particular versus um outro. Mesmo se tentamos controlar muitas coisas *fora* da empresa, como turbulência ambiental, intensidade competitiva e tamanho da indústria e da firma, não podemos controlar todas as muitas e diferentes coisas diferentes que ocorrem *dentro* da empresa.

Raramente se dá muita atenção ao problema de desembaraçar alternativas rivais. O artigo de Huselid e Becker é excepcional, mas a maioria dos artigos ou toca no assunto brevemente em uma pequena seção perto do fim, quando eles discutem os limites da sua pesquisa, ou então o ignoram de todo. Por quê? Atrair a atenção para as limitações dos achados deprecia o poder da história desejada — isto é, demonstrar a importância de uma dada variável no desempenho da empresa. Muitos pesquisadores acadêmicos querem mostrar fortes conclusões sobre causa e efeito. Eles querem demonstrar que a liderança é imensamente importante, ou que o gerenciamento de recursos humanos tem um impacto importante sobre o sucesso da empresa, ou que uma forte orientação ao cliente aumenta significativamente o desempenho. Os leitores também preferem histórias claras. Nós não queremos ouvir depoimentos sobre causas parciais ou efeitos incrementais, ou ameaças à validade. E existe mais um problema que se combina com tudo isso. Como observou o psicólogo de Harvard, Stephen Pinker, os departamentos das universidades nem sempre representam divisões significativas do conhecimento.[131] Algumas das questões mais importantes aparecem nas intersecções entre os campos, tais como o estudo de tomadas de decisão, que jaz na convergência da psicologia cognitiva, da sociologia e da economia. O mesmo se aplica ao desempenho nos negócios, que é formado por muitos fatores diferentes. Contudo, os pesquisadores muitas vezes pertencem a um ou outro departamento. Se você é um professor de marketing, se preocupa um bocado com orientação de mercado e foco no cliente, e há uma tendência natural para querer demonstrar a importância da sua especialidade. O mesmo para professores de gerenciamento de recursos humanos ou ética nos negócios. Não existe incentivo real para explorar correlações com outros fatores — melhor deixá-los seguramente fora de vista. Quanto às publicações que editam esses artigos, muitas usam um processo de revisão "duplo-cego", pela qual os revisores não sabem o nome dos autores e os autores jamais ficam sabendo o nome dos revisores, a fim de preservar a imparcialidade. Mas quase todos os que fazem revisão em um artigo para o *Journal of Human Resources Management* acreditam na importância de GRH — é o campo deles, é o departamento deles e é a especialidade deles. É claro que vêem favoravelmente artigos que mostram a importância do gerenciamento de recursos humanos. O mesmo para o *Journal of Business Ethics* — pesquisas que mostram como os investimentos em RSC estimulam o desempenho da empresa são novas bem-vindas, uma maravilhosa validação da sua especialidade. E quem poderia culpar o *Journal of Marketing* por publicar um estudo que demonstra a importância da orientação de mercado no desempenho da firma? Seria necessário uma quantidade inusitada de autodisciplina para ressaltar que a orientação de mercado é tão correlacionada com tantas outras coisas que o seu impacto é pequeno. Naturalmente, a tendência ao exagero não é encontrada apenas em artigos acadêmicos — ela também é encontrada em artigos da imprensa de negócios, como o que nos contou o quanto um *Excelente Lugar Para se Trabalhar* contribuiu para o desempenho. Quanto maior a alegação, maior a manchete — e maior é a tentação de negligenciar explicações rivais.

Para um pouco de perspectiva, vou mencionar um último estudo. Anita McGahan, da Universidade de Boston, e Michael

Porter, da Harvard Business School, propuseram-se a determinar quanto dos lucros de uma unidade de negócios pode ser explicado pela indústria em que ela compete, pela corporação a que pertence, e pelo modo como é administrada. Esta última categoria, que eles chamaram de "efeitos segmento-específicos", cobre praticamente tudo sobre o que falamos neste capítulo: a orientação ao cliente de uma empresa, sua cultura, seus sistemas de recursos humanos, responsabilidade social, e assim por diante.[132] Usando dados de milhares de empresas dos EUA, de 1981 a 1994, McGahan e Porter descobriram que os "efeitos segmento-específicos" explicavam cerca de 32% do desempenho de uma unidade de negócios. Apenas 32%. O resto era devido a efeitos da indústria ou efeitos corporativos, ou simplesmente não tinha explicação. Então, talvez todos os estudos que examinamos fazem sentido, afinal! É só que, como suspeitamos, seus efeitos se sobrepõem — eles todos explicam os mesmos 32%. Cada estudo alega ter isolado um importante motivador de desempenho, mas somente por causa do *Equívoco das Explicações Simples*.

CAPÍTULO SEIS
PROCURANDO ESTRELAS, ENCONTRANDO AURAS

Tínhamos o céu, lá em cima, todo salpicado de estrelas, e costumávamos ficar deitados de costas olhando para elas, discutindo sobre se elas tinham sido feitas ou apenas aconteceram. Jim achava que tinham sido feitas, mas eu achava que elas tinham acontecido; eu julgava que teria levado tempo demais para fazer tantas. Jim disse que a lua poderia tê-las botado; bem, aquilo parecia um tanto razoável, portanto eu não disse nada contra, porque já vi uma rã botar quase a mesma coisa, sendo assim é claro que podia ser feito. Costumávamos observar as estrelas que caíam, e vê-las descer em alta velocidade. Jim declarou que elas se estragaram e foram jogadas para fora do ninho.

Mark Twain
The Adventures of Huckleberry Finn [As Aventuras de Huckleberry Finn], 1885[133]

O PRIMEIRO DOS *blockbusters* de negócios, o megasucesso que mudou tudo foi *In Search of Excellence: Lessons from America's Best-Run Companies* [*Em busca da excelência: lições das empresas mais bem administradas da América*], de Tom Peters e Bob Waterman, ambos da McKinsey & Co. O livro foi amplamente lido e interminavelmente discutido, mas ele merece uma olhada fresca no contexto do Efeito Aura e outros equívocos que enganam os administradores. Curiosamente, com todas as suas falhas, *In Search of Excellence* resiste razoavelmente bem. De fato, é quase adorável em sua simplicidade, pelo menos quando comparado com estudos subseqüentes que ficaram mais complexos, mas também cada vez mais pomposos nas suas alegações. Falaremos mais desses estudos daqui a pouco.

A história de *In Search of Excellence* começou em 1977, quando McKinsey & Co., talvez a mais prestigiosa firma de consultoria nos Estados Unidos, empreendeu um estudo sobre estrutura organizacional que se metamorfoseou em um estudo mais amplo sobre sistemas e habilidades administrativos, que por fim levou a um projeto sobre excelência administrativa. Peters e Waterman começaram com uma pergunta abrangente: Por que algumas empresas são mais bem-sucedidas que outras? Eles começaram identificando as melhores entre todas as empresas americanas através de um rigoroso processo de cuidadosa seleção. Uma amostragem inicial de 62 empresas fortes foi reduzido a um grupo muito seleto de 43 excelentes empresas americanas, as melhores dentre elas, a nata dos negócios americanos, inclusive nomes como Boeing, Caterpillar, Delta Airlines, Digital Equipment, Emerson Electric, Fluor, Hewlett-Packard, IBM, Johnson & Johnson, McDonald's, Procter & Gamble e 3M. Para entender o que tornava essas empresas tão bem-sucedidas, Peters e Waterman conversaram com uma grande quantidade de pessoas, e reuniram uma abundância de dados. E então, como eles descreveram: "Quando terminamos nossas entrevistas e pesquisa começamos a peneirar e codificar nossos resultados. Foi aproximadamente seis meses depois de termos começado que chegamos às conclusões que são a espinha dorsal deste livro".[134] O processo foi cuidadoso, sistemático, lógico e objetivo. Sem escusas, sem simplificar as coisas.

Bem, isso é o que eles escreveram no prefácio do seu livro de 1982. Quase vinte anos depois, Peters contou a história de modo um pouco diferente. Em um artigo de 2001 para a *Fast Company*, intitulado "Tom Peters' True Confessions" [Confissões verdadeiras de Tom Peters], ele escreveu:

> Existe um modo oficial como conto a história agora — e é uma besteira total. O modo como conto agora é: "Os americanos estavam sob ataque dos japoneses, que estavam fabricando bons automóveis. Assim, Bob Waterman e eu nos propusemos a descobrir os verdadeiros segredos da administração". Usualmente, quando eu conto essa versão da história tento usar minha imitação da voz de Deus falando para transmitir a impressão de que o que nos propusemos a fazer era Muito Importante. [...] O que está completamente errado.[135]

O que *realmente* aconteceu? Peters lembra-se de que no início seu projeto não recebeu muita atenção na McKinsey — era "o fracote da ninhada", o meio-irmão pobre de um projeto sobre estratégia. Quanto à abordagem deles à pesquisa: "Não havia um plano de trabalho cuidadosamente planejado. Não havia uma teoria que eu estivesse disposto a provar".[136] Em vez disso, eles foram aos parceiros da McKinsey e perguntaram: "Quem está fazendo um trabalho legal? Onde há coisas notáveis acontecendo?". Eles conversaram com acadêmicos e administradores importantes; eles falaram com "pessoas genuinamente inteligentes, extraordinariamente interessantes, de primeira classe". Eles bisbilhotaram e fizeram montes de perguntas. E então procuraram padrões que pudessem explicar o que as melhores empresas tinham em comum.

Depois de algum tempo, Peters e Waterman foram solicitados e apresentar seus achados à alta administração da Siemens. Eles fizeram uma longa e detalhada apresentação, com mais de setecentos slides. Ela foi bem recebida, e logo Peters foi solicitado a fazer uma apresentação similar à alta administração da PepsiCo. O cabeça da PepsiCo era um sujeito cabeça-dura chamado Andrall Pearson. (Eu devia saber — alguns anos depois eu lecionei com ele na Harvard Business School, onde ele orgulhosamente exibia na sua parede um artigo da *Fortune*, de 1980, que o nomeava um dos dez administradores mais durões da América.) Peters lembrou-se: "Nós todos sabíamos que ele iria explodir de raiva ao ver uma apresentação de setecentos slides". Assim, com o relógio correndo, Peters sentou-se à sua mesa, fechou os olhos e inclinou-se para a frente. Então, como ele recordou: "Anotei oito coisas em um bloco de papel. Aquelas oito coisas não mudaram desde aquele momento. Eram os oito princípios da *Busca*".[137]

Aqui estão elas.

As oito práticas das melhores empresas da América, de *In Search for Excellence*

Uma tendência para a ação — uma preferência por fazer alguma coisa — qualquer coisa — em vez de fazer uma questão passar por ciclos e mais ciclos de análises e relatórios de comissões.

Ficar perto dos clientes — aprendendo suas preferências e fornecendo-as a eles.

Autonomia e iniciativa — quebrando a corporação em pequenas empresas e encorajando-as a pensar independente e competitivamente.

Produtividade através das pessoas — criando em todos os empregados a consciência de que os seus melhores esforços são essenciais, e que eles irão compartilhar das recompensas do sucesso da empresa.

Mão na massa, centrado em valores — insistindo que os executivos fiquem em contato com o negócio essencial da empresa.

Ater-se ao que sabe — permanecer no negócio que a empresa conhece melhor.

Forma simples, staff *enxuto* — poucas camadas administrativas, poucas pessoas nos níveis superiores.

Propriedades frouxo-apertadas simultâneas — encorajando um clima onde haja dedicação aos valores centrais da empresa combinada com uma tolerância por todos os empregados que aceitem esses valores.

Fonte: *In Search of Excellence*

No contexto dos seus tempos, *In Search for Excellence* foi um refrescante desafio ao antiquado modelo de administração por comando e controle, de precisão de tempo e movimento, de homens da organização trabalhando juntos como outras tantas peças de uma máquina bem azeitada. E dê uma olhada nesta lista: *clientes, valores, pessoas, foco*. Não é muito diferente das coisas que vimos no capítulo cinco, e que freqüentemente dizemos estimular o desempenho da firma. *Preocupe-se com os seus clientes. Tenha valores fortes. Crie uma cultura na qual as pessoas possam prosperar. Dê poderes aos seus empregados. Permaneça focado*. Pode ser difícil isolar completamente o quanto do desempenho de uma empresa é devido à cultura versus liderança versus orientação ao cliente, porque elas provavelmente são correlatas e, de acordo com Peters e Waterman, *isso é corretíssimo* — empresas extraordinárias *têm todas elas*. É isso que as faz excelentes! As melhores empresas não têm uma ou duas dessas coisas, elas têm *todas juntas*! O segredo do sucesso não requer uma inteligência ou habilidade técnica fora do comum, mas resulta de uma atenção meticulosa aos elementos básicos da boa administração. Peters e Waterman observaram: "Administradores em demasia perderam de vista o básico; em nossa opinião, ação rápida, serviço aos clientes, inovação prática, e o fato de que você não pode conseguir nada disso sem o compromisso virtual de todos".[138] *In Search of Excellence* foi nada menos que uma afirmação de princípios básicos da boa administração.

Até que ponto a pesquisa deles foi boa? Peters admitiu em 2001 que a análise quantitativa de dados veio *depois* que eles chegaram às suas conclusões. Ele explicou: "Como a McKinsey é a McKinsey, sentimos que tínhamos chegado a algumas medidas quantitativas de desempenho". E como eles chegaram às suas conclusões? Eles peneiraram e codificaram, reduzindo páginas e mais páginas de notas de entrevistas àqueles oito princípios? "Não", disse Peters. "Eu confesso, nós falsificamos os dados."[139] Bem, eu não estou exatamente seguro do que Peters pretendia falsificando dados, porque suspeito que ele não precisava fabricar nada. Se ele extraiu suas conclusões de antigas entrevistas com administradores, aumentadas por artigos de publicações como *Business Week*, *Fortune*, *Forbes* e *Industry Week*, então os dados estavam provavelmente comprometidos pelo Efeito Aura desde o começo. Não é surpresa que empresas *excelentes* supostamente eram boas em gerenciar pessoal e ouvir clientes, ou alegadamente tinham fortes valores ou uma boa cultura corporativa. Vimos tudo isso antes. Se você começa identificando um grupo de 43 empresas de alto desempenho, dificilmente seria surpreendente achar esse tipo de resultados. Empresas de sucesso quase sempre são descritas em termos de uma estratégia clara, boa organização, forte cultura corporativa e foco no cliente. Mas se essas coisas *motivam* o desempenho da empresa, ou se são meramente atribuições *baseadas em* desempenho é um outro assunto. Peters e Waterman saíram à busca de excelência, mas encontraram um punhado de auras.

Naturalmente, nenhum desses pontos mais sutis pareceu importar. *In Search of Excellence* chegou às livrarias em 1982, num momento em que as empresas americanas estavam extremamente preocupadas com o crescimento das empresas japonesas. Nós estávamos cercados de carros com nomes como Toyota e Honda, câmeras Nikon, Canon e Olympus, e televisores Sony, Toshiba e Sharp. "*Made in Japan*" se tornou uma marca de qualidade. O professor de Harvard, Ezra Vogel, declarou que o Japão era agora a potência econômica número um — *ichiban*. As prateleiras das livrarias se encheram de títulos como *The Art of Japanese Management* [*A arte da administração japonesa*]. Nessa mistura entrou o livro de Peters e Waterman com a sua manchete: "*Existe* arte na administração americana — e funciona!". Raramente uma mensagem é tão oportuna e tão bem recebida. Administradores americanos, tomados pela insegurança, adoraram *In Search of Excellence*. Era a história certa para o momento. O livro fazia sentido. Era inspirador. Era até patriótico. E vendeu com nunca. Disparou para o topo das listas de best-sellers e ficou lá por meses a fio. Frases como *Ater-se ao que sabe*, *administrar por perambulação* e *ligação frouxo-apertada* se tornaram palavras-chave nos negócios. Quanto a Tom Peters e Bob Waterman, eles foram os primeiros de uma nova geração de gurus empresariais, viajando por toda parte para dar centenas de palestras e conduzir dezenas de workshops para milhares de administradores.[140] Em 1982, com seu livro fazendo um sucesso espetacular, eles eram os reis do mundo.

Excelência mais dois

Parte do atrativo de *In Search of Excellence* foi que o livro não era apenas descritivo — ele era *prescritivo*. A capa declarava: "Aprenda como as empresas americanas mais bem administradas usam esses oito princípios básicos para ficar no topo!". A implicação? Vá e faça a mesma coisa, e o sucesso será seu também. Esta é a alegação da ciência: *se você fizer isto, eis aqui o que vai acontecer*. Mas nem todo mundo viveu feliz para sempre. Em 1984, a *Business Week* publicou uma matéria de *follow-up* sob o título "Quem é excelente agora?". Na avaliação deles, pelo menos catorze das empresas destacadas por Peters e Waterman apenas dois anos antes tinham "perdido o brilho". Muitas empresas haviam "sofrido um significativo declínio nos ganhos, derivado de sérios problemas empresariais, problemas administrativos, ou ambos". Outras empresas estavam se agarrando tenuamente ao seu status de empresas *excelentes*, mas haviam sido "humilhadas por erros crassos". O que dera errado? A *Business Week* criticou algumas empresas por mudar sua fórmula vencedora: "Os transgressores ficaram enlouquecidos, afastando-se dos princípios que tinham sido a chave para o seu sucesso". *Eles não se ativeram ao que sabem!* Outros foram censurados por sua *inabilidade* para mudar: "Das catorze empresas que tropeçaram, doze foram ineptas em adaptar-se a uma mudança fundamental nos seus mercados". E, para arrematar, a *Business Week* relatou: "Diversas empresas excelentes que ficaram no meio do caminho valorizaram demais alguns atributos e ignoraram outros".[141] Para ajudar o leitor a entender como os poderosos caíram, uma tabela identificava quais dos oito "mandamentos da excelência" cada empresa alegadamente transgrediu.

Para descobrir exatamente o quanto as empresas *excelentes* conseguiram se dar bem nos anos pós-1980, recorri ao Compustat, uma importante base de dados empresariais operada pela Standard & Poor's, e calculei o retorno total dos acionistas (isto é, a mudança percentual no preço das ações com todos os dividendos reinvestidos) para 35 das empresas *excelentes*, bem como para as S&P 500 para os cinco anos após terminado o estudo, de 1980 a 1984, e para dez anos depois, de 1980 a 1989. (Algumas das empresas eram privadas, ou eram divisões de uma empresa maior, e não eram negociadas publicamente em 1984 e 1989, restando dados para apenas 35.) Quanto se deram bem? Não muito. Entre 1980 e 1984, enquanto as S&P 500 quase dobraram, crescendo 99%, somente doze empresas *excelentes* cresceram mais depressa do que o mercado global. As outras 23 fracassaram em acompanhar. Algumas empresas se deram muito bem (como o Wal-Mart, que cresceu colossais 800% naqueles cinco anos), mas muitos nomes conhecidos como Caterpillar, Digital Equipment, Dupont, Johnson & Johnson e Walt Disney não chegaram a igualar a média de mercado. Teria sido melhor investir em um índice de mercado do que pôr o seu dinheiro naquelas empresas *excelentes*. Se avançarmos dez anos, o registro é mais ou menos o mesmo: somente treze empresas se desempenharam melhor que o mercado, que subiu 403%, enquanto dezoito não se igualaram ao mercado. A maioria das empresas sequer chegou a *medíocre*, que dizer *excelente*. *Sic transit gloria mundi* [A glória neste mundo é passageira]. (Resultados completos são mostrados no apêndice, tabela 1A.)

Talvez exista uma explicação simples para esse pronunciado declínio. O desempenho no mercado de ações é, afinal, formado pelas expectativas dos investidores. Suponha que as ações de uma empresa tenham subido para níveis muito altos, com taxas de preço/ganhos de quarenta, oitenta ou até mais, como vimos antes com a Cisco ou em 2006 com o Google. Se a empresa continua a ter bom desempenho e produz os resultados esperados, o preço de suas ações permanecerá firme mas não continuará a subir porque esses ganhos já se refletem no preço das ações. Não por nenhuma falha sua, as ações da empresa poderão ter desempenho inferior ao do mercado durante os próximos anos. A Microsoft é um caso relevante. Enquanto suas receitas e lucros subiram em mais de 50% de 2001 a 2005, o preço de suas ações se manteve essencialmente inalterado, tendo permanecido bastante alto nos anos 1990. Talvez seja isso o que está acontecendo aqui: as empresas *excelentes* tiveram seus preços aumentados para valores muito altos no final dos anos 1970, e uma queda no preço das ações no decorrer dos anos seguintes foi devida mais ao otimismo precoce dos investidores do que a qualquer declínio real no desempenho. Para remover o efeito das expectativas usei uma medida de desempenho que capturava a lucratividade: receita operacional como uma porcentagem do ativo total. Novamente, usando dados do Compustat, descobri que durante os cinco anos após o estudo terminar, sem exceção, trinta dentre as 35 empresas *excelentes* mostraram um declínio em lucratividade, algumas de pequena monta, outras bastante significativo. Somente cinco melhoraram o seu desempenho. Esses resultados deixam claro que as empresas *excelentes* de Peters e Waterman não declinaram apenas porque falharam em atender às expectativas do mercado. Essas empresas, escolhidas precisamente por seu desempenho extraordinário, na verdade se tornaram menos lucrativas nos anos que se seguiram ao fim do estudo. (Os resultados são mostrados no apêndice, tabela 1B.)

Como deveríamos interpretar esse desempenho debilitado? Quando, em 1984, lhe pediram para comentar, Peters observou: "Não existe razão real para acreditar que todas aquelas empresas iriam se dar bem para todo o sempre". É claro que ninguém jamais sugeriu que aquelas empresas iriam ter sucesso "para todo o sempre". Uma certa regressão é quase um fato da natureza. Mas você imaginaria que a *excelência* duraria mais que uns poucos anos?! De fato, se você alega que descobriu os elementos que levam ao sucesso é melhor ter também uma explicação para o fracasso. A porta gira para os dois lados — Peters e Waterman não podem pretender que os seus princípios expliquem os bons tempos, mas negligenciem os maus.

Então, o que está realmente acontecendo aqui? Uma primeira explicação é que muitas das empresas *excelentes* na verdade não eram excelentes para começar. A *Business Week* sugeriu isso no seu artigo de 1984: talvez Peters e Waterman não tenham escolhido as empresas certas. Mas essa explicação não se aplica muito bem. Com a possível exceção da Atari, um prodígio de um só sucesso no início dos anos 1980, as empresas *excelentes* eram um sólido e bem-sucedido pacote por qualquer medida padrão. Uma segunda explicação é que as empresas vacilaram porque mudaram os seus estilos vencedores. Talvez elas tenham parado de fazer precisamente aquelas coisas que as fizeram tão boas. Talvez tenham perdido a vontade.

Ou ficado satisfeitas consigo mesmas e complacentes. Ou sofrido de *hubris*, ou excesso de confiança, um tema clássico tãoantigo como os gregos. Essa explicação, segundo a qual o sucesso contém as sementes da própria queda apela para o nosso senso de uma boa história, e é a principal explicação que a *Business Week* ofereceu. É claro que se atribuirmos o ótimo desempenho a uma visão clara, liderança brilhante e um forte foco, é natural inferir que o desempenho sofrível é devido a algum erro ou engano. Após o fato é sempre fácil dizer que o baixo desempenho foi devido a algum erro crasso ou a uma administração inepta. Como Huck e Jim tentando achar sentido nos céus, podemos sempre dizer que algumas estrelas se estragaram e foram jogadas para fora do ninho. Podemos sempre dizer que elas fizeram algo de errado para merecer o castigo. Isso faz o mundo parecer imparcial e justo. É claro que é possível que algumas empresas se encaixem nessa descrição, mas ela não é uma boa explicação geral, porque seria atordoante descobrir que muitas daquelas empresas *excelentes* perderam tão depressa o seu rumo depois de se dar dão bem — que dois terços desmoronaram em desempenho de mercado e trinta em 35 declinaram em lucratividade. É improvável que *tantas* empresas, selecionas precisamente por causa dos seus fortes valores, disciplina, cultura e foco, pudessem todas vacilar *tão depressa*. Complacência contagiosa? Uma epidemia de entropia? Provavelmente não. (Poderíamos até — uma idéia *horrível* — sugerir que essas empresas ficaram satisfeitas consigo mesmas *porque* estavam listadas como *excelentes*. Hmmm, talvez Peters e Waterman fossem os culpados.) É mais provável que essas empresas *excelentes* tivessem continuado repetindo muitas das mesmas coisas de antes, mas essas coisas não foram suficientes para assegurar o sucesso — porque o sucesso delas fora devido a mais do que aqueles oito princípios. Também é possível que aqueles oito princípios reflitam atribuições feitas sobre empresas de sucesso, e de fato os motivadores do sucesso estejam em algum outro lugar. É difícil saber, já que Peters e Waterman selecionaram empresas precisamente pelo seu sucesso, e reuniram dados conversando com administradores daquelas empresas, coletando percepções e testemunhos influenciados pelo Efeito Aura.

Quarto equívoco: Ligar os Pontos Vencedores

O método de pesquisa de Peters e Waterman continha um par de erros básicos. Primeiro, é claro, seus dados eram muito provavelmente corrompidos pelo Efeito Aura. Pergunte aos administradores por que suas empresas são bem-sucedidas, e provavelmente obteremos atribuições do tipo que já vimos repetidas vezes. Leia a imprensa de negócios e obteremos mais do mesmo. Não há necessidade de falsificar a análise porque os dados são suspeitos desde o começo.

Mas combinar o Efeito Aura foi um segundo engano: Peters e Waterman estudaram uma amostragem composta inteiramente de empresas extraordinárias. O termo científico para isso é uma seleção de amostragem baseada na variável dependente — isto é, baseada em resultados. É um erro clássico! Suponha que queremos descobrir o que leva à alta pressão arterial. Nunca descobriremos se examinarmos unicamente pacientes que sofrem de pressão alta; só saberemos se os compararmos a uma amostragem de pessoas que *não* sofrem de pressão alta. O mesmo se aplica às empresas: examinando apenas empresas que se desempenham bem, não poderemos nunca esperar demonstrar o que as torna diferentes das empresas que não se desempenham tão bem. Chamo isso de *Equívoco de Ligar os Pontos Vencedores*, porque se tudo o que comparamos são empresas de sucesso, podemos ligar os pontos do jeito que quisermos que nunca teremos um quadro acurado. Sob condições ideais, é claro, poderíamos gostar de realizar um experimento em que atribuímos tratamentos diferentes a diversos sujeitos e comparamos os resultados. Esse é o modo ideal, mas não é facilmente realizável quando estamos tentando estudar o desempenho de empresas. Podemos pegar cem empresas, pedir que metade delas seja administrada segundo um conjunto de princípios, e a outra metade segundo um conjunto diferente para depois comparar os resultados. É compreensível que Peters e Waterman tenham selecionado a sua amostragem após o fato, mas se as únicas empresas que estudamos são bem-sucedidas, não temos um meio de saber o que distingue uma companhia bem-sucedida de uma malsucedida. Tudo o que faremos será encontrar os tipos de auras que as pessoas colocam em empresas de sucesso. O que não é um mau modo de descrever do que realmente se trata *In Search for Excellence*.

Mas, independente dos equívocos, *In Search for Excellence* foi um imenso sucesso, o primeiro dos modernos *blockbusters* sobre negócios. Por que o atrativo? Porque ele funcionou maravilhosamente como *uma história*. Contou a história de empresas americanas de sucesso prevalecendo contra uma árdua concorrência. Focalizou administradores em alguns pontos-chave: *pessoal, clientes, ação*. Foi fonte de inspiração. E nada nunca mais nada foi como antes. Vinte anos depois de ter sacudido o mundo dos negócios, Tom Peters defendeu o seu trabalho mais famoso:

> O nosso processo foi fundamentalmente certo? Sim, absolutamente! Se você quer encontrar pessoas inteligentes que estão fazendo coisas legais, das quais você possa aprender as mais úteis, princípios de vanguarda, então faça o que nós fizemos com *Search*: comece usando bom senso, confiando em seus instintos e solicitando os pontos de vista de pessoas "estranhas" (isto é, não convencionais). Você sempre pode se preocupar com provar os fatos mais tarde.[142]

A BUSCA PELO ELDORADO CORPORATIVO

UM DOS CONSULTORES da McKinsey que trabalhava com Peters e Waterman, Jim Collins, juntou-se depois ao corpo docente da Stanford Business School, e associou-se a um professor de Stanford, Jerry Porras, em um novo estudo sobre desempenho de firmas. Em vez de focalizar empresas de sucesso de hoje — muitas das quais poderiam logo vacilar — Collins e Porras voltaram sua atenção para empresas que tinham obtido sucesso a longo prazo, que haviam passado pela prova do tempo. Eles esperavam descobrir "os *princípios fundamentais* atemporais subjacentes e os padrões que poderiam se aplicar através das eras" (itálicos no original).[143] O título do seu livro dizia tudo: *Built to Last: Successful Habits of Visionary Companies* [*Construídas para durar: os hábitos de sucesso de empresas visionárias*].

Collins e Porras começaram identificando duzentas empresas líderes em uma ampla gama de indústrias, depois peneiraram o campo para selecionar as mais duráveis e bem-sucedidas de todas, o "melhor do melhor". Eles encontraram apenas dezoito empresas dignas dessa distinção — empresas verdadeiramente extraordinárias, duradouras, *visionárias*. Entre as dezoito empresas *visionárias* de Collins e Porras estavam grandes nomes dos negócios americanos: empresas de ponta como IBM, Hewlett-Packard e Motorola; gigantes dos serviços financeiros como Citicorp e American Express; indústrias farmacêuticas como Johnson & Johnson e Merck; além de outras como Boeing, General Electric, Procter & Gamble, Wal-Mart e Disney. Que grupo notável era esse. Enquanto um único dólar investido no mercado geral em 1926 teria aumentado para US$ 415 em 1990, um dólar investido nessas dezoito empresas teria crescido para US$ 6.356 — quinze vezes a média de mercado nesses 64 anos!

Collins e Porras sabiam que *In Search of Excellence* havia cometido um erro crítico ao simplesmente procurar pontos em comum entre empresas de sucesso — eles tinhas apenas ligado pontos vencedores. Como eles notaram, se você olhar para um grupo de empresas de sucesso e tentar encontrar o que elas têm em comum, poderá concluir que todas elas têm sede em edifícios. Muito verdadeiro — mas dificilmente algo que distinga empresas bem-sucedidas de empresas menos bem-sucedidas, ou que possa de modo concebível levar ao sucesso. Portanto, Collins e Porras deram o próximo passo: para cada uma das suas empresas *visionárias* eles identificaram uma empresa de *comparação* da mesma indústria, aproximadamente da mesma safra e que tivesse um *bom* desempenho — não um "abacaxi". A Boeing foi emparelhada com a McDonnell Douglas, a Citicorp com o Chase Manhattan, a General Electric com a Westinghouse, a Hewlett-Packard com a Texas Instruments, a Procter & Gamble com a Colgate-Palmolive, e assim por diante. Desse modo, Collins e Porras poderiam ser capazes de isolar o que tornava as empresas mais bem-sucedidas e duradouras diferentes de outras que não eram tão extraordinárias. Um dólar investido nas dezoito empresas de *comparação* em 1926 teria crescido para US$ 955 em 1990, duas vezes o crescimento do mercado em geral, embora nem de longe tanto quanto as empresas *visionárias*. Agora eles tinham dois grupos claramente diferentes para comparar. Até aqui, tudo bem.

"Os princípios eternos da grandeza duradoura"

O PRÓXIMO PASSO era estudar esses dezoito pares combinados. Collins e Porras reconheceram os desafios especiais da pesquisa em ciências sociais. Como eles explicaram: "Nós não podemos realizar experimentos controlados, passíveis de repetição, nos quais mantemos todas as variáveis críticas constantes menos uma e acessamos diversos resultados ajustando aquela variável. Adoraríamos analisar as corporações em tubos de ensaio, mas não podemos; temos de pegar o que a história nos dá e usar o melhor possível".[144] E assim, apoiados por uma equipe de pesquisadores, Collins e Porras empreenderam um longo e árduo processo de coleta e análise de dados. Eles o descreveram sob o título "Caixotes de dados, meses de codificação e 'caça às tartarugas'". Primeiro eles engendraram uma estrutura "sistemática e compreensiva" para a coleta de dados. Leram mais de cem livros, inclusive histórias de empresas e autobiografias. Consultaram mais de três mil documentos, abrangendo de artigos a publicações de empresas e seqüências em vídeo. Leram estudos de casos de Harvard e Stanford. Realizaram "extensas buscas de literatura" em fontes, incluindo *Forbes, Fortune, Business Week, The Wall Street Journal, Nation's Business, The New York Times*, e assim por diante. Tudo reunido, o material encheu "três arquivos até a altura dos ombros, quatro estantes de livros e vinte megabytes de memória de computador".[145] A impressão era clara: *Fomos muito, muito meticulosos.*

No final do seu processo de pesquisa, Collins e Porras destilaram seus achados em uma série de "princípios eternos". Aqui estão eles, as chaves para a grandeza duradoura, as coisas que puseram as oito empresas *visionárias* à parte das dezoito empresas *de comparação*:

- Ter uma forte ideologia de núcleo que oriente as decisões e o comportamento da empresa.
- Construir uma forte cultura corporativa.
- Estabelecer metas audaciosas que possam inspirar e desenvolver as pessoas — assim-chamadas *big hairy audacious goals* [grandes metas arriscadas e audaciosas], ou *bhags*.

- Desenvolver pessoas e promovê-las de dentro.
- Criar um espírito de experimentação e de assumir riscos.
- Estimular a excelência.

É uma bela lista, com um forte apelo ao bom senso. De fato, não é muito diferente da lista oferecida por Peters e Waterman, como os próprios Collins e Porras reconheceram.[146] Muitos dos mesmos temas principais estão presentes — *pessoas, valores, cultura, ação, foco*. A amostragem de empresas pode ter sido diferente, e a metodologia de pesquisa pode ter sido diferente, mas os achados foram em grande medida similares.

Built to Last foi publicado em 1994 e se tornou um sucesso instantâneo. A revista *Inc.* entusiasmou-se: "O *In Search of Excellence* para os anos 1990 chegou. É *Built to Last*".[147] Os administradores adoraram o livro, e por que não? Era imensamente bom de se ler. Estava repleto de passagens memoráveis. E alegava oferecer as chaves para o sucesso duradouro. Em suas próprias palavras, *Built to Last* proveu "um projeto-mestre para construir organizações que prosperarão por muito tempo no futuro".[148] Collins e Porras não se esquivaram de promessas ousadas: "Quase todo mundo pode ser um protagonista-chave na construção de uma instituição de negócios extraordinária. As lições dessas empresas podem ser aprendidas e aplicadas pela vasta maioria de administradores em todos os níveis". Eles concluíram: "Você pode aprendê-las. Você pode aplicá-las. Você pode construir uma empresa visionária".[149] O *Chicago Tribune* concordou, declarando que *Built to Last* ofereceu "nada menos que uma revolução no nosso entendimento do que torna as empresas bem-sucedidas a longo prazo".[150] *Built to Last* foi nomeado o melhor livro de negócios de 1995 pela *Industry Week*, e em 1996 já tinha passado mais de dezoito meses na lista de best-sellers da *Business Week*.

Entretanto, apesar de todas as suas promessas de pesquisa exaustiva, Collins e Porras não abordaram um problema básico: o Efeito Aura. Muitos dos dados que eles reuniram vieram da imprensa de negócios, de livros e de documentos de empresas, todas essas fontes que provavelmente contêm auras. Eles também realizaram entrevistas com administradores, que foram solicitados a olhar para a sua própria experiência passada e explicar as razões para o sucesso, um método provavelmente contaminado por auras. E se os seus dados contêm auras, realmente não importa quantas caixas deles você enche. Escolha qualquer grupo de empresas altamente bem-sucedidas e olhe para trás, confiando em auto-relatos ou em artigos da imprensa de negócios, e você poderá bem constatar que se afirmava que elas tinham culturas fortes, valores sólidos e um compromisso com a excelência. Seria notável se *não tivessem* sido descritas nesses termos. Escolha um grupo de empresas de comparação que sejam boas, mas não extraordinárias, e elas provavelmente terão sido descritas em termos algo inferiores. Mas, a não ser que os dados tenham sido coletados de um modo verdadeiramente *independente do desempenho* — isto é, a não ser que Collins e Porras tivessem conseguido evitar o Efeito Aura — nós de fato não temos nenhuma explicação para o desempenho. Essas práticas levam ao alto desempenho? Ou as empresas de alto desempenho tendem a ser descritas nesses termos? A última explicação é pelo menos tão provável quanto a anterior.

Construída para durar? Não tão rápido!

Collins e Porras nos instam a não "aceitar cega e inquestionavelmente" seus achados, mas pedem que sujeitemos sua análise a um exame detalhado e cuidadoso. "Deixe que as evidências falem por si", imploram eles.[151] Então vamos verificar as evidências. Podemos não ser capazes de enfiar empresas em tubos de ensaio e realizar experimentos, mas podemos verificar como elas se saem com o correr do tempo. Se os princípios de *Built to Last* são de fato explicações eternas e duradouras de desempenho, então devemos esperar que essas mesmas empresas continuem a ter bom desempenho bem depois que o estudo terminou. Reciprocamente, se elas não conseguem manter seu alto desempenho, bem, isso iria reforçar a idéia de que os assim-chamados "princípios eternos" foram devidos principalmente ao Efeito Aura — uma luminescência lançada *pelo* alto desempenho e não a causa *do* alto desempenho.

Então, quão bem se saíram as dezoito empresas *visionárias* nos anos seguintes após terminado o estudo, em 31 de dezembro de 1990? Todas as dezoito ainda estavam em plena operação em 2000, portanto ao menos elas foram construídas para durar outros dez anos. Mas quanto ao desempenho, o registro não foi tão bom. Usando dados do Compustat, examinei o retorno total dos acionistas para cada empresa durante os cinco anos depois que o estudo terminou, entre 1991 e 1995. Os resultados? Entre dezessete empresas, escolhidas especificamente porque tinham se desempenhado melhor que o mercado por um fator de quinze por mais de 64 anos, somente oito tiveram melhor desempenho que a média de mercado das S&P 500; as outras nove nem mesmo persistiram. (Uma empresa, Marriott, era de capital fechado e não foi incluída nos dados do Compustat.) Se avançarmos outros cinco anos, o quadro não é melhor. Nos dez anos, de 1991 a 2000, somente seis das dezesseis empresas *visionárias* acompanharam as S&P 500; as outras dez sequer se igualaram ao mercado. Você teria se dado melhor investindo aleatoriamente do que pondo o seu dinheiro nas empresas *visionárias* de Collins e Porras. (Os resultados completos por empresa são mostrados no apêndice, tabela 2A.)[152]

Novamente, é possível que esse declínio reflita principalmente um fracasso em alcançar expectativas de mercado exageradas, e não um declínio no desempenho operacional. Os preços das ações são um bom indicador do desempenho a longo prazo, mas podem ser uma medida sofrível em um prazo mais curto. Contudo, se olharmos para a lucratividade da empresa, mais uma vez monitorando o lucro operacional como uma porcentagem dos ativos, as dezessete empresas *visionárias* ainda assim não se dão bem. Durante os cinco anos depois que o estudo terminou, somente cinco empresas melhoraram a sua lucratividade, enquanto onze declinaram, com uma sem mudanças. Quer olhemos para o desempenho de mercado ou para o desempenho de lucros, o quadro é o mesmo: a maioria das empresas *visionárias* de Collins e Porras, escolhidas precisamente porque tinham se dado tão bem por tanto tempo, cai por terra. O "projeto-mestre de prosperidade e longo prazo" revela ser um grande equívoco. (Esses resultados estão no apêndice, tabela 2B.)

E isso são apenas as empresas do estudo original. A edição de 1997 de *Built to Last*, escrita no auge do sucesso do livro, prometeu que o estudo seria logo replicado na Europa, onde Collins e Porras já haviam identificado "dezoito empresas visionárias européias: ABB, BMW, Carrefour, DaimlerBenz, Deutsche Bank, Ericsson, Fiat, Glaxo, ING, L'Oreal, Marks & Spencer, Nestlé, Nokia, Philips, Roche, Shell, Siemens e Unilever". Uma lista e tanto. Nós já lemos sobre a ABB, mas diversas outras empresas da lista também caíram em tempos difíceis. A DaimlerBenz não se deu bem depois de ter comprado a Chrysler em 1998; a Ericsson cambaleou à beira da falência em 2000; e a Marks & Spencer caiu na preferência dos compradores ingleses. Temos ainda alguns problemas éticos colossais: a Roche foi condenada por determinações ilegais de preços em 1999; e a Shell foi exposta por exagerar as reservas de petróleo em 2004. Fortes valores e cultura, deveras!

Não deveríamos nos surpreender pelo fato de empresas extraordinárias vivenciarem uma certa regressão em desempenho. À medida que as empresas crescem, elas acham mais difícil sustentar o mesmo percentual de crescimento (são testemunho os atuais problemas de algumas das mais bem-sucedidas empresas dos EUA, inclusive a General Electric, a Microsoft e o Wal-Mart). O fato de que algumas empresas *visionárias* retrocederam não invalida em si os achados globais. Mas o simples valor do declínio, tão rápido e tão extensivo, sugere que há mais coisas acontecendo aqui do que Collins e Porras querem que acreditemos. Mais provavelmente, as mesmas coisas que Collins e Porras alegaram ser motivadoras do desempenho duradouro — cultura forte, compromisso com a excelência etc.— eram atribuições baseadas no desempenho. Quanto às empresas de *comparação*, o quadro é um pouco mais obscuro, já que algumas eram de capital fechado, outras foram subseqüentemente adquiridas, e umas poucas abandonaram os negócios. Das doze que pudemos rastrear de 1991 a 1995, sete tiveram desempenho melhor que o mercado, enquanto cinco ficaram atrás; e, após dez anos, a distribuição foi seis acima do mercado e três abaixo. Em desempenho de lucros, oito em doze melhoraram sua lucratividade, enquanto quatro declinaram. (Veja o apêndice, tabelas 3A e 3B.) Esses números são algo melhores que os das empresas *visionárias*, ao contrário do que Collins e Porras gostariam que acreditássemos, porém muito do que esperaríamos em termos de regressão à média — quanto maior o desempenho maior a regressão. As diferenças que Collins e Porras encontraram entre empresas *visionárias* e de *comparação* eram mais provavelmente atribuições baseadas no desempenho de outrora, e não diferenças que levaram ao desempenho.

Quinto equívoco: A Pesquisa Rigorosa

Built to Last fez um bom esforço para evitar *O Equívoco de Ligar os Pontos Vencedores* incluindo empresas de *comparação*, mas isso não nos livrou do problema básico que encontramos repetidamente: o Efeito Aura. Podemos nos esforçar ao máximo para selecionar uma amostragem de alto desempenho e baixo desempenho, mas se os dados são coloridos pelo Efeito Aura nunca saberemos o que motiva o alto e o baixo desempenhos; em vez disso, meramente encontraremos como são descritas as empresas de alto e baixo desempenhos. Naturalmente, não vemos quão realmente problemática é a pesquisa graças a outro equívoco: a *Pesquisa Rigorosa*.

No começo do livro, Collins e Porras passaram dez páginas descrevendo o seu método de pesquisa, recontando quão metodicamente eles coletaram os seus dados, quantas caixas eles encheram, e quão incansavelmente trabalharam para codificar os dados. Mais tarde, Collins e Porras dedicaram mais de cinqüenta páginas a três apêndices separados, nos quais eles expuseram os seus achados em diversas tabelas e sumários. Por todo o livro havia referências repetidas ao simples volume de dados coletados — centenas de livros e milhares de artigos, uma base de dados tão extensa que encheu duas estantes inteiras e exigiu um vasto armazenamento em computador. O efeito de tudo isso foi apresentar *Built to Last* como uma *pesquisa muito séria*, cuidadosamente planejada e minuciosamente conduzida. A mensagem foi passada claramente: *Nós fomos meticulosos. Nós fomos exaustivos. Nós falamos com autoridade*. Tudo isso serve para intimidar o leitor, pois se você não realizou uma quantidade equivalente de trabalho não se atreverá a questionar os achados. Não admira que o *Chicago Tribune* tenha falado entusiasticamente de uma revolução no entendimento — o estudo foi apresentado com toda a aparência de ciência cuidadosa. A maioria dos leitores, incluindo resenhistas do *The Wall Street Journal* e do *Harvard Business Review*, bem como o público em geral, foram iludidos pelo *Equívoco da Pesquisa Rigorosa*. Mas, é claro, a *quantidade* de dados é inteiramente irrelevante se os dados não são de boa *qualidade*. Se as suas fontes de dados estão corrompidas pelo Efeito Aura não importa quantos você coletou. Você pode empilhar auras até o céu, mas ainda assim você tem apenas auras.

Sexto equívoco: O Sucesso Duradouro

Há outro equívoco em ação em *Built do Last*, e ele traz à baila a própria premissa do estudo — a de encontrar a chave para a grandeza duradoura. Quando dois terços das empresas *excelentes* de Peters e Waterman se debilitaram em apenas uns poucos anos, poderíamos ter sido tentados a explicar isso como um simples soluço, um mero acaso. Essas empresas eram, afinal, a nata dos negócios americanos — certamente tantas não poderiam ter se dado mal tão cedo. Mas quando mais da metade das empresas *visionárias* de Collins e Porras não conseguiu igualar as S&P 500 pelos cinco anos seguintes, depois de coletivamente ter um desempenho melhor que o mercado por um fator de quinze durante mais de sessenta anos, deveríamos ter erguido algumas sobrancelhas. Dois estudos em seguida? Essa pareceria ser uma coincidência e tanto. Mas, de fato, é a norma. A idéia de sucesso duradouro nos negócios, ao que se vê, é em grande parte um equívoco.

É difícil ver o quão inusitado é o sucesso duradouro quando selecionamos um punhado de empresas precisamente porque se deram bem durante muitos anos, e então olhamos para trás no tempo para explicar o que aconteceu. Mas suponha que mudemos as perspectivas e olhemos para o desempenho de uma grande amostragem de empresas através do tempo. Um estudo realizado pelo diretor da McKinsey, Richard Foster, e pela consultora Sarah Kaplan fez exatamente isso. Foster e Kaplan jogaram sua rede no rio em poucos pontos no tempo e olharam para os peixes que pegaram. Os resultados foram surpreendentes. Adivinhe quantas empresas que estavam na S&P 500 em 1957 ainda estavam na S&P 500 em 1997, quarenta anos depois? Só 74. As outras 426 *desapareceram* — postas de lado por outras empresas, ou adquiridas, ou falidas. E das 74 sobreviventes, adivinhe quantas tiveram melhor desempenho que as S&P 500 no mesmo período de tempo? Só doze em 74. As outras 62 sobreviveram, sim, mas não prosperaram. Foster e Kaplan escreveram: "Nas últimas várias décadas nós celebramos grandes sobreviventes corporativas, louvando sua 'excelência', sua longevidade, sua capacidade de durar".[153] Mas as empresas que duram mais tempo usualmente *não são* as que tiveram melhor desempenho. A grandeza duradoura não é nem muito provável, nem, quando descobrimos, tende a ser associada com alto desempenho.

Como isso pode acontecer, especialmente depois que Collins e Porras nos contaram que suas dezoito empresas *visionárias* haviam de longe tido melhor desempenho que as S&P 500? Bem, certamente, se procuramos empresas que se desempenharam bem durante várias décadas encontraremos umas poucas — e então, se reunimos dados retrospectivamente, podemos combinar auras suficientes para contar uma história maravilhosa sobre por que se deram tão bem. Mas esse é um exercício de seleção *ex post facto* — o *Equívoco de Ligar os Pontos Vencedores* acoplado ao Efeito Aura. É como Huck e Jim olhando para os céus e escolhendo aquelas poucas estrelas que compõem a forma exata que eles querem ver. Mas isso não é maneira de entender o mundo dos negócios. O que está faltando é o fluxo e o dinamismo do desempenho, o fluxo e refluxo. Podemos dizer a nós mesmos que o nosso punhado de empresas, selecionadas por um processo rigoroso e objetivo, é uma espécie à parte, de algum modo melhor que o resto (e quanto mais rigoroso parece ser o processo de seleção, mais podemos persuadir a nós mesmos de que essas empresas são de algum modo realmente melhores que o resto). Mas isto é um equívoco. Estamos enganando a nós mesmos. Se começarmos com o conjunto *pleno* de dados e olharmos objetivamente para muitos anos de desempenho da empresa descobriremos que o padrão dominante absolutamente não é de desempenho duradouro, mas de ascensão e queda, de crescimento e declínio. Foster e Kaplan concluem: "Os estudos de longo prazo da McKinsey de nascimento, sobrevivência e morte corporativa nos EUA mostram claramente que o equivalente corporativo do Eldorado, a empresa de ouro que continuamente se desempenha melhor que os mercados *jamais existiu*. É um mito. Administrar para sobreviver, mesmo entre as melhores e mais reverenciadas corporações, não garante o desempenho a longo prazo aos acionistas. De fato, exatamente o oposto é verdade. No final das contas, os mercados sempre vencem" (itálicos no original).[154]

A idéia de procurar por aquelas poucas empresas de ouro que têm sucesso década após década pode ser um equívoco, mas os administradores estão ansiosos por agarrá-la. Afinal, mostrar como as empresas tendem à ascensão e à queda com o tempo não dá uma história muito fascinante. Preferimos ler sobre empresas *excelentes* e *visionárias*; queremos saber os segredos do seu sucesso para que possamos tentar fazer o mesmo. Nós almejamos descobrir como podemos evitar o aparentemente inevitável destino de declínio e morte. É uma história muito mais atraente que a sugerida pelos fatos, isto é, que o sucesso é geralmente transitório e que a maioria das empresas que se deram bem no passado não irá se desempenhar melhor que a média no futuro.

Isto significa que todo o desempenho de uma empresa é apenas uma questão de sorte? É, grosso modo, equivalente a alguém que joga uma moeda e obtém cara dez vezes seguidas, mas não tem mais chances de obter cara na 11ª tentativa do que qualquer outra pessoa? Na verdade, não. O sucesso não é aleatório — mas é fugaz. Por quê? Porque, como descrito pelo grande economista austríaco Joseph Schumpeter, a força básica em ação no capitalismo é a da competição através da inovação — seja de novos produtos, ou novos serviços, ou novas maneiras de fazer negócios. Ainda que a maioria dos economistas de hoje continue assumindo que as empresas competem ao oferecer preços mais baixos para bens e serviços similares, o livro de Schumpeter, de 1942, *Capitalismo, socialismo e democracia*, descreveu as forças da competição em termos de inovação. Ele escreveu:

> O impulso fundamental que põe e mantém em movimento a máquina capitalista vem de novos consumidores, bens, de novos métodos de produção ou transporte, novos mercados, das novas formas de organização industrial criados pela iniciativa capitalista.
>
> Toda peça de estratégia de negócios adquire sua verdadeira significância somente contra o pano de fundo daquele processo e dentro da situação por ele criada. Ela deve ser vista em seu papel na tempestade perene de destruição criativa; não pode ser entendida independentemente dela, ou, de fato, baseada na hipótese de que existe uma calmaria perene.[155]

Enquanto algumas empresas inovam e encontram novas maneiras de fazer as coisas, outras empresas fracassam — mas sua extinção desempenha um papel num padrão maior de melhoria e progresso. O padrão dominante não é estabilidade ou resistência, mas a "tempestade perene de destruição criativa" de que fala Schumpeter. É inteiramente normal e muito previsível que as empresas retrocedam depois de um desempenho extraordinário.

Diversos pesquisadores estudaram a taxa segundo a qual o desempenho da empresa muda com o correr do tempo. Pankaj Ghemawat, da Harvard Business School, examinou o retorno sobre o investimento (RSI) de uma amostragem de 692 empresas americanas em um período de dez anos, de 1971 a 1980.[156] Ele juntou um grupo de empresas no auge do desempenho, com um RSI médio de 39%, e um grupo de empresas com baixo desempenho, com um RSI médio de apenas 3%. Ele rastreou então os dois grupos no correr do tempo. O que aconteceria com os seus RSIs: iria a diferença persistir, iria crescer, ou iria diminuir? Depois de nove anos ambos os grupos convergiram em direção ao meio; as de desempenho máximo caindo de 39% para 21%, e as de baixo desempenho subindo de 3% para 18%. A diferença original de 36% encolhera para apenas 3%, uma diminuição de nove décimos. Agora, como Ghemawat ressaltou, uma diferença persistente de 3% não é zero — não é nada para se desprezar. Mas o ponto principal é que o alto desempenho é difícil de ser mantido, e a razão é simples: em um sistema de livre mercado os altos lucros tendem a declinar graças ao que um economista chamou de "as forças erosivas da imitação, competição e expropriação".[157] As rivais copiam os estilos vencedores das líderes, novas empresas entram no mercado, empresas de consultoria disseminam as melhores práticas, e os empregados se mudam de uma empresa para outra. Um outro estudo, por Anita McGahan, da Universidade de Boston, examinou milhares de empresas dos EUA de 1981 a 1997 e encontrou um padrão similar.[158] As empresas foram colocadas em uma de três categorias baseadas em seu desempenho de lucros durante os primeiros três anos (medido como receita operacional para os ativos totais) — alta (os 25% superiores), média (os 50% intermediários) e baixa (os 25% inferiores). Elas foram então rastreadas pelos catorze anos seguintes. Quanto movimento ocorreu entre os grupos? Das empresas de alto desempenho, 78% ainda estavam no grupo de categoria alta no final do estudo, enquanto 18% caíram para a média, e 5% desabaram de vez para a baixa. Das empresas de desempenho médio, 81% ainda eram médias no final, enquanto 10% melhoraram para altas, e 2% subiram de vez para a categoria alta. Esses achados demonstram que o desempenho não é aleatório, mas persiste através do tempo, ainda que exista também uma tendência de movimento em direção ao meio, uma clara regressão para a média.[159]

Esses estudos, e outros como eles, apontam todos para a natureza básica da competição em uma economia de mercado.[160] A vantagem competitiva é difícil de sustentar. Certamente, se você quiser, pode olhar para trás através de setenta anos de história e escolher um punhado de empresas que perduraram, mas essa seleção é baseada em resultados. No todo, se olharmos para o conjunto total das empresas através do tempo existe uma forte tendência para desempenho extremo em um determinado período de tempo, a ser seguida por um desempenho menos extremo no seguinte. Revendo uma frase bem conhecida: *Nada retrocede como o sucesso*. Sugerir que as empresas podem seguir um plano de sucesso duradouro pode ser atraente, mas não há evidências de que isso venha a ocorrer.

CAPÍTULO SETE
UMA MONTANHA DE EQUÍVOCOS EMPILHADOS

Nós, as pessoas na organizaçãolândia, somos fascinados pela ciência. Eu acho que isso é porque procuramos minimizar a sensação de que o nosso mundo é governado não por leis da natureza, mas por bárbaros loucos e impetuosos motivados pela cobiça, pela necessidade e pelo desejo de máximo poder e despojos. Em tal cosmos, a majestosa dança da ciência física é tranqüilizante.

Stanley Bing
"Quantum Business", *Fortune,* 2004[161]

INOVAÇÃO, OBSERVOU JOSEPH SCHUMPETER, é a força básica que impele a competição de mercado em praticamente qualquer indústria — e isso se aplica à indústria de escrever livros sobre negócios também. O enorme sucesso de *In Search of Excellence* e *Built to Last* estava destinado a gerar novos competidores ansiosos por explorar o mercado de administradores à procura do caminho para o alto desempenho. Esses recém-chegados, de acordo com Schumpeter, tentariam ir além do padrão estabelecido pelos primeiros dois *blockbusters*, oferecer algo diferente e melhor, ser ainda mais meticulosos e convincentes. E isto é exatamente o que aconteceu. Mas apesar de todas as suas alegações de rigor e precisão científica, esses estudos não chegaram mais perto de explicar o que realmente motiva o desempenho de uma empresa — no máximo, repetiram alguns dos equívocos que já vimos até agora, e incorreram em outros.

Um estudo, chamado Projeto Evergreen, foi dirigido por um sócio da McKinsey & Co, Bruce Roberson, trabalhando com William Joyce, da Dartmouth's Tuck School of Business e Nitin Nohria, da Harvard Business School. Eles começaram repetindo a mais básica de todas as questões de negócios: "Os negócios estão cheios de mistérios, mas nenhum maior do que este: O que realmente funciona?".[162] Empresas sobem e caem, modismos vêm e vão, mas "a grande questão permanece sem resposta, e nem mesmo é bem perguntada: O que realmente funciona?". Bem, os autores nos asseguraram, a ajuda estava a caminho: "É chegado o momento para o primeiro livro identificando práticas fundamentais para criar o sucesso nos negócios — aquelas que de fato realmente importam". Este livro, conforme declararam, era "o estudo em larga escala mais sistemático do mundo das práticas que criam vencedores nos negócios. Em vez de observações fundamentadas na intuição pessoal, ele se baseia em um projeto de pesquisa maciça, conduzida com rigor científico e verificada por fatos medidos". Palavras fortes! E os autores foram além. *In Search of Excellence* era inadequado por selecionar a sua amostragem baseado em resultados, examinando apenas empresas excelentes, sem entretanto compará-las com firmas inferiores. *Built to Last* também era falho porque examinava um longo período de tempo de um gole só, mas não podia mostrar como ações adotadas num dado momento levaram a resultados em um momento posterior. Não havia dimensão longitudinal, nem habilidade para demonstrar causalidade temporal. No entanto, esse estudo não faria nada melhor. O Projeto Evergreen escolheu um período de dez anos, 1986 a 1996, e então o dividiu em dois blocos de cinco anos. O resultado não foram duas categorias, mas quatro: empresas que obtiveram bom desempenho em ambos os blocos de cinco anos foram chamadas de *vencedoras*; as *alpinistas* foram medíocres no primeiro bloco de cinco anos, mas mostraram uma melhora significativa no segundo; as *acrobatas* foram bem no primeiro bloco, mas caíram por terra no segundo; e as *perdedoras* foram mal em ambos os blocos, acumulando dez anos de mau desempenho. A idéia era mostrar como ações no primeiro período de tempo levavam a resultados melhores ou piores no segundo, para demonstrar o impacto causal das decisões administrativas. Foi uma boa idéia, mas poderia funcionar somente se os dados não fossem moldados pelo desempenho — exatamente aquilo que eles estavam tentando explicar.

O Projeto Evergreen descreveu a si mesmo como o mais maciço e mais sistemático estudo de desempenho empresarial de todos os tempos. Na primeiríssima página afirmou ser "um extraordinário esforço colaborativo" de acadêmicos e consultores, e listou por nome catorze professores de escolas de administração proeminentes que emprestaram sua perícia ao projeto. A sugestão era clara: *Aquela era uma pesquisa séria, minuciosa e rigorosa*. Além disso, a metodologia afirmava-se "apropriada, honesta e eficaz — em suma, tão confiável quanto muitos bons intelectos poderiam fazer". Mas, lamentavelmente, esse estudo não era melhor que os seus predecessores. Para começar, a equipe do Evergreen realizou entrevistas com administradores, pedindo a eles para olhar para trás ao longo de um período de dez anos e recontar suas experiências. Esse tipo de entrevista retrospectiva provavelmente está cheio de auras, pois as pessoas pegam dicas de desempenho e fazem atribuições de acordo com elas. O Projeto Evergreen também coletou grandes quantidades de documentos sobre as empresas — "artigos de jornais e revistas, casos de escolas de administração, arquivos governamentais e relatórios de analistas". Uma pilha de papéis de dez centímetros de altura foi coletada para cada uma das 160 empresas, somando um total de sessenta mil documentos que lotaram cinqüenta caixas de arquivo. Sem dúvida uma prodigiosa quantidade de dados, porém das mesmas fontes que já vimos vezes seguidas, fontes que são freqüentemente coloridas pelo Efeito Aura. Em seguida, quinze estudantes de pós-graduação da Brigham Young University passaram meses codificando e classificando os dados. Uma pena, porque não importa quantos estudantes passaram quantos anos codificando esse tipo de dados — você terá apenas uma montanha de auras empilhadas. Os autores alegaram que o resultado era "a maior análise de conteúdo desse tipo jamais empreendida". Pode ter sido a maior, mas dificilmente a melhor.

Depois de analisar seus dados, a equipe do Evergreen identificou oito práticas altamente correlacionadas com o retorno total dos acionistas, isto é, a medida do desempenho da empresa. As empresas de melhor desempenho — as *vencedoras* — tiveram pontuações muito altas em quatro práticas — *estratégia, execução, cultura* e *estrutura*. Elas também tiveram altas pontuações em duas de quatro práticas adicionais — *talento, liderança, inovação* e *fusões e parcerias*. Tudo junto, isso produziu uma "Fórmula 4+2". Você pode misturar e combinar, disseram os autores, as primeiras quatro e quaisquer duas das quatro seguintes que elas irão *realmente* funcionar. Joyce, Nohria e Roberson escreveram que "a associação entre práticas 4+2 e o sucesso nos negócios foi impressionante". Eles estavam certos — os números são notáveis. Dê uma olhada:

TABELA 7.1
Projeto Evergreen: Vencedoras e perdedoras em quatro práticas primárias

		Altamente positivas	Altamente negativas
Estratégia: Planejar e manter uma estratégia claramente declarada e focada	Vencedoras Perdedoras	82% 9%	7% 77%
Execução: Desenvolver e manter a execução operacional sem falhas	Vencedoras Perdedoras	81% 14%	4% 56%
Cultura: Desenvolver e manter uma cultura orientada ao desempenho	Vencedoras Perdedoras	78% 17%	3% 47%
Estrutura: Construir e manter uma organização veloz, flexível e plana	Vencedoras Perdedoras	78% 14%	3% 50%

Fonte: *What Really Works*, p. 19.

Para a primeira prática, *estratégia*, 82% das *vencedoras* foram classificadas como "altamente positivas", enquanto apenas 7% eram "altamente negativas". Em comparação, somente 9% das *perdedoras* foram classificadas como "altamente positivas" enquanto 77% eram "altamente negativas" (*alpinistas* e *acrobatas* não foram relatadas nessa tabela). Com relação à *execução*, 81% das *vencedoras* foram classificadas como "altamente positivas" e apenas 4% como "altamente negativas"; para as *perdedoras* foram 14% de "altamente positivas" e 56% de "altamente negativas". Os achados para *cultura* e *estrutura* foram quase tão surpreendentes quanto. E se uma empresa fosse "altamente positiva" em todas as quatro? A equipe do Evergreen concluiu: "Uma empresa que consistentemente seguisse a fórmula tinha uma chance maior do que 90% de ser uma *vencedora*".

Considerando as dúvidas que temos quanto à validade dos dados, a interpretação desses achados está aberta ao questionamento. Tome, por exemplo, a avaliação de cultura corporativa. O Projeto Evergreen queria avaliar se uma empresa tinha "um ambiente de trabalho desafiador, satisfatório e divertido", "inspirando todos a darem o melhor de si", e descobriu que as *vencedoras* tinham altas pontuações em ambos os itens. Bem, não é surpresa que empresas de alto desempenho fossem percebidas como tendo um ambiente de trabalho desafiador e que tenham sido consideradas como inspiradoras das pessoas para darem o melhor de si. O mesmo teria sido dito da Cisco no seu auge, sobre a ABB no seu apogeu, e sobre a IBM nos seus dias de glória. Ou considere-se a capacidade de execução. O Projeto Evergreen queria avaliar se uma empresa "produz produtos e serviços que consistentemente atendem às expectativas dos clientes" e se ela "se esforça constantemente para melhorar a produtividade e eliminar todas as formas de excessos e desperdícios". Novamente, não é surpresa que as empresas de sucesso tenham sido consideradas como tendo produtos de alta qualidade, como sendo aquelas que procuravam melhorar a produtividade e eliminar o desperdício — pelo menos enquanto eram bem-sucedidas! Mas dado o modo como esses dados foram reunidos, não fica nada claro que a "Fórmula 4+2" tenha levado ao desempenho. De fato, uma interpretação muito diferente é mais provável. As empresas de alto desempenho foram *consideradas como tendo* uma estratégia claramente declarada e focada. Elas foram *percebidas como tendo* uma cultura orientada ao desempenho. Elas foram *vistas como* boas na execução. Elas foram *declaradas como tendo* uma organização veloz e plana. Tomadas em conjunto, as *vencedoras* tiveram uma chance de mais de 90% *de serem descritas como* altamente positivas nesses quatro critérios. Tudo isso está a um mundo de distância de dizer: *se você fizer essas coisas, você terá sucesso*.

Os resultados na tabela 7.1 sugerem uma especulação adicional. Dê uma olhada atenta nos números. Enquanto foi dito que 7% das *vencedoras* não seguiram uma "estratégia claramente declarada e focada", foi dito que apenas 3% das *vencedoras* não têm uma "cultura orientada ao desempenho", e que apenas 3% não têm uma "organização plana e flexível". O que explica a diferença entre 7% e 3%? Meu palpite é que tem a ver com a natureza amorfa das noções de "cultura corporativa" e "organização". Nossa impressão sobre se uma empresa tem uma "estratégia claramente declarada e focada" é formada em grande parte pelo seu desempenho, sim, mas nossas percepções sobre a cultura e a organização da empresa são *quase inteiramente* formadas pelo que conhecemos do seu desempenho. Em nossas conversas do dia-a-dia não temos quase nenhuma habilidade de avaliar se uma empresa tem uma "cultura baseada em desempenho" ou uma "organização veloz, flexível e plana" sem conhecer alguma coisa sobre o seu desempenho. As maneiras como descrevemos, idealizamos ou simplesmente comentamos sobre a cultura e a organização da empresa são quase inteiramente resultado do desempenho.

Sétimo equívoco: O *Desempenho Absoluto*

Além de apresentar tabelas de dados, *What Really Works* pintou retratos vívidos de duas empresas, uma *vencedora* e uma *perdedora*. A *vencedora*, Dollar General, parecia semelhante a muitas sobre as quais já lemos. Ela tinha uma estratégia claramente declarada e precisamente focada, profunda preocupação com seus clientes, uma notável cultura empresarial, além de uma organização eficaz e uma liderança extraordinária. A *perdedora*, Kmart, era uma empresa que aparentemente fez tudo errado. Sua estratégia ficava sempre mudando, a cultura era frágil, a execução era fraca e a organização estava em desordem. O Kmart serviu como um maravilhoso bode expiatório — imagine errar em todos os quatro elementos de uma vez! Pense na impressionante incompetência que deve ter estado presente naquela empresa!

O que poderia estar errado com a sua maneira de pensar? Bem, duas coisas. Primeiramente, o *Equívoco das Explicações Simples*, do qual tratamos no capítulo cinco. Esses quatro elementos podem não ser de todo separados e independentes, mas estão muito provavelmente ligados. Lembre-se da ABB em 2000. Uma explicação para a sua espiral descendente era que uma mudança questionável na estratégia levou ao declínio no desempenho, o que levou a uma mudança no administrador principal, que prontamente reorganizou a empresa, o que prejudicou o moral, levando a um desempenho ainda pior. Podemos pensar em um cenário similar para o Kmart. Imagine que a uma certa altura a habilidade de execução do Kmart começou a decair, talvez por causa de um gerenciamento desleixado do seu patrimônio, ou problemas com a eficiência na cadeia de suprimentos. Quando o desempenho vacilou, o moral dos empregados bambeou e a cultura da empresa fragilizou-se ainda mais. Tentando sair do colapso, os executivos do Kmart reagiram mudando a estratégia, o que por sua vez ensejou um planejamento diferente da organização. Em um cenário assim, esses quatro elementos não são independentes de todo — um leva ao outro. Há uma profusão de outros que podemos imaginar. Por exemplo, um replanejamento organizacional imprudente poderia ter levado a ineficiências na execução, o que levou a um desempenho piorado e a um declínio no moral, o que fez com que os administradores embarcassem em uma nova estratégia, e assim por diante, em círculos e mais círculos viciosos. O erro, mais uma vez, é imaginar que esses vários elementos são separados e não estão intimamente ligados.

Segundo, e mais importante, o exemplo do Kmart põe em evidência um equívoco que está implícito em muitos dos estudos que vimos até agora, um equívoco, aliás, muito básico, embora freqüentemente negligenciado. De fato, um artigo publicado na *Harvard Business Review* em 2005, que comparava diversos estudos de desempenho de empresas, não compreendeu a questão central.[163] Eu denomino isso de *Equívoco do Desempenho Absoluto*. As empresas são freqüentemente descritas como bem-sucedidas ou fracassadas por mérito único de suas ações, como se o desempenho fosse algo absoluto. Mas em uma economia de mercado competitiva, o desempenho de uma empresa é sempre afetado pelo desempenho de outras empresas. Parte do problema é que muitas vezes pensamos em termos de imagens de pesquisa científica de laboratório. Ponha uma proveta sobre um fogão e você descobrirá que a água ferve a cem graus centígrados, e um pouco menos à altitude elevada. Enfileire cem provetas sobre cem fogões e você ainda descobrirá que a água ferve a cem graus centígrados. Uma proveta não é afetada por nenhuma outra. Mas não é assim nos negócios.

Para mostrar como o desempenho de uma empresa é intrinsecamente relativo, vou apresentar alguns dados de um importante varejista dos EUA, uma empresa conhecida, com centenas de lojas em todo o país. Fiz um esforço para incluir apenas fatores que parecem objetivamente verificáveis e não afetados pelo Efeito Aura. Para disfarçar a identidade dessa empresa, darei a ela um nome fictício: "Qual-Mart". De acordo com o relatório de um analista industrial independente, Alex. Brown & Sons, durante o início dos anos 1990, o "Qual-Mart" agiu assim:

- Instalou terminais de ponto-de-venda em suas lojas, os quais forneceram melhor informação sobre as vendas por item e melhoraram o processo de planejamento de estoque.
- Expandiu as compras centralizadas para 75% de suas mercadorias, ajudando a reduzir os custos das aquisições.
- Modernizou o seu gerenciamento de estoque e com isso melhorou significativamente a sua posição de itens estocados. Um resultado: melhor gerenciamento do patrimônio sazonal, elevando as vendas de Natal e Halloween em 60%.
- Conduziu contagens físicas do estoque mais freqüentemente, não apenas uma vez no final do ano, resultando em maior precisão e eficiência.
- Reduziu seus níveis de despesas como percentual das vendas.
- Melhorou sua variedade de mercadorias para acompanhar as tendências correntes de demanda, ajudando a aumentar as vendas.
- Instalou um número telefônico grátis de atendimento ao cliente, o que levou a uma sensível melhoria na satisfação dos clientes.
- Implementou uma sofisticada tecnologia de cliente/servidor que levou a um melhor gerenciamento de mercadorias e economias de US$ 240 milhões.[164]

Graças a esses vários passos, o "Qual-Mart" viu uma melhoria no giro de estoque — isto é, quantas vezes por ano ela renovou seu patrimônio físico, uma medida-chave para o varejo eficiente, de 3,45 em 1994 para 4,56 em 2002. É um salto de 32% por cento. Nada mau.

TABELA 7.2

Giros de estoque no "Qual-Mart" (1994-2002)

"Qual-Mart"	1994	1995	1996	1997	1998	1999	2000	2001	2002
	3,45	3,75	3,66	3,85	3,98	4,01	4,22	4,75	4,56

Fonte: *Thomson One Banker*

Você diria que o "Qual-Mart" melhorou o seu desempenho? É claro que sim. Ele ficou significativamente melhor em vários pontos importantes, cada qual medido objetivamente. Então, você poderá ficar surpreso ao saber que a empresa de que estamos falando é o Kmart. É isso mesmo: Kmart, a *Perdedora* do Projeto Evergreen, com *P* maiúsculo, o paradigma da má administração, os caras que supostamente fizeram tudo errado. Como é possível que uma empresa aparentemente faça melhor tantas coisas e ainda assim acabe na sucata? Isso se explica porque os seus rivais melhoraram em um ritmo ainda mais veloz. No decorrer dos mesmos oito anos, os giros de estoque do Wal-Mart foram de 5,14 para 8,08, subindo 63%. O Wal-Mart teve giros mais rápidos no *começo* do período de oito anos do que o Kmart teve no *fim*. O Kmart ficou melhor em termos absolutos, mas decaiu mais ao mesmo tempo — e a diferença entre os dois varejistas estava ficando ainda maior.

TABELA 7.3
Giros de estoque no Kmart e no Wal-Mart (1994-2002)

	1994	1995	1996	1997	1998	1999	2000	2001	2002
Kmart	3,45	3,75	3,66	3,85	3,98	4,01	4,22	4,75	4,56
Wal-Mart	5,14	4,88	5,16	5,67	6,37	6,91	7,29	7,79	8,08

Fonte: *Thomson One Banker*

Quanto às outras medidas de desempenho, Alex. Brown & Sons notou que o Kmart melhorou em "áreas-chave de redução de razão de despesas, posição em estoque e apresentação visual", mas seus principais rivais também ficaram melhores — de fato, muito melhores. Ele prosseguiu: "Tanto o Wal-Mart como o Target, segundo nossa estimativa, continuam a desfrutar de vantagens significativas no *front* da razão de despesas — permitindo-lhes ser muito assertivos em preços e divulgar retornos financeiros ainda mais altos que o Kmart".[165] E isso não foi tudo. No início dos anos 1990, enquanto o Kmart aumentava a quantidade de estoque comprado centralmente para 75%, o Wal-Mart chegou a 80%. O Kmart instalou um mapeamento de pontos-de-venda em suas lojas em 1990, mas o Wal-Mart já havia feito isso dois anos antes.[166] Não admira que o Kmart estivesse se sufocando. Seus rivais estavam reduzindo custos e melhorando a logística em um ritmo ainda mais rápido. Em 2002 — justamente quando os seus giros de estoque estavam chegando ao número mais alto de todos os tempos! — o Kmart levantou a bandeira branca e apelou para o tribunal de falências. É irresistível inferir que uma empresa falida deve ter sido ruim na execução, mas as evidências não sustentam de todo essa visão, pelo menos não se estamos falando de execução no sentido absoluto.

A diferença entre desempenho absoluto e relativo pode ser vista também em outras empresas. Considere a General Motors, outra empresa com vendas em declínio e preço das ações em queda.[167] Em 2005, a dívida da GM foi reduzida a um status de *junk bond*, dificilmente um voto de confiança dos mercados financeiros. Contudo, em comparação com os automóveis produzidos nos anos 1980, os carros da GM são muito melhores em muitos aspectos: melhor qualidade, vantagens adicionais, conforto superior e segurança aperfeiçoada. Devido a uma miríade de fatores, sua participação no mercado dos EUA continua caindo, de 35% em 1990 para 25% em 2005, enquanto os fabricantes japoneses e coreanos continuam a aumentar a deles. O desempenho em declínio da GM precisa ser entendido em termos relativos. De fato, foram precisamente os rigores da concorrência dos fabricantes asiáticos de automóveis que estimularam a GM a melhorar. A GM é um fabricante melhor do que era uma geração atrás? Certamente, por medidas absolutas. Mas tente dizer isso aos seus empregados ou acionistas.

O *Equívoco do Desempenho Absoluto* é imensamente importante porque sugere que as empresas podem atingir um alto desempenho seguindo uma fórmula simples, sem se preocupar com as ações da concorrência. Se deixada sem controle os administradores podem prestar atenção em um conjunto enganoso de problemas. O Projeto Evergreen não estava sozinho nesse conceito errôneo — o mesmo equívoco estava implícito em *Built to Last*, quando Collins e Porras alegaram que seguir um punhado de passos resultaria em um "projeto para o sucesso duradouro" sem qualquer menção a rivais ou qualquer apreciação da dinâmica da concorrência na indústria.[168] No entanto, uma vez que vemos que esse desempenho é relativo, fica óbvio que as empresas nunca podem alcançar o sucesso simplesmente seguindo um dado conjunto de passos, não importa quão bem intencionados; seu sucesso será sempre afetado por aquilo que fazem os rivais. Quanto maior o número de rivais, quanto mais fácil for para novos concorrentes entrarem no mercado, e quanto mais rapidamente muda a tecnologia, mais difícil fica sustentar o sucesso. Essa é uma verdade desconfortável porque admite que alguns elementos do sucesso nos negócios estão fora do nosso controle. É muito mais atraente subestimar a natureza relativa do desempenho ou ignorá-la completamente. Dizer a uma empresa que ela pode alcançar o alto desempenho, não importa o que faça a concorrência, dá uma história mais atraente.

O Projeto Evergreen teve uma boa idéia ao quebrar o período de dez anos em dois blocos de cinco, mas a pesquisa como um todo foi arruinada pela dependência de dados de entrevistas em retrospecto e de artigos na imprensa de negócios. No entanto, essas falhas não impediram os autores de alegar que haviam aberto novos caminhos para o entendimento do sucesso das empresas. De fato, eles fizeram uma afirmação mais forte em termos de rigor científico e impacto causal do que *In Search of Excellence* ou *Built to Last*. Ao apresentar seus achados, os autores declararam: "Podemos agora dizer que melhorar com base em práticas científicas virtualmente garante o desempenho superior de uma empresa". Mas eles não mostraram nada do gênero. O título correto não deveria ser *What Really Works* [*O que realmente funciona*] — o uso do presente está mal aplicado. Mais acurado seria *O que realmente funcionou*, ou talvez até *O que foi dito sobre empresas quando elas realmente funcionaram*.

O grande equívoco de *Good to Great*

Ao mesmo tempo em que o Projeto Evergreen estava em andamento, um dos autores de *Built to Last*, Jim Collins, embarcou em um novo estudo do desempenho de empresas. Enquanto *Built to Last* examinava empresas que haviam sido na maior parte do tempo bem-sucedidas (pelo menos até o estudo terminar), a maioria das empresas tende a progredir de modo atabalhoado, indo razoavelmente bem, mas nunca alcançando um grande sucesso. O que poderia ser dito a elas? O projeto seguinte de Collins se dirigia diretamente a esse ponto. Como, ele se perguntou, empresas ordinárias fazem a mudança para um desempenho fora de série? Por que algumas empresas dão o salto de *bom* para *excelente* enquanto outras não o fazem?

Collins e sua equipe de pesquisadores começaram com uma grande amostragem — todas as empresas na lista *Fortune 500* entre 1965 e 1995, 1.435 ao todo. Para encontrar aquelas que haviam passado de medíocres a ótimas eles empreenderam o que descreveram como uma "marcha fúnebre da análise financeira".[169] Seu objetivo era descobrir aquelas empresas que se encaixam em um padrão específico: quinze anos de rendimentos próximos da média geral no mercado de ações "interrompidos por um ponto de transição", e então seguidos por quinze anos de rendimentos bem acima da média no mercado de ações. Essa imagem é usualmente conhecida como "bastão de hóquei", uma lâmina chata e um cabo para cima. Ela é bem conhecida no mundo dos negócios, e pode ser formulada como: "As coisas não estão tão boas hoje, mas vamos fazer grandes coisas no futuro". Todos no mundo dos negócios querem entregar um bastão de hóquei, seja ao seu patrão ou aos seus investidores. Todo mundo quer encontrar a chave para a melhora súbita e sustentada. E Collins parecia estar no caminho certo.

De todas as empresas que eles examinaram, apenas onze se encaixavam no severo e limitado perfil — menos de uma em cada cem. Eis a lista: Abbot, Circuit City, Fannie Mae, Gillette, Kimberly-Clark, Kroger, Nucor, Philip Morris, Pitney Bowes, Walgreen's e Wells Fargo. Algumas dessas empresas eram bem conhecidas do público em geral, mas muitas não eram. Dificilmente se poderia dizer que eram as empresas glamourosas da hora. Tratava-se de um conjunto de empresas simples, indústrias do dia-a-dia, ou que lidavam com vendas no varejo, aço, produtos de consumo e serviços financeiros. Suas sedes não estavam no Vale do Silício, ou Princeton, ou Nova York, mas em cidades americanas comuns, como Dayton, Ohio e Neenah, Wisconsin. Elas não nasceram grandes, mas permaneceram durante anos na mediocridade. Collins escreveu: "De início ficamos surpresos com a lista. Quem teria pensado que a Fannie Mae iria bater empresas como a GE e a Coca-Cola. Ou que a Walgreen's poderia bater a Intel. A surpreendente lista — um grupo mais desenxabido seria difícil de encontrar — nos ensinou uma lição fundamental. É possível transformar bom em excelente na mais improvável das situações". E essas onze empresas *grandes* de fato tinham um tremendo histórico de desempenho. Um único dólar investido em cada uma dessas empresas em 1965, com todos os dividendos reinvestidos, teria crescido para US$ 471 no final de 2000, em comparação com US$ 56 no mercado global. A seguir, como fizera em *Built to Last*, Collins identificou uma comparação adequada para cada empresa *grande*, escolhendo uma boa empresa na mesma indústria que estivesse ativa mais ou menos na mesma época. A Gillette foi emparelhada com a Warner-Lambert, a Kimberly-Clark com a Scott Paper, a Wells Fargo com o Bank of America, e assim por diante. As empresas de *comparação* eram boas, mas dificilmente *grandes* — um dólar investido em cada uma delas em 1965 teria crescido para US$ 93, cerca de duas vezes o valor do mercado global, mas muito menos que nas empresas *grandes*. Nos anos que se seguiram ao estudo, a maioria das onze empresas "de *boas para excelentes*", selecionadas porque se desempenharam melhor que o mercado em geral por uma admirável margem de três para um no decorrer de quinze anos, retrocederam um pouco, mas isso não é razão para criticar o estudo de Collins. Sua meta não era predizer nada além de quinze anos de crescimento rápido, mas explicar por que naqueles tremendos quinze anos aconteceram de tudo — por que aquelas empresas se tornaram *grandes* enquanto outras não o fizeram. Se ele tivesse conseguido explicar aquela transição, o que quer que vazasse depois do fim do estudo não importaria.

Para explicar a transição de *bom* para *excelente*, Collins e sua equipe de pesquisadores labutaram durante quase cinco anos. Eles dedicaram mais de quinze mil horas ao projeto. Examinaram uma ampla gama de evidências, "tudo, desde aquisições até compensação de executivos, desde estratégia de negócios até cultura corporativa, de dispensas a estilos de liderança, de quocientes financeiros à taxa de rotatividade dos empregados".[170] Eles leram dúzias de livros, passaram em revista a mais de seis mil artigos e realizaram dezenas de entrevistas. Os dados encheram muitos caixotes e armários inteiros, e totalizaram 384 milhões de bytes.[171] A essa altura já estamos acostumados com essas descrições de pesquisas rigorosas, e sabemos que não devemos nos impressionar — a qualidade dos dados é que é importante, não a quantidade.

Quanto à qualidade dos dados, alguns parecem estar livres do Efeito Aura. Medidas da rotatividade da diretoria, por exemplo, ou a presença de importantes blocos institucionais de acionistas, ou quantidade de proprietários na diretoria, são todas questões de registro público e não é provável que sejam formadas por percepções, seja de jornalistas, porta-vozes de empresas ou lembranças dos próprios administradores. Mas muitos dos dados eram problemáticos. Uma grande parte veio de artigos de revistas e jornais, as mesmas fontes que já comentamos tantas vezes e que estão impregnadas de auras. Não houve esforço para assegurar que os dados estivessem livres delas — de fato, não houve nem mesmo o reconhecimento de que essas fontes de dados eram potencialmente falhas. Quanto às entrevistas com administradores, eis algumas das perguntas dirigidas:

> O que você vê como os cinco fatores principais que contribuíram para, ou causaram, a mudança para cima no desempenho durante os anos [dez anos antes da transição] para [dez anos depois da transição]?
>
> Qual foi o processo pelo qual a empresa tomou decisões-chave e desenvolveu estratégias-chave durante a era de transição — não que decisões a empresa tomou, mas como ela cuidou de tomá-las?
>
> Como a empresa obteve compromisso e alinhamento com as suas decisões?[172]

Perguntas dessa natureza, em entrevistas nas quais se pede aos administradores que olhem para trás e expliquem o que aconteceu, raramente produzem dados válidos, uma vez que o auto-relato retrospectivo é normalmente influenciado pelo desempenho.[173]

Quanto à codificação e análise dos dados, Collins descreveu uma série de discussões e debates entre membros da sua equipe de pesquisa. Eles seguiram "um processo interativo de idas e voltas, desenvolvendo idéias e testando-as contra os dados, revisando as idéias, construindo uma estrutura, vendo-a quebrar-se sob o peso das evidências e reconstruindo-a outra vez".[174] Por que Collins fez uma abordagem aparentemente menos formal do que aquela que seguira em *Built to Last*? Ele explicou: "Todos nós temos um talento ou dois na vida, e eu suponho que o meu é a habilidade de pegar um amontoado de informações desorganizadas, ver padrões e extrair ordem da bagunça — ir do caos ao conceito".[175] Quanto aos padrões que Collins e sua equipe encontraram, os quinze anos de desempenho medíocre foram descritos como "Fase de Desenvolvimento", caracterizada por uma liderança forte, porém humilde (conhecida como "Liderança de Nível Cinco"), trazendo a bordo as pessoas certas ("Primeiro Quem... Depois O Quê"), e encarando a realidade direta e corajosamente ("Confronte os Fatos Brutais"). Então, sem estardalhaço, às vezes somente com um aviso, um ponto de inflexão levou a uma "Fase de Descoberta", com a empresa outrora boa agora alçando vôo para a frente e para cima, em um círculo virtuoso que se auto-alimentava de grandeza, ascendendo para a glória do esplendor a um ângulo de 45 graus, como que lançada por uma pá. A Descoberta foi sobre foco (o "*Hedgehog Concept*" [*Conceito do ouriço*]), sobre execução (a "Cultura da Disciplina") e, finalmente, sobre o uso da tecnologia para reforçar o progresso ("Aceleradores de Tecnologia"). A transformação estava completa, e o *bom* era agora *excelente*.

Como em estudos anteriores, a presença de auras nos força a questionar esses achados. Ter "liderança humilde" e "excelente pessoal" leva ao sucesso? Ou é mais provável que empresas de sucesso sejam descritas como tendo excelente liderança, melhor pessoal, mais persistência e maior coragem? Considerando o modo como os dados foram reunidos, e considerando a tendência disseminada de fazer atribuições baseadas no desempenho, esta última opção parece mais provável que a anterior. Collins alegou explicar por que algumas empresas deram o salto enquanto outras não o fizeram, mas ele de fato não fez nada do gênero. *Good to Great* documentou o que foi escrito e dito sobre empresas que tinham dado o salto versus as que não tinham — o que é completamente diferente. No começo do seu livro, Collins insta os seus leitores a serem honestos, a "confrontar os fatos brutais". Bem, eis aqui um fato brutal que podemos querer considerar: se você começa selecionando empresas baseado em resultados, e então reúne dados conduzindo entrevistas retrospectivas e coletando artigos da imprensa de negócios, não é provável que descubra o que levou algumas empresas a se tornarem *grandes*. Você irá principalmente captar o brilho do Efeito Aura.

No entanto, ninguém pareceu examinar de perto essas deficiências, porque *Good to Great* tinha uma mensagem tão encorajadora: *Você também pode transformar a sua boa empresa em uma excelente empresa*. Collins foi explícito nesse ponto. Ele escreveu: "A grandeza não é uma questão de circunstância. A grandeza, ao que se vê, é principalmente uma questão de escolha consciente".[176] É uma história convincente. As pessoas querem acreditar que seus bons esforços serão recompensados, que coisas boas acontecem para aqueles que esperam, e isso é exatamente o que Collins estava dizendo: Com visão e humildade, com preocupação com as pessoas, por meio de persistência e foco, você pode se tornar *grande*.[177] Como uma narrativa de inspiração dificilmente haverá uma melhor que *Good to Great*.

Oitavo equívoco: *A Ponta Errada do Bastão*[178]

A CONFIANÇA EM DADOS falhos de *Good to Great* levanta sérias questões sobre a validade dos seus achados. Mas mesmo que ponhamos de lado essas questões e aceitemos os dados, temos mais um problema: a *interpretação* dos achados. Uma das imagens centrais em *Good to Great* é o *Hedgehog Concept*, extraído do famoso ensaio de Isaiah Berlin *"The Hedgehog and the Fox"* [*O ouriço e a raposa*].[179] Berlin escreveu que muitas pessoas caem em uma das duas categorias. Raposas sabem muitas coisas — elas são ligeiras e espertas, e perseguem muitos objetivos. Ouriços sabem uma única coisa grande — eles procuram ser lentos e metódicos, mas ficam focados em uma única visão unificadora. E essa distinção, escreveu Collins, tem tudo a ver com alcançar o alto desempenho, porque as onze *grandes* empresas eram todas ouriços. Elas tinham um foco estreito e o perseguiam com grande disciplina. Empresas raposas, em comparação, dispersavam sua atenção e energia, freqüentemente mudando de direção, mas nunca se tornavam *grandes*. Existe, é claro, a possibilidade de que a nossa classificação seja moldada pelo Efeito Aura — quando vistas em retrospecto, empresas de sucesso podem tender a ser descritas como mais focadas e persistentes do que empresas menos bem-sucedidas. Mas vamos supor que Collins entendeu certo e as onze empresas *grandes* eram mais focadas em uma estreita visão essencial do que o grupo de *comparação*. E daí? Segue-se que as empresas se desempenham melhor quando se comportam como ouriços? Não exatamente. A história é um pouco mais complicada.

Para ver por quê, considere um exemplo algo diferente. Imagine que mil pessoas passam o dia apostando no hipódromo e, no fim do dia, selecionamos os dez apostadores com os prêmios mais altos — vamos chamá-los de nossos *grandes* apostadores. Quando examinamos de perto aqueles apostadores mais bem-sucedidos provavelmente descobriremos que todos eles fizeram grandes apostas em azarões — foi assim que eles ficaram à frente dos outros 990. Eles eram ouriços, focados em umas poucas coisas grandes. Muito poucas raposas estarão entre os dez melhores, porque raposas tendem a diversificar suas posições. Contudo, mesmo que os dez melhores apostadores fossem todos ouriços, *não* segue-se que os ouriços, em média, tiveram melhor desempenho que as raposas, porque alguns ouriços podem ter se dado muito bem, mas muitos mais podem ter ido para casa sem um tostão. De fato, em geral os raposas provavelmente se deram melhor que os ouriços — eles assumiram riscos mais prudentes e evitaram grandes perdas. Voltemos agora às empresas. Como Collins selecionou onze *grandes* empresas e depois as comparou com onze que eram apenas *boas*, não temos meios de saber se, *em média*, as empresas se deram melhor quando se comportaram como raposas ou como ouriços. Não sabemos quantas das 1.435 empresas na amostragem completa eram ouriços e quantas eram raposas, portanto não podemos dizer qual grupo teve o melhor desempenho. Mesmo se empresas que acumularam diversos anos de crescimento consecutivo fossem ouriços, não decorre que ser um ouriço tenha aumentado as chances de sucesso — porque muitos ouriços podem ter acabado mortos, atropelados na estrada.

Como ponto de comparação, considere um estudo sobre o juízo político de peritos realizado por Philip Tetlock, da Universidade da Califórnia.[180] Usando as mesmas categorias extraídas de Isaiah Berlin, Tetlock comparou a precisão das previsões de ouriços – peritos que têm uma visão de mundo clara e fortemente mantida – com a de raposas – peritos com uma visão mais flexível. Qual grupo fez as previsões mais acuradas de eventos futuros? *Os rapo-*

sas. Eles se nutriram de uma gama mais ampla de informação, mudaram suas crenças em face de circunstâncias em modificação e, como resultado, foram consistentemente mais precisos em seus juízos sobre eventos futuros que os ouriços. Tetlock descobriu que uns poucos ouriços foram extremamente acurados em seus juízos, mas muitos mais foram consideravelmente imprecisos e, em média, acertaram menos. (O estudo de Tetlock , aliás, examinou a precisão das previsões no decurso de quinze anos — esse não foi um estudo sobre uma janela de quinze anos conduzido em retrospecto e, portanto, sujeito a tendências de interpretações tardias, mas um estudo que foi conduzido de 1988 a 2003, no curso de um período de quinze anos!)

Meu palpite é que os achados de Tetlock sobre o juízo preditivo individual se aplicam também a empresas. Em média, empresas que são resilientes e podem se ajustar a circunstâncias em modificação tendem em média a ter um desempenho melhor que as empresas menos flexíveis. Sim, uns poucos ouriços se revelarão espetacularmente bem-sucedidos, mas os ouriços também irão falhar em grandes números. Qual grupo se sai melhor é uma questão empírica que ainda não foi objeto de estudo cuidadoso e, até que tenhamos respostas sólidas, só podemos especular. Mas até então estaremos em terreno instável se inferirmos que, uma vez que um punhado de empresas extremamente bem-sucedidas eram ouriços, as empresas deveriam agir como ouriços, perseguindo uma única coisa grande.

É possível contrapor que um foco de ouriço é um jogo arriscado, apesar de necessário, quando se está empenhado em alcançar a *grandeza*. Sabemos, afinal, que o desempenho é relativo, e não absoluto. Talvez faça sentido seguir a abordagem de um ouriço, porque embora o resultado médio possa ser inferior, a recompensa potencial de grandes ganhos é muito maior. É um argumento razoável e poderia estar certo. Se fosse esse o ponto de Collins, ótimo. Mas Collins *não* argumenta que as empresas devem adotar um foco de ouriço a despeito dos riscos inerentes. Ele *não* sugere que a recompensa de apostar alto é tão grande que as empresas deveriam aceitar um risco correspondentemente mais alto de fracasso. Não mesmo. A lição abrangente de *Good to Great* é que qualquer empresa pode se tornar *grande* se for focada e persistente, que o sucesso não é uma questão de circunstância, e que a Fase de Desenvolvimento leva inexoravelmente à da Descoberta. Em parte alguma *Good to Great* fala sobre a necessidade de assumir riscos calculados, mas às vezes consideráveis, de perseguir um curso de ação que pode levar à glória, mas ainda mais provavelmente leve à sarjeta. Collins insta os administradores a serem ouriços mirando para cima e negligenciando os riscos que acompanham essa atitute. O que é perigoso, porque você não pode ter as coisas de ambos os jeitos.

Esses erros não são muito surpreendentes, considerando que o entendimento de Collins da parábola da raposa e o ouriço é questionável desde o começo. Ele sugere que as pessoas que tiveram o maior impacto sobre a humanidade — inclusive Darwin, Marx e Einstein — eram ouriços, consumidos por uma única idéia simples, depois perseguindo-a com um foco obstinado. Mas Isaiah Berlin não alegou nada disso, observando apenas que raposas e ouriços eram duas maneiras diferentes de olhar para a experiência humana. Houve grandes pessoas em ambas as categorias. De acordo com Berlin, Platão era um ouriço, mas Aristóteles era um raposa; Dante um ouriço, mas Shakespeare um raposa; Dostoievski e Nietzsche eram ouriços, enquanto Goethe e Joyce eram raposas. A asserção de Collins sobre Darwin também é duvidosa: afinal, Charles Darwin foi criado como um cristão convencional e chegou às suas idéias revolucionárias sobre a seleção natural após décadas de observação cuidadosa e reflexão — desafiar o dogma convencional não é o tipo de coisa que um ouriço faz normalmente. Não está claro sequer que Marx tenha sido um ouriço, já que o seu epigrama favorito — *De omnibus disputandum* [Deve-se duvidar de tudo] — tinha distintamente um toque de raposa. Muitos assim-chamados marxistas podem ser ouriços, mas é claro que este é um outro assunto.

Nono equívoco: *A Física Organizacional*

A ênfase na certeza, nas relações causais claras, e não na contingência e na incerteza, ilumina uma interpretação errônea final. Ela permeia muitos dos best-sellers de negócios que oferecem passos para o sucesso garantido, mas é mais claramente vista em *Good to Great*. Nas páginas iniciais, Jim Collins descreve a sua ambição: descobrir "respostas eternas, universais, que possam ser aplicadas por qualquer organização".[181] Ele escreve:

> Enquanto as práticas de engenharia evoluem e mudam continuamente, as leis da física permanecem relativamente fixas. Gosto de pensar no nosso trabalho como uma busca por princípios eternos — a duradoura física das grandes organizações — que permanecerão verdadeiras e relevantes não importa como mude o mundo à nossa volta. Sim, a aplicação específica irá mudar (a engenharia), mas certas leis imutáveis do desempenho humano organizado (a física) irão perdurar.[182]

A referência à física não é acidental. De todas as ciências, a física é a mais elegante, o mais sublime feito do intelecto puro, a mais capaz de reduzir os mecanismos do universo a equações matemáticas simples porém precisas. Como o físico que se tornou perito em finanças, Emanuel Derman explica: "Os físicos teóricos estão acostumados ao sucesso da matemática em formular as leis do universo e elaborar suas conseqüências. O universo de fato parece funcionar como algum esplêndido mecanismo suíço de relojoaria: podemos predizer as órbitas dos planetas e a freqüência da luz emitida por átomos até oito ou dez casas decimais".[183] O prestígio da física é tal que dizem que os mortais inferiores em biologia e química sofrem de "inveja física". Comparar o estudo dos negócios com o estudo da física lisonjeia tanto o autor como o leitor.

Se o mundo dos negócios realmente funcionasse com a precisão de um mecanismo de relojoaria, então talvez a promessa de *Good to Great* fosse razoável. Nós podemos predizer os movimentos dos planetas, então por que não também o desempenho das empresas? Talvez existam realmente princípios universais de boa administração que possam ser aplicados a qualquer empresa, a qualquer tempo, em qualquer indústria. Empresa pequena ou grande? As leis da gravidade certamente se aplicam a todos eles. Cuidadosa ou destemida? Os mesmos princípios governam seu movimento. De crescimento rápido ou de tamanho imutável? As empresas são todas feitas dos mesmos átomos. É uma imagem atraente. Nas palavras do talento residente da *Fortune*, Stanley Bing, no início deste capítulo, vemos que a majestosa imagem da ciência é reconfortante. Gostamos de acreditar que algum tipo de ordem cósmica torna o mundo dos negócios um lugar justo e previsível, regido por leis precisas. No entanto, como vimos no capítulo um, as questões mais importantes no mundo dos negócios não se prestam à previsibilidade ou à replicabilidade da física. Elas nunca se prestaram nem irão se prestar, e pelas mesmas razões que Porras e Collins admitiram: não podemos enfiar empresas dentro de tubos de ensaio e realizar experimentos elegantes. E uma vez que mesmo os melhores estudos de negócios, aqueles que cuidadosamente seguem métodos estritos de pesquisa, aqueles que se certificam de evitar auras, que controlam variáveis de rivais e se certificam de não confundir correlação com causalidade não podem nunca alcançar a precisão e a replicabilidade da física, então todas as alegações de ter isolado leis imutáveis de desempenho organizacional são infundadas.

CAPÍTULO OITO
HISTÓRIAS, CIÊNCIA E O *TOUR DE FORCE* ESQUIZOFRÊNICO

Nós somos criaturas contadoras de histórias, nós mesmos produtos da história. Somos fascinados por tendências, em parte porque elas contam histórias pelo artifício básico de transmitir direcionalidade ao tempo, em parte porque muito freqüentemente nos oferecem uma dimensão moral para uma seqüência de eventos: uma causa para lamentar quando nossos sonhos vão por água abaixo, ou para realçar a luz no fim do túnel. Mas nosso forte desejo de identificar tendências freqüentemente nos leva a detectar uma direcionalidade que não existe, ou a inferir causas insustentáveis.

Stephen Jay Gould
Full House: The Spread of Excellence from Plato to Darwin
[Casa cheia: a disseminação da excelência de Platão a Darwin], 1996

COMECE COM *IN SEARCH OF EXCELLENCE*, trace uma linha para *Built to Last*, ligue-a com *What Really Works*, e depois a estenda até o fim em *Good to Great*. Qual o padrão que vemos quando conectamos esses pontos?

Cada estudo sucessivo fez um conjunto de alegações mais ousado — de ter reunido mais dados, de ter consultado mais especialistas, de ter sido mais exaustivo em sua pesquisa e mais minucioso em sua análise do que estudos anteriores. Cada qual alegou ir aonde nenhuma pesquisa já tinha ido antes, de fazer o que nunca tinha sido feito, e de ter uma maior pretensão à verdade. No momento em que chegamos aos últimos dois, há grandiosas alegações de garantias virtuais de sucesso e leis imutáveis da física. O que começou isso tudo, *In Search of Excellence*, de Peters e Waterman, parece quase modesto em comparação, uma pitoresca reversão a uma era menos pretensiosa. Mas apesar de todas as suas alegações de rigor e ciência, nenhum desses estudos descobriu a chave-mestra. Nenhum deles reconheceu o problema central que suspende a sua validade — especificamente, que confiando em artigos da imprensa popular, em estudos de casos de escolas de administração, ou em entrevistas retrospectivas, seus dados estavam comprometidos pelo Efeito Aura.

No entanto, apesar de todas as suas similaridades, esses livros saíram-se de modo muito diferente no mercado. *In Search of Excellence* foi um enorme sucesso, assim como *Built to Last*, enquanto *What Really Works* teve apenas um sucesso moderado. Por que a diferença? Suspeito que não seja por causa do rigor analítico, porque nenhum desses estudos tem probabilidade de ganhar o prêmio na feira de ciências da escola local. Antes, *In Search of Excellence* e *Built to Last* eram *histórias* melhores. Suas imagens eram mais atraentes. Peters e Waterman nos deram frases memoráveis, como *uma tendência para a ação*, *ater-se ao que sabe*, *administrar por perambulação* e *ligação frouxo-apertada*. *Built to Last* falou sobre *grandes metas arriscadas e audaciosas*, *construção de relógios*, *o gênio do "e"*, *culturas tipo culto*. Eram frases que excitavam a curiosidade e estimulavam a discussão. Em comparação, *What Really Works* confiava em termos convencionais como *estratégia*, *execução*, *cultura* e *estrutura*. Aqui havia pouco de original ou sedutor, nenhuma metáfora surpreendente ou imagem cativante. O fato é que, quaisquer que possam ter sido as suas deficiências como pesquisadores,

Tom Peters e Bob Waterman, e Jim Collins e Jerry Porras compartilhavam um grande talento: *eles eram tremendos contadores de histórias*. Porque é isso o que realmente temos aqui: histórias que ajudam os administradores a atribuir sentido ao seu mundo, que direcionam as suas ações, e que lhes dão confiança no futuro.

Quanto a *Good to Great*, bem, esta era a melhor história de todas. O livro de Jim Collins foi lançado com grande alarde no final de 2001 e foi diretamente para o topo das listas. Desde então, tem sido um sucesso fenomenal, passando anos na lista de best-sellers do *New York Times*. Em 2005, as vendas tinham passado de três milhões de exemplares e ainda estavam fortes. Não é difícil ver por quê. Por sua própria descrição, *Good to Great* é de leitura "tão fácil quanto um romance de andamento rápido". Ele tem idéias sedutoras, como "Liderança de Nível Cinco" e o "Paradoxo de Stockdale". Ele oferece metáforas intrigantes como *lavar queijo ricota*. Ele fala de *ouriços* e *raposas*. Ele fala de *acumuladores de energia* e *quedas em parafuso* — quase podemos sentir o ímpeto quando as empresas se lançam para cima rumo à glória, ou desabam em espiral para a sua morte. Jim Collins escreveu que uma das suas habilidades era encontrar padrões no caos, e ele está certo. De fato, *Good to Great* segue uma forma que está enraizada numa estrutura narrativa clássica. Em *The Seven Basic Plots* [*Os sete enredos básicos*], o autor inglês Christopher Booker identificou um punhado de enredos que são recorrentes em histórias através de culturas e eras. Um deles recebeu o nome de *Rags to Riches* [*Dos trapos à riqueza*]. Booker explicou: "Poucas coisas apelaram mais consistentemente para as fantasias da humanidade do que o sonho de emergir da obscuridade para a fama e a fortuna. Nós o vemos no sonho acalentado pelas pessoas de ter suas vidas enfadonhas miraculosamente transformadas por um prêmio de loteria, ou por conceber alguma idéia que trará riquezas fabulosas, ou simplesmente sendo arrancadas da multidão anônima para se tornarem o foco de atenções ou virarem uma celebridade".[184] A história de *Rags to Riches* quase sempre envolve uma personagem humilde, desinteressante sob todos os aspectos, a qual passa por uma série de aventuras que trazem uma miraculosa transformação em seu destino. Os exemplos vão tão longe quanto José, no Livro do Gênese, e incluem tudo da lenda do rei Artur puxando a espada da pedra, Aladim e a lâmpada maravilhosa, Cinderela e seu sapatinho de cristal, e, é claro, *Pigmaleão* de Bernard Shaw. Parece familiar? Comece com uma firmazinha humilde, de preferência em uma indústria maltrapilha, depois mostre como ela se tornou uma das empresas de excelente desempenho do seu tempo graças à persistência e ao esforço honesto, e você terá os ingredientes básicos de *Good to Great*. Collins não precisou procurar muito para encontrar o arquétipo comprovado que explora as nossas mais tolas esperanças. Ora, até o título de *Good to Great* é um eco de *Rags to Riches*. Não admira que o livro tenha sido um tamanho sucesso — ele trata de um sonho perene e apela para as nossas mais profundas fantasias. Nada disso teria muita importância se o quadro pintado por Collins fosse preciso, se humildade, persistência e foco realmente levassem ao sucesso com a previsibilidade da física. Mas não é esse o caso. E enquanto a maioria dos resenhistas tomou Collins pelo valor declarado — aceitando suas alegações de ser rigoroso, científico e exaustivo — uns poucos o viram pelo que realmente é: uma viagem para a terra de fantasia do bem-estar. George Anders, do *The Wall Street Journal*, escreveu que *Good to Great* ofereceu uma imagem do mundo dos negócios em algum lugar entre Norman Rockwell e Mister Rogers — um lugar simples e reconfortante, de valores despretensiosos e virtudes antiquadas, onde todos se sentem a salvo e seguros.[185] Nas vizinhanças do sr. Collins, a história simples com uma mensagem positiva é suprema. E, se for possível fazer essa história parecer ciência rigorosa, ela ficará ainda mais convincente.

E os sucessos simplesmente continuam chegando

A busca pelo Santo Graal dos negócios não terminou com *Good to Great*. Não havia razão para imaginar que Jim Collins iria acabar com o gênero — muito pelo contrário, o imenso sucesso de *Good to Great* iria provavelmente estimular a produção de mais livros com o mesmo teor, alegando revelar os segredos do sucesso nos negócios. O último a passar pela minha mesa, publicado em 2006, se chamava *Big Winners and Big Losers: The 4 Secrets of Long-Term Business Success and Failure* [*Grandes vencedores e grandes perdedores: os quatro segredos do sucesso e do fracasso nos negócios a longo prazo*]. O autor? Alfred Marcus, professor de estratégia e tecnologia da Universidade de Minnesota. A editora? Wharton School Publishing. Indicações? Elogios inflamados de eminentes professores de escolas de administração em Dartmouth, Duke, Northwestern e MIT. Ora, seria difícil imaginar um livro com melhores credenciais.

Eu abri o livro me perguntando se alguém finalmente tinha entendido direito — se ao menos alguém havia posto de lado os equívocos em matéria de negócios em favor de uma visão mais sensata do desempenho empresarial. Mas não levei muito tempo para ver que não havia muita diferença. O título, que alega revelar os segredos do sucesso a longo prazo, é dificilmente um começo auspicioso. Depois disso o livro oferece uma revisão de estudos anteriores, de Peters e Waterman a Joyce, Nohria e Roberson, e assim sucessivamente até Jim Collins. De acordo com Marcus, cada um desses estudos continha uma falha importante — cada um errara em insistir na importância da adaptabilidade ou do foco, mas ao mesmo tempo deixara de mostrar a importância de ambos. Este estudo, ele promete, daria um passo mais firme. Ele iria mostrar que o verdadeiro segredo do sucesso duradouro é a capacidade de ser adaptável *e* focado ao mesmo tempo.

Felizmente não há alegações de descoberta das leis da física organizacional. Mas, além disso, é tudo novamente déjà-vu. Outra vez há uma alegação de pesquisa rigorosa — milhares de empresas estudadas cuidadosamente no decorrer de dez anos (1992-2002). Outra vez há uma amostragem de empresas com alto desempenho e uma amostragem de empresas com baixo desempenho, selecionadas com base no resultado. Para estudar essas empresas, Marcus determinou que os estudantes do seu programa de MBA para executivos em meio período realizassem as análises, e então usou os relatórios dos seus estudantes como seus dados. Não há nada de necessariamente errado com o fato de recrutar administradores como pesquisadores, desde que seus achados sejam baseados em dados válidos e de qualidade comparável. Administradores não são necessariamente pesquisadores menos capazes que estudantes graduados ou os próprios professores. De fato, administradores podem ter abertura para acompanhar os fatos onde eles os encontram, e não matizar seus achados para apoiar um resultado preferido. A verdadeira questão diz respeito à qualidade dos dados, e é aqui que jaz o problema. Quais eram os dados para esse estudo, alegadamente produto de análise rigorosa e pesquisa detalhada? A maior parte estava baseada nas mesmas fontes falhas que vimos seguidamente até agora — lembranças *ex post facto* de administradores, balanços de empresas e artigos da imprensa de negócios. Quanto aos "segredos do sucesso a longo prazo", Marcus descobriu que as *grandes vencedoras* haviam descoberto uma posição atrativa na indústria — um *ponto doce, ideal* — e eram bem administradas — eram *adaptáveis, disciplinadas e focadas*. As *grandes perdedoras?* Estavam atoladas em um *ponto amargo* e eram *rígidas, ineptas e difusas*. Mas, como sabemos a esta altura, uma empresa de sucesso pode sempre ser descrita como *disciplinada* enquanto a mesma empresa, em tempos difíceis, pode ser vista como *inepta*; empresas que mudam com sucesso podem ser descritas como *adaptáveis*, enquanto aquelas que não o fazem naturalmente serão vistas como *rígidas*. A não ser que se abandone a noção prévia de desempenho para definirmos o que esses termos significam, tudo o que estamos fazendo é empilhar auras. Estamos coletando atribuições sobre empresas bem-sucedidas e malsucedidas, mas não identificando os motivadores de sucesso ou fracasso. O efeito, mais uma vez, é contar aos administradores que as empresas podem ter sucesso seguindo uma fórmula simples, sem se importar com o que fazem as outras empresas. Em nenhum lugar existe uma apreciação da natureza relativa do desempenho, da necessidade de os administradores assumirem riscos calculados se esperam superar seus rivais. Os anos de estudo podem mudar, e as empresas examinadas podem ser diferentes, mas os equívocos continuam os mesmos.

Talvez o achado mais interessante em *Big Winners and Big Losers* esteja mencionado como um breve adendo, que, entretanto, acreditamos não ter sido examinado atentamente. Marcus ressalta que grandes empresas tendem a aparecer mais freqüentemente na lista das *grandes perdedoras*, enquanto quase todas as *grandes vencedoras* são empresas pequenas ou médias. Essa observação deveria atiçar a curiosidade, porque grandes empresas se tornaram grandes justamente por conduzir bem seus negócios — elas não cresceram sendo *perdedoras*. Contudo, alguma coisa pareceu impedi-las de manter aquele alto desempenho. Teriam abandonado seu estilo vencedor? Teriam sofrido de excesso de confiança? Ou continuam a fazer principalmente as mesmas coisas, mas muito naturalmente regrediram à média quando ficaram maiores, devido principalmente ao efeito erosivo das pressões competitivas? O desempenho extremo, para o melhor ou para o pior, é mais comum entre as empresas pequenas. Uma empresa em particular pode ter chamado a atenção de Marcus. Uma das *perdedoras*, de baixo desempenho no período de dez anos entre 1992-2002, foi a Campbell Soup. Adivinhe onde a Campbell Soup figurou em *What Really Works*, o estudo de dez anos do Projeto Evergreen? Para os anos 1986-1996, ela foi listada entre as *vencedoras*, tendo acumulado um forte desempenho em ambos os blocos de cinco anos. Teria a Campbell Soup mudado tão rapidamente o seu estilo vencedor? Teria tolamente se aventurado em novos mercados ou mudado a fórmula da sua famosa sopa de tomate? Ou teria o seu desempenho sido erodido por forças do mercado, concorrência melhorada, ou mudança no gosto dos clientes? O que motivou o desempenho mais baixo da Campbell Soup não foi claramente investigado. O autor nos oferece apenas uma coleção de atribuições baseadas no seu desempenho mais baixo, com resultados previsíveis. Lamentavelmente, apesar de todas as suas declarações de ser novo e melhorado, esse último esforço de quebrar o código do sucesso nos negócios apresenta a maioria das mesmas falhas dos seus predecessores, e nem sequer se aproxima de uma explicação mais satisfatória para o desempenho das empresas.

Boa ciência, histórias ruins?

É claro, nem tudo o que é escrito sobre negócios e administração funciona primariamente no nível de contar histórias. Muitos estudos de desempenho de empresas tentam com afinco evitar o Efeito Aura e outros equívocos. Eles são cuidadosamente planejados e bem executados. Um estudo assim, por Marianne Bertrand, da Universidade de Chicago, e Antoinette Schoar, do MIT, investigou se o desempenho das empresas era afetado pelo estilo administrativo pessoal do executivo-chefe.[186] É fácil encontrar razões para concluir que CEOs de empresas de sucesso têm estilos pessoais efetivos — considerando o Efeito Aura, isso é quase inevitável. Mas Bertrand e Schoar não caíram na armadilha de juntar caixas de artigos de revistas, ou de pedir a administradores para avaliar o estilo dos seus executivos-chefes — métodos que fariam pouco mais que capturar auras. Em vez disso, elas definiram "estilo administrativo" em termos de duas políticas específicas: *políticas de investimento* (capturadas pelos níveis de dispêndio de capital e custos administrativos, e a freqüência de fusões e aquisições) e *políticas financeiras* (capturadas pelos níveis de dívida e dividendos). Essas políticas eram objetivas e mensuráveis, e não ambíguas e difíceis de definir. Em seguida, as autoras reuniram dados de balanços financeiros auditados para que houvesse poucas chances de um Efeito Aura. Como passos adicionais, controlaram o número de outras variáveis, e também consideraram as ações de administradores específicos no decorrer do tempo, examinando seu exercício no cargo em mais de uma empresa. Isso foi boa, sólida pesquisa científica. E os resultados? Bertrand e Schoar descobriram que administradores individuais de fato possuem estilos pessoais preferidos quando se trata de políticas de investimento e financeira, e que essas preferências explicam cerca de 4% da variância no desempenho da empresa. Em outras palavras, depois de controlar diversos outros fatores, o impacto do estilo pessoal do administrador sobre o desempenho da empresa foi da ordem de 4%. Este é um achado estatisticamente significativo, mas dificilmente uma história sedutora. Você não entusiasma muitos administradores dizendo: *Se você fizer essas coisas, tudo o mais sendo igual, você pode melhorar o desempenho da empresa em cerca de 4%.* Mas a ciência rigorosa nem sempre leva a uma história fascinante.

Eis um segundo exemplo. Nick Bloom, da London School of Economics, e Stephen Dorgan, da McKinsey, propuseram-se a testar a associação entre práticas administrativas específicas e desempenho da empresa.[187] É similar à questão que Peters e Waterman propuseram — *O que leva ao desempenho excelente?* — e também é próximo da questão do Projeto Evergreen — *O que realmente funciona?* Mas Bloom e Dorgan optaram por uma abordagem diferente. Eles começaram selecionando uma lista de empresas com alto desempenho e depois olharam para trás para ver o que elas tinham em comum? Não, eles começaram selecionando uma ampla amostragem de mais de setecentas empresas manufatureiras de tamanho médio na Europa e nos Estados Unidos, um *mix* de empresas de alto e baixo desempenho. Eles pediram aos entrevistados que avaliassem coisas como cultura corporativa ou qualidade administrativa ou orientação ao cliente, todas elas provavelmente formadas pelo desempenho? Não, eles solicitaram aos administradores que descrevessem práticas específicas, formulando suas perguntas de modo a assegurar que as respostas não seriam iluminadas pelo Efeito Aura. Para melhorar ainda mais a validade dos seus dados, eles usaram um método "duplo-cego" de coletar e codificar os dados. Foi dito aos informantes apenas que a pesquisa era sobre suas práticas, e não que estava interessada no desempenho da empresa; e a pessoa que coletava os dados não conhecia o desempenho da empresa, removendo assim uma fonte potencial de viés. Finalmente, uma vez que o estudo reuniu dados em um único ponto no tempo — ele era de corte transversal, não longitudinal — os autores tiveram o cuidado de ressaltar que encontraram somente correlação, e não causalidade. Eles inclusive sugeriram que a causalidade podia funcionar na direção *oposta* — isto é, empresas de alto desempenho poderiam ter os fundos ou recursos para adotar certas práticas administrativas. Eles deliberadamente *subestimaram* os seus achados. Então, depois de tudo isso, o que Bloom e Dorgan descobriram? Seu estudo mostrou que práticas administrativas específicas eram de fato associadas com diferenças no desempenho e explicavam cerca de 10% da variância total no desempenho da firma. Isto é, uma empresa que adotava as melhores práticas para todas as áreas — da fabricação e atendimento ao cliente ao gerenciamento de recursos humanos e finanças — tendia a ter melhor desempenho que uma empresa vagarosa em cerca de 10%. Este é um resultado estatisticamente significativo, e é um achado útil, mas não chega a prometer que uma empresa que adota um dado conjunto de práticas administrativas será bem-sucedida. É boa pesquisa de ciência social — cuidadosa, clara e rigorosa — mas não alega garantir virtualmente nada.

Ambos os estudos, e uma porção de outros como eles, passam no teste de boa ciência, mas não são exatamente vibrantes como histórias. De fato, se o selo de qualidade de uma história é o fato de prover alguma orientação para a ação, eles não são histórias de todo. Dizer que setecentas empresas mostraram, em média, uma diferença de 10% no desempenho não diz nada sobre o que irá acontecer com a minha empresa — o impacto poderia ser maior, ou menor, ou de fato nenhum. Não existe garantia nem promessa que me inspire à ação. Acaso é surpreendente que se dê mais atenção a livros que alegam revelar os segredos do alto desempenho? Esses livros fornecem conselhos simples e definitivos, eles ajudam as pessoas a atribuir sentido a um mundo complexo, e oferecem a promessa de que humildade e persistência levam ao sucesso duradouro, que a grandeza acena se você apenas for paciente e determinado. O resultado, de acordo com James March e Robert Sutton, da Universidade de Stanford, é que os estudos de desempenho organizacional estão em dois mundos muito diferentes. O primeiro mundo fala a administradores praticantes e recompensa especulações sobre como melhorar o desempenho. Aqui encontramos estudos cujo desejo principal é inspirar e confortar. O segundo mundo exige e recompensa aderência a padrões rigorosos de competência. Aqui, a ciência é suprema; contar histórias é irrelevante. March e Sutton explicam: "Em seus esforços para satisfazer essas exigências muitas vezes conflitantes, a comunidade da pesquisa organizacional às vezes reage dizendo que inferências sobre as causas do desempenho não podem ser feitas a partir dos dados disponíveis, e simultaneamente segue em frente para fazer tais inferências".[188] O resultado é um "*tour de force* esquizofrênico" em que "as exigências dos papéis de consultor e professor são dissociados das exigências do papel do pesquisador". Esses dois mundos operam em lógicas diferentes, seguem diferentes conjuntos de regras, e falam a públicos com necessidades diferentes, mas raramente se cruzam.

Dois mundos separados operando em sua própria lógica seriam suficientemente complicados, mas o que está acontecendo é ainda mais problemático que isso. Histórias sobre desempenho de empresas parecem ser ainda mais persuasivas quando estão paramentadas para parecer ciência, quando dizem ser baseadas em pesquisas exaustivas, respaldadas por caixas de documentos e gigabytes de dados, abençoadas por um rol de especialistas de universidades conhecidas, e alegando revelar princípios subjacentes com precisão científica. Estamos de volta ao *Equívoco da Pesquisa Rigorosa*. Os best-sellers que revimos gastaram um tempo considerável discutindo sua metodologia e análise de dados, e resenhistas e leitores igualmente ficaram imensamente impressionados por quão extensiva e exaustiva parecia ser a pesquisa. Mas agora, é claro, sabemos que os dados eram falhos e que as explicações do desempenho melhorado eram altamente questionáveis. Entretanto, as recompensas para uma história cativante, tornadas ainda mais impressionantes pela alegação de ser ciência, são consideráveis. De acordo com o *The Economist*, Tom Peters pode cobrar de clientes corporativos até US$ 85 mil por uma única apresentação, e Jim

Collins cobra honorários de US$ 150 mil.[189] É um mercado lucrativo para inventar histórias de sucesso corporativo. Alguém contrataria Bertrand e Schoar por US$ 85 mil ou US$ 150 mil por aparição para falar sobre 4% de diferença de desempenho estatisticamente significativos? Duvido!

O capítulo um tomou emprestado um verso de uma canção de Frank Sinatra: "*Quão pouco sabemos, quanto a descobrir*". Contudo, se o realmente vital é a habilidade de tecer uma narrativa cativante e inspiradora, então talvez o rigor científico não seja afinal tão importante. Talvez os últimos versos da canção sejam os mais reveladores: "*Quão pouco isso importa, quão pouco sabemos*".

Histórias satisfatórias ou equívocos perigosos?

Pode-se imaginar que o caminho a seguir seria rejeitar as histórias e insistir em uma abordagem puramente científica para os negócios e a administração. Mas eu não tenho tanta certeza. As histórias sempre estarão conosco. Elas são uma parte importante da vida, fornecendo explicações coerentes para eventos complexos. Elas ajudam as pessoas a agir conferindo uma dimensão moral aos eventos. Oferecendo o que Stephen Jay Gould chamou de "uma luz no fim do túnel", as histórias podem inspirar as pessoas à ação. Algumas das pessoas que gostei de citar, como Gould e Richard Feynman, eram cientistas e professores de universidades. Eles podiam trabalhar com calma e refinar suas pesquisas, realizando experimentos adicionais ou reunindo mais dados até ficarem satisfeitos com suas respostas. Administradores, por outro lado, precisam agir. Debates intermináveis sobre cursos alternativos de ação não podem conduzir ao sucesso, quando, como sabemos, o desempenho é relativo e as empresas que ficam paradas raramente têm sucesso. Um outro executivo-chefe, Harry S. Truman, ficou conhecido por se queixar afirmando que desejaria ter conselheiros com um braço só — estava cansado de conselheiros que diziam continuamente, "por um lado... e por outro lado...". Executivos precisam agir, o que pode ser a razão pela qual a imagem do ouriço focalizando uma coisa só em vez de ter de saber muitas coisas é tão cativante.

O teste de uma boa história não requer que ela seja inteiramente, plenamente, cientificamente acurada — por definição, ela não será. Antes, para passar no teste uma boa história deve nos levar a insights valiosos, nos inspirar à ação útil, pelo menos durante a maior parte do tempo. Por essa medida talvez possamos ser mais condescendentes com os livros populares sobre negócios que revimos aqui, porque eles na maioria voltam sempre e constantemente aos mesmos fundamentos. De Tom Peters a Jim Collins, os mesmos temas são proclamados: as empresas vão bem quando os administradores vivem segundo valores profundamente sustentados, perseguem uma visão clara, se preocupam com seus empregados, focalizam seus clientes e se esforçam pela excelência. Certamente não pode ser algo ruim se um administrador navega segundo aqueles poucos princípios básicos, pode? Certamente uma dose de otimismo de Norman Rockwell não pode ser prejudicial, pode?

E, seja dita a verdade, vejo muita coisa boa nesses princípios básicos. Nos anos 1980 trabalhei durante seis anos para a Hewlett-Packard, uma empresa que foi retratada de forma proeminentemente em *In Search of Excellence* e *Built to Last*. Valores fortemente compartilhados, pessoal valorizado, uma cultura de inovação — aqueles eram princípios fundamentais na história americana dos negócios. Além disso, o executivo-chefe que mais admirei na minha carreira é David Packard — um homem sábio e pragmático, direto e despretensioso, comprometido com sua empresa, mas também disposto a servir no governo — sem dúvida, um exemplo do que Jim Collins chama de "Liderança de Nível Cinco". Portanto, de modo geral, sou simpático a muito do que esses best-sellers têm a dizer. A maioria das empresas pode se beneficiar dos seus princípios básicos — e se os autores foram capazes de apresentá-los de um modo acessível e vívido, para que milhões de administradores leiam essas idéias e as levem a sério, talvez isso não seja uma coisa tão ruim.

No entanto, há algo mais. Nosso desejo de contar histórias, de indicar uma direção coerente para os eventos pode também fazer com que vejamos tendências que não existem, ou inferir causas incorretamente. Podemos ignorar fatos porque não se encaixam na nossa história. (Em *The Man Who Shot Liberty Valance* [*O homem que baleou Liberty Valance*], a elegia de 1962 de John Ford à morte do Velho Oeste, o editor do jornal local, *The Shinbone Star*, decide não publicar uma matéria que revelaria quem realmente baleou o vilão da cidade. Ele explica: "Este é o Oeste, senhor. Quando a lenda vira fato, publique a lenda!" Bem, muitos dos estudos que examinamos fazem exatamente isso: eles publicam a lenda, vezes e vezes seguidas até que pensemos que se trata da verdade.) Portanto, precisamos perguntar se as histórias sobre desempenho de empresas, embora reconfortantes e boas sob vários aspectos, podem também ser prejudiciais. Elas pintam um quadro simples quando um mais complexo seria mais útil? Porque se é *esse* o caso, devemos cuidar para não sermos seduzidos, por mais agradáveis que elas possam parecer. Então existe uma razão para acreditar que os equívocos que encontramos nos capítulos anteriores podem ser prejudiciais? Suspeito que a resposta seja *sim*. Eis aqui por quê.

O *Equívoco do Sucesso Duradouro* promete que construir uma empresa resistente não é apenas alcançável, mas um objetivo meritório. Contudo, empresas que se desempenharam melhor que o mercado por longos períodos de tempo não são somente raras, elas são artefatos estatísticos que só são observáveis em retrospecto. Empresas que conquistaram sucesso duradouro podem ser melhor entendidas como tendo enfileirado muitos sucessos a curto prazo. Perseguir um sonho de grandeza duradoura pode desviar a atenção da necessidade premente de vencer batalhas imediatas.

O *Equívoco do Desempenho Absoluto* desvia nossa atenção do fato de que sucesso e fracasso sempre têm lugar em um ambiente competitivo. Pode ser reconfortante acreditar que o nosso sucesso depende inteiramente de nós, mas como o exemplo do Kmart demonstrou, uma empresa pode melhorar em termos absolutos e ainda assim ficar mais para trás em termos relativos. Sucesso nos negócios significa fazer as coisas melhor que os rivais, e não só fazer as coisas bem. Acreditar que o desempenho é absoluto pode fazer com que desviemos o olhar dos rivais, e evitar decisões que, apesar de arriscadas, podem ser essenciais para a sobrevivência dado o contexto particular da nossa indústria e sua dinâmica competitiva.

O *Equívoco da Ponta Errada do Bastão* nos permite confundir causas e efeitos, ações e resultados. Podemos olhar para um punhado de empresas extraordinariamente bem-sucedidas e imaginar que fazer o que elas fizeram pode levar ao sucesso — quando pode, ao invés disso, levar fundamentalmente a uma volatilidade mais alta e uma chance global de sucesso mais baixa. A não ser que comecemos com a população total de empresas e examinemos o que todas elas fizeram — e como todas elas se saíram —, teremos um conjunto de informações incompleto e sem dúvida tendencioso.

O *Equívoco da Física Organizacional* implica que o mundo dos negócios oferece resultados previsíveis, que ele se conforma com leis precisas. Ela alimenta uma crença de que um dado conjunto de ações pode funcionar em todos os cenários, e ignora a necessidade de se adaptar a condições diferentes: intensidade de competição, taxa de crescimento, tamanho dos competidores, concentração do mercado, regulamentos, dispersão global de atividades, e assim por diante. Alegar que uma abordagem pode funcionar em qualquer lugar, em qualquer tempo, para todas as empresas, tem um apelo simplista, mas não faz justiça às complexidades dos negócios.

Esses pontos reunidos expõem a principal ficção no fundo de tantos livros de negócios: que uma empresa pode escolher ser grande, que seguir uns poucos passos básicos irá previsivelmente levar à grandeza, que seu sucesso depende inteiramente dela mesma e não de fatores fora do seu controle. Não estamos muito distantes dos livros de auto-ajuda que dizem às pessoas que elas podem ser milionárias em cinco passos fáceis, ou perder 10 quilos em duas semanas, ou despertar em si o poder da grandeza. Além disso, se uma pessoa aceita tudo isso, então o inverso também é válido: se uma empresa nunca se torna grande, seus administradores devem ter falhado em algum lugar no caminho. Eles devem ter negligenciado os passos certos ou duvidado do caminho verdadeiro. Se a grandeza está ao alcance do nosso poder de realizar, então o fracasso em se tornar grande também é de nossa responsabilidade.

Lego, o retorno

Isso nos traz de volta, uma vez mais, à Lego. Lembre-se de que em janeiro de 2004, depois de um funesto período de feriados, Poul Plougmann foi *despedido, expulso, removido* e *dispensado* — e merecidamente, todos os jornais nos disseram, porque as vendas e lucros da Lego haviam despencado bruscamente. A imprensa explicou que a Lego havia *se desviado do núcleo*, o que significava que

Plougmann errara estupidamente, o que significava que estava na hora de ele ir embora. A pergunta real não é se a Lego teve um ano ruim em 2003 — nós *sabemos* que teve. A pergunta que devemos fazer é diferente: a empresa balançou por causa de decisões tomadas por Plougmann ou por causa de outros fatores? É claro, é possível que ele tenha sido um líder ineficaz e que a Lego estivesse melhor sem ele. Mas também é possível que a situação da Lego já estivesse péssima, muito além dos pobres poderes de Poul Plougmann para acrescentar ou depreciar.[190] Talvez os problemas da empresa tivessem a ver com escolhas feitas muito antes de Poul Plougmann chegar em 1999, pois seus predecessores repetidamente falharam em escapar de um nicho protegido, permanecendo por tempo demais em um núcleo estreito. Se foi assim, então despedir o administrador poderia ser pouco mais que uma reação automática, uma resposta simplista para responsabilizar alguém, mas não uma sadia decisão de negócios. E o sucessor de Plougmann, instruído a voltar ao básico, poderia ver-se às voltas com uma tarefa ainda mais difícil enquanto a Lego tenta reverter o curso mais uma vez. Se a empresa continua a afundar e o novo executivo é finalmente *despedido* ou *dispensado* ou *substituído*, um dia alguém irá escrever que a Lego, exatamente como o Kmart, cometeu os erros clássicos: ela mudou de estratégia, falhou em executar, tinha uma cultura lenta e sofria de uma organização inepta.

Apenas para registro, o que aconteceu com a Lego depois que Poul Plougmann foi despedido? As vendas da Lego continuaram a declinar, de 6,8 bilhões de kroner em 2003 para 6,3 bilhões de kroner em 2004. As perdas operacionais continuaram por mais um ano. Então um novo executivo-chefe voltou sua atenção para a redução de custos. Em 2005, a Lego vendeu os seus parques de diversões Legoland e começou a reduzir as suas atividades manufatureiras na Dinamarca, na Suíça e nos Estados Unidos, mudando a capacidade para países de baixo custo na Europa Oriental e na Ásia. Mais de 1.200 empregos foram perdidos, uma queda de 20% no número de empregados. O resultado? Em 2005 a Lego havia saído do vermelho. Entretanto, isso foi principalmente o resultado de uma drástica e dolorosa redução nas despesas, e não porque ela encontrara um meio de gerar crescimento lucrativo no seu núcleo. A Lego teria se dado melhor ou pior se Plougmann tivesse permanecido no cargo? Não posso dizer, e não tenho certeza se alguém pode. Não podemos fazer voltar o relógio, mudar uma variável, e então conduzir o experimento de novo. O acesso ao desempenho de um executivo-chefe não se presta facilmente à experimentação científica. Mas o meu palpite é que os problemas da Lego foram bem além do breve mandato de qualquer executivo isolado. É fácil culpar um homem pelos infortúnios de uma corporação, mas esses tipos de atribuições, enquanto fascinantes por sua simplicidade, podem não fornecer a melhor base sobre a qual administrar uma empresa.[191]

CAPÍTULO NOVE
A MÃE DE TODAS AS QUESTÕES DE NEGÓCIOS

A tarefa dos intelectuais é combater a supersimplificação ou reducionismo. Bom, na verdade, trata-se de um trabalho muito mais complicado. Essa é apenas parte da tarefa. Mas você deve ter notado o quão freqüentemente certas complexidades são introduzidas como um meio de obscurecimento. Aqui se torna necessário manipular com júbilo a celebrada navalha do velho Occam: livrar-se de suposições desnecessárias e proclamar que, na verdade, as coisas são bem menos complicadas do que parecem.

Cristopher Hitchens
Letters to a Young Contrarian
[Cartas a um jovem contestador], 2001

EXPOR EQUÍVOCOS QUE OBSCURECEM a nossa visão sobre o desempenho de empresas é essencial para auxiliar os administradores. Mas isso não é inteiramente satisfatório, pois não responde à mãe de todas as questões de negócios: *O que leva ao alto desempenho?* De fato, pode parecer aqui que estamos retrocedendo. Parece até que sabemos ainda menos do que sabíamos no começo deste livro. A *satisfação dos empregados* leva ao alto desempenho? Provavelmente, mas é difícil dizer quanto, e acontece que o efeito inverso é mais forte, isto é, o desempenho da empresa é mais determinante para a satisfação do empregado. Bem, então, uma forte *cultura corporativa* leva ao alto desempenho, certo? Os administradores devem se esforçar para construir valores fortes que são compartilhados por todos, não é verdade? Talvez, mas é difícil dizer exatamente quanto o desempenho é afetado pela cultura, e mais uma vez o efeito inverso pode ser maior, pois usualmente se diz que empresas de sucesso têm culturas fortes. E quanto ao *foco no cliente?* Não é vital que as empresas estejam perto dos seus clientes? Sim, mas se não formos cuidadosos, pode-se dizer que quase qualquer empresa de alto desempenho tem um bom foco no cliente, e pode-se dizer que qualquer empresa com vendas letárgicas ou margens em declínio tenha se descuidado dos clientes. A *liderança* também não é uma explicação mais satisfatória, porque podemos sempre alegar que empresas bem-sucedidas têm líderes eficazes, que parecem ser dotados de visão clara e boas habilidades de comunicação; e podemos sempre dizer que o líder de uma empresa fracassada perdeu de algum modo o rumo.

Mas tudo isso pede uma pergunta mais profunda. Se tantas coisas que observamos não são motivadoras do desempenho, mas atribuições baseadas no desempenho, então o que primeiramente ocasionou o alto desempenho? Podemos concordar com George Bernard Shaw que a diferença entre uma lady e uma florista não está no comportamento de ambas, mas na maneira como elas são tratadas, mas isso não explica como ela se tornou uma lady. Dizer que ela nasceu em uma família rica apenas transfere a questão para a geração anterior, isto é, como, nós gostaríamos de saber, a família dela se tornou rica enquanto outras não conseguiram? E assim temos de voltar à pergunta que gerou tudo isso: *O que leva ao alto desempenho?*

Se acreditamos em gurus da administração, consultores e muitos professores de escolas de administração, o alto desempenho pode ser alcançado com suficiente cuidado e atenção a um conjunto preciso de elementos — aqueles quatro fatores, ou aquele seis passos, ou aqueles oito princípios. Faça essas coisas e o sucesso o aguarda na próxima esquina. Mas, parafraseando Christopher Hitchens, toda a ênfase em passos e fórmulas pode obscurecer uma verdade mais simples. Ela pode de tal modo embelezar a ficção a ponto de acreditarmos que um conjunto específico de passos nos levará ao sucesso presumido. E se você nunca alcançar a grandeza, bem, o problema não está com a nossa fórmula — que foi, afinal, produto de pesquisas rigorosas, de dados abrangentes e exaustivamente analisados — mas com você, e o seu insucesso em acompanhar a fórmula. Elas podem desviar a nossa atenção de um insight mais poderoso: que embora possamos fazer muitas coisas para melhorar as nossas chances de sucesso, em seu âmago o desempenho nos negócios retém uma grande medida de incerteza. O desempenho nos negócios pode na verdade ser mais simples do que freqüentemente querem fazer parecer, mas pode também ser menos certo e menos suscetível à engenharia com resultados previsíveis.

Este é o modo como eu gosto de pensar sobre desempenho empresarial. De acordo com Michel Porter, da Harvard Business School, o desempenho empresarial é motivado por duas coisas: *estratégia* e *execução*. A estratégia é o desempenho de atividades diferentes daquelas das empresas rivais, ou o desempenho de atividades similares de maneiras diferentes.[192] Uma estratégia não é uma meta, ou um objetivo, ou um alvo. Não é uma visão, ou missão, ou declaração de propósito. É ser diferente dos rivais de algum modo importante. Por sua vez, *execução* é a realização daquelas escolhas. Refere-se à maneira como as pessoas, trabalhando juntas em um ambiente organizacional, mobilizam recursos para cumprir a estratégia. Construir produtos de alta qualidade, atender às necessidades dos clientes, gerenciar capital de trabalho, desenvolver e posicionar talentos — essas usualmente não são questões de estratégia, porque quase todas as empresas querem fazer bem essas coisas. Na verdade, essas coisas são o material da administração do dia-a-dia. São todas operações efetivas. Explicar o alto desempenho em termos de apenas duas coisas — estratégia e execução — pode de início despertar as nossas esperanças. Apenas dois itens em vez de uma longa lista! Certamente os administradores deveriam ser capazes de fazer duas coisas direito! Mas uma olhada mais de perto mostra que ambas são carregadas de incerteza, e deixa claro por que toda a conversa sobre projetos, garantias e leis imutáveis é um equívoco.

O negócio arriscado da escolha estratégica...

Todas as empresas se defrontam com um punhado de escolhas estratégicas básicas. Em quais produtos e mercados devemos competir? Que atividades devemos realizar — e o que devemos decidir deixar para fornecedores ou parceiros? Como devemos nos posicionar em relação aos nossos rivais? Devemos assumir uma posição de melhor qualidade, ou devemos ser conhecidos pelo baixo custo? Essas são escolhas no sentido de que uma empresa não pode esperar ser todas as coisas para todos os clientes em todos os momentos, mas tem de escolher competir *nesta* linha de produtos e não *naquela*; entrar *neste* mercado e ficar fora *daquele*; realizar *estas* atividades mas não *aquelas*; e se posicionar em relação a concorrentes *deste* modo e não *daquele*. Esses tipos de escolhas não são meras expressões de desejos, mas decisões fundamentais que separam uma empresa dos seus rivais. E escolher ser diferente implica em risco.

Você não iria apreciar a natureza arriscada da escolha estratégica se lesse mais livros de negócios. Por exemplo, o Projeto Evergreen aconselhou as empresas a "planejar e manter uma estratégia claramente declarada e focada". A natureza exata dessa estratégia não era importante. Se uma empresa deseja crescer, explicaram os autores, "não importa como você alcança esse crescimento. Você pode fazer isso por expansão orgânica, fusões e aquisições, ou uma combinação de ambos". Eles continuaram: "Qualquer que seja a sua estratégia, seja de preços baixos ou produtos inovadores, ela irá funcionar se for nitidamente definida, claramente comunicada e bem entendida por empregados, clientes, parceiros e investidores".[193] O que é, obviamente, um claro absurdo. Pode ser verdade que se escolhermos um grupo de empresas altamente bem-sucedidas poderemos encontrar algumas que cresceram por expansão orgânica e outras por aquisição, algumas que ofereceram preços baixos e outras que enfatizaram a inovação, mas disso não decorre que uma estratégia é exatamente tão boa quanto outra desde que seja bem definida e claramente comunicada. Tudo o que fizemos foi agarrar a ponta errada do bastão. Em um dado cenário de mercado algumas escolhas podem ser tolas ou até suicidas. Tente, por exemplo, perseguir a capacidade de expansão em uma indústria que já está com excesso de capacidade — este é raramente um movimento sensato, e até a melhor comunicação e a definição mais nítida não irão ajudar. Da mesma forma, *Good to Great* subestimou a natureza arriscada da escolha estratégica. Logo de saída, Collins escreveu: "Nós esperávamos que os líderes *good-to-great* começassem estabelecendo uma nova visão e uma nova estratégia". Em vez disso, sua equipe descobriu que empresas bem-sucedidas primeiro formavam uma equipe de pessoas especiais, e a estratégia de sucesso se seguia. Empresas *grandes* puseram "as pessoas certas no ônibus, as pessoas erradas para fora do ônibus, e as pessoas certas nos assentos certos — e então pensaram qual direção tomar".[194] Essa é a extensão da atenção prestada à escolha estratégica em *Good to Great*. Não há nada sobre competidores, ou posicionamento, ou risco. A estratégia não é sequer um tópico listado no índice.

Nenhum desses livros reconheceu um fato central: a estratégia sempre envolve risco porque nós não sabemos com certeza qual será o resultado de nossas escolhas.[195] Há diversas razões para que decisões estratégicas sejam tão incertas. Uma primeira razão tinha a ver com os clientes. Iriam os clientes abraçar ou rejeitar um novo produto ou serviço? Quanto estariam dispostos a pagar? É difícil dizer com certeza. A pesquisa de mercado é muitas vezes útil, e como dissemos com relação à Harrah's no capítulo um, alguns negócios se prestam à experimentação científica — eles oferecem laboratórios naturais onde as variações podem ser testadas em ambientes controlados. Mas muitas iniciativas importantes, como o lançamento de um novo produto ou um novo modelo de negócios, não se prestam facilmente a experimentos. Existem exemplos famosos de montanhas de pesquisas de mercado que não ajudaram muito. Sam Philips, o legendário produtor da Sun Records, certa vez aconselhou: "A sensação de achar que se sabe exatamente o que o público quer corresponde a olhar para o espelho e se sentir um completo idiota".[196] A reação do mercado é sempre incerta, e os estrategistas espertos sabem disso.

Uma segunda fonte de risco tem a ver com os concorrentes. Mesmo se pudermos prever com precisão o que os clientes farão, ainda teremos de nos haver com os rivais, alguns dos quais fizeram previsões igualmente boas sobre os clientes e podem perseguir um conjunto de escolhas similar ao nosso — ou podem nos pegar inteiramente de surpresa com um produto ou serviço revolucionário. Prever as jogadas de um rival dificilmente pode ser chamado de uma ciência exata — especialmente quando esse rival também está tentando prever o nosso comportamento. Um ramo inteiro da economia, a teoria dos jogos, cresceu em volta de uma forma simples de inteligência competitiva que envolve apenas dois jogadores, conhecida como "O Dilema do Prisioneiro". Expanda o jogo para incluir jogadores múltiplos, cada qual com diferentes recursos e capacidades, e arrisque preferências, e a complexidade do jogo se multiplica de forma exponencial.

Uma terceira fonte de risco vem da mudança tecnológica. Algumas indústrias são relativamente estáveis, com produtos que não mudam muito e uma demanda dos clientes que permanece firme por longos períodos. Se você é uma Kellogg's e vende cereais matinais, você pode ser capaz de produzir lucros estáveis ano após ano. As pessoas ainda precisam comer no desjejum, ninguém ainda inventou cereais matinais melhores e você tem uma marca bem conhecida, e isso tudo se traduz em receitas seguras (pelo menos até que cereais matinais genéricos e marcas privadas invadam a sua fatia de mercado, ou até que varejistas maiores pressionem os seus lucros — nada é para sempre, como nos diria Schumpeter). Mas em outras indústrias a tecnologia muda rapidamente, e as escolhas estratégicas podem vir uma após a outra com conseqüências de vida ou morte. Em sua pesquisa pioneira, Clayton Christensen, da Harvard Business School, demonstrou que em uma ampla gama de indústrias, de equipamento de terraplenagem a unidades de disco e a aço, empresas de sucesso eram repetidamente deslocadas por novas tecnologias.[197] Elas não falharam porque eram mal administradas — o problema era mais complicado. Foi justamente porque continuaram fazendo tudo *direito* — focalizando as necessidades dos clientes e investindo em novos produtos que tinham grande probabilidade de sucesso — que ficaram vulneráveis às novas tecnologias.[198] As assim-chamadas "tecnologias disruptivas" de início não pareciam atraentes aos participantes estabelecidos — elas não atendiam às necessidades dos clientes existentes e não prometiam vendas substanciais —, e portanto tendiam a ser ignoradas. No entanto, elas melhoraram com o tempo e por fim deslocaram a tecnologia existente, resultando num desastre para as líderes do mercado. Afinal de contas, é muito difícil saber quais dentre as novas tecnologias não irão levar a lugar algum, podendo ser solenemente ignoradas, e quais serão aquelas que irão transformar a indústria e representar uma ameaça mortal.

Some esses três fatores — demanda incerta dos clientes, concorrentes imprevisíveis e tecnologia em mudança — e fica claro por que a escolha estratégica é inerentemente arriscada. E em nenhum lugar os riscos foram tão altos como nas indústrias de tecnologia de ponta. Vocês se lembram do capítulo sete, quando Jim Collins expressou surpresa porque a lista final das onze *grandes* empresas não tinham nada de espetaculares, mas correspondiam a indústrias comuns e correntes, envolvidas com vendas no varejo, produção de objetos de consumo cotidiano, serviços financeiros e aço? Ele conseguiu estabelecer uma poderosa implicação: *Você não tem de ser uma sofisticada indústria de tecnologia de ponta ou biotecnologia para se tornar grande. Se essas pequenas empresas podem se tornar grandes, bem, então você também pode!* Mas eu suspeito que uma interpretação diferente seria mais adequada. Essas indústrias podem ser descritas como *antiquadas*, mas uma palavra ainda melhor empregada pode ser *estáveis*. Elas estavam menos sujeitas a mudanças radicais em tecnologia, eram menos suscetíveis a mudanças na demanda do cliente, e podem ter tido uma concorrência menos intensa. Tudo isso significava que aquelas empresas, naqueles ramos específicos, tinham uma melhor chance de acumular desempenho consistente, ano após ano, do que as empresas em indústrias mais turbulentas. Empresas de tecnologia de ponta, em comparação, tinham muito menos probabilidade de encadear quinze anos de alto desempenho. Entre as 35 queridinhas da América corporativa apresentadas em *In Search of Excellence* havia diversas empresas de tecnologia de ponta: os fabricantes de computadores Amdahl, Data General, Digital Equipment, IBM, Hewlett-Packard e Wang Labs; além de firmas de semicondutores, como Intel, National Semiconductor e Texas Instruments. Dez anos após finalizado o estudo, nenhuma delas conseguiu acompanhar o mercado em geral, como mostrado na tabela 1A, no apêndice. *Nenhuma*. Alegar que qualquer um pode se tornar *grande* dá uma história maravilhosa, mas acontece que as únicas empresas que atenderam aos critérios de Collins de permanecer quinze anos acima da média do mercado eram aquelas envolvidas na produção de objetos de consumo cotidiano, tal como cigarros, lâminas de barbear e papel higiênico, ou de vendas no varejo, como drogarias, ou ainda de serviços financeiros, como bancos populares e empresas hipotecárias. Collins observou que empresas podem se tornar *grandes* mesmo em lugares improváveis, mas um novo exame das evidências sugere que ele entendeu tudo ao contrário. Se o critério é quinze anos de alto desempenho, pode ser mais correto dizer que *somente* empresas em ramos estáveis têm probabilidade de alcançar a *grandeza*.

Uma última fonte de risco não é oriunda de fatores externos à empresa — clientes, rivais e tecnologias — mas de incertezas que envolvem as competências internas. O fato é que os administradores não podem dizer exatamente como a sua empresa — com seu pessoal, habilidades e experiências específicos — irá responder a um novo curso de ação. Professores de estratégia descrevem isso com a expressão "ambigüidade causal", significando que as muitas e sutis inter-relações dentro de uma empresa tornam difícil saber exatamente qual será o resultado de um dado conjunto de ações. Considere tudo isso junto e o risco inerente da escolha estratégica fica claro.

O que deveria fazer um administrador em face de toda essa incerteza? Seria melhor assumir uma visão de mundo de raposa e sempre considerar vários fatores, lidando com uma ampla gama de informações, fazendo ajustes e mudando os planos concomitantemente? Ou seria melhor perseguir uma simplicidade e um foco de ouriço? A última opção é certamente mais fácil de ser explicada para os empregados, sendo também mais fácil despertar neles maior confiança. E, de acordo com alguns, pode ser também mais eficaz. Peters e Waterman falaram sobre o valor de *ater-se ao que sabe*. O Projeto Evergreen enfatizou a importância de uma estratégia claramente declarada e nitidamente focada; e das onze *grandes* empresas de Collins dizia-se que tinham um foco de ouriço. E eles não estão sozinhos. Em um estudo que mencionei brevemente no capítulo um, Chris Zook, da Bain & Co, examinou 1.854 empresas no curso de dez anos e descobriu que dentre as empresas que haviam alcançado alto desempenho — definido como *crescimento sustentado e lucrativo* — plenos 78% tinham focalizado um só negócio essencial. Conclusão: empresas que focam o seu núcleo têm desempenho melhor que aquelas que não o fazem. Mas sejamos cuidadosos. Pode ser verdade que 78% das empresas de alto desempenho tenham tido um único negócio de núcleo, mas disso não decorre que ter um único negócio de núcleo melhore as suas chances de sucesso, porque não sabemos qual era a proporção das empresas dentro do conjunto total que tinha um único núcleo em relação àquelas que tinham mais de um.[199] Precisamos ter certeza de ter agarrado o lado certo do bastão. A questão-chave não é quantas empresas de sucesso têm um perfil focado, mas se empresas com perfil focado têm mais probabilidade de serem bem-sucedidas. Uma mudança na estratégia pode não ser tanto a *causa* do mau desempenho como o *resultado*, já que as empresas normalmente se apegam a uma fórmula vencedora. Uma pergunta mais interessante que até agora não foi respondida é esta: O que uma empresa deve fazer quando o seu núcleo fica sob pressão? Ela irá melhorar as suas chances de sucesso ficando mais semelhante ao ouriço, redobrando seu foco em um núcleo estreito? Ou irá se beneficiar de uma improvisação e adaptação de raposa? Esta é uma questão mais difícil, mas os administradores a enfrentam em suas tarefas diárias. É a questão que a Nokia enfrentou no capítulo um, quando os seus telefones ficaram sob a pressão de novos rivais; e é também a questão que a Lego enfrentou quando a demanda por brinquedos tradicionais diminuiu. Até agora existem poucas pesquisas conclusivas sobre o assunto, talvez porque a pergunta não possa ser respondida fazendo uma longa varredura no tempo e examinando os padrões gerais.[200] O problema precisa ser estudado de um modo diferente, isolando momentos específicos de decisão e comparando o destino de empresas que seguiram caminhos diferentes. No momento temos pouca coisa em termos de respostas persuasivas a essa pergunta.

No meio-tempo, ficamos com o fato brutal de que a escolha estratégica é imensamente importante para o desempenho de uma empresa, porém também inerentemente arriscada. Podemos olhar para empresas de sucesso e aplaudi-las por aquelas que parecem ter sido, em retrospecto, decisões brilhantes, mas esquecemos que na época em que essas decisões foram tomadas elas eram controversas e arriscadas. A aposta do McDonald's nas franquias parece inteligente hoje, mas nos anos 1950 era um salto no escuro. A estratégia da Dell de vendas diretas agora parece brilhante, mas foi tentada somente depois de múltiplos fracassos em investimentos nos canais convencionais. Ou, revendo as empresas que discutimos em capítulos anteriores, lembre-se da decisão da Cisco de montar uma linha completa de ofertas de produtos por meio de aquisições, ou da aposta da ABB em liderar a racionalização da indústria de energia da Europa por meio da consolidação e redução de custos. Os administradores que fizeram aquelas escolhas avaliaram uma grande variedade de fatores e decidiram ser diferentes dos seus rivais. Lembramo-nos de todas essas decisões porque elas deram certo, mas o sucesso não era inevitável. Como James March, de Stanford, e Zur Shapira, da Universidade de Nova York, explicaram: "A reconstrução após o fato permite que a história seja contada de uma maneira tal que 'sorte', seja no sentido de fenômenos genuinamente probabilísticos ou no sentido de variação inexplicável, é algo minimizado como explicação".[201] Mas a sorte *tem* um papel, e a diferença entre um brilhante visionário e um jogador insensato é usualmente inferida após o fato, uma atribuição baseada em resultados. O fato é que as escolhas estratégicas envolvem risco. A tarefa da liderança estratégica é reunir informações apropriadas e avaliá-las seriamente, depois fazer escolhas que, embora arriscadas, supram as melhores chances de sucesso em um cenário industrial competitivo.

...E AS INCERTEZAS DA EXECUÇÃO

NOS ÚLTIMOS ANOS, uma atenção crescente tem sido dada ao segundo pilar do desempenho da empresa: a execução. Uns poucos líderes proeminentes dos negócios têm alardeado a sua importância. Na visão de Larry Bossidy, cabeça da Honeywell e antes disso um executivo sênior da General Electric, a execução não é meramente um dos elementos importantes do desempenho da empresa, mas se coloca bem no topo. "A execução", escreveu ele, "é a grande questão não abordada no mundo dos negócios de hoje. Sua ausência é o único maior obstáculo ao sucesso e a causa dos desapontamentos que são equivocadamente atribuídos a outras causas.

Nenhuma estratégia pode produzir resultados a não ser que seja convertida em ações específicas — e essas ações específicas são a matéria-prima da execução."[202] Isso parece ser uma boa nova, porque se a execução não é apenas muito importante, mas também envolve menos incerteza que a escolha estratégica, então talvez os administradores possam afinal fazer melhoras previsíveis no desempenho da empresa. E é verdade que a execução não é tão arriscada quanto a escolha estratégica, e por uma razão óbvia. A escolha estratégica depende das preferências dos clientes, das ações dos concorrentes e das perspectivas de alguma nova tecnologia — e todas essas coisas pertencem ao confuso mundo exterior. Em comparação, a execução tem lugar inteiramente dentro da empresa. Ela acontece em nossas dependências, com o nosso pessoal trabalhando junto para alcançar uma estratégia consensual que formulamos. Há poucas incógnitas.

No entanto, a execução ainda envolve um certo número de incertezas. Afinal, uma organização não é um sistema de partes mecânicas, intercambiáveis e substituíveis. Ela é melhor entendida como um *sistema sociotécnico*, uma combinação de homens e máquinas, de pessoas e coisas, de hardware e software, mas também de idéias e atitudes.[203] Alguns elementos técnicos podem muitas vezes ser copiados e aplicados com resultados previsíveis. Por exemplo, métodos de fabricação, fórmulas de produção, gerenciamento de estoque e sistemas de computadores podem freqüentemente ser compartilhados através das unidades de negócios com efeito similar. Mas quando começamos a examinar como esses sistemas técnicos interagem com sistemas sociais, com pessoas, valores, atitudes e expectativas, os resultados são mais difíceis de prever. Tomemos como exemplo as práticas de gerenciamento de recursos humanos. Mark Huselid e Brian Becker, autores de um estudo tratado por nós no capítulo cinco, descobriram que os sistemas de gerenciamento de recursos humanos têm um impacto importante sobre o desempenho da empresa, e concluíram que seria de bom alvitre os administradores identificarem práticas essenciais de RH e aplicá-las à sua empresa. Mas eles advertiram que o que funciona em uma organização, com o seu pessoal, normas e tradições, pode não levar ao mesmo resultado em outra. O modo como as políticas de recursos humanos afetam o desempenho reflete uma "contingência idiossincrática".[204] A execução efetiva permanece incerta.

"Contingência idiossincrática" é um pouco como "ambigüidade causal". É como um doutor diz: "Eu não sei". Mas é a verdade. A despeito dos nossos melhores esforços, as maneiras como as pessoas e processos trabalham juntos em organizações complexas são muito difíceis de desenredar, e ainda mais difíceis de transplantar para outro lugar com os mesmos resultados. Mesmo se nos propomos com a melhor das intenções a melhorar a eficácia operacional, nunca podemos prever exatamente como um dado conjunto de práticas irá formar o desempenho de uma empresa.[205] O que ajuda a explicar por que o poder explanatório do estudo feito por Nick Bloom e Stephen Dorgan, revisto no capítulo anterior, foi um tanto modesto. Eles descobriram que a adoção de certas práticas de negócios podia explicar cerca de 10% da variância no desempenho da empresa. Por que não mais de 10%? Porque essas mesmas práticas irão levar a resultados algo diferentes dependendo de toda uma miríade de fatores: o pessoal da organização, suas habilidades, suas expectativas e o contexto organizacional em que essas práticas são usadas. Nada disso sugere que algumas práticas não são, no cômputo geral, melhores que outras; nem significa que elas não serão geralmente úteis para a maioria das empresas em grande parte do tempo. Significa somente que a execução, como a estratégia, não se presta a relações previsíveis de causa e efeito. Nossos melhores esforços para isolar e entender os mecanismos internos das organizações serão, na melhor das hipóteses, moderadamente bem-sucedidos.

Dada a sua importância parcial para o desempenho da empresa, é bom que a execução tenha recebido uma crescente quantidade de atenção. Incontáveis livros e artigos falam agora sobre a necessidade de fazer as coisas e obter resultados. Uma expressão que ouvimos repetidamente é "execução impecável".[206] Um dos quatro elementos de *What Really Works* usou exatamente esse termo. Como foi dito, as empresas bem-sucedidas "desenvolvem e mantêm uma execução operacional impecável". Um livro recente, intitulado *Flawless Execution* [*Execução impecável*], alegou oferecer às empresas um meio de alcançar desempenho máximo e "vencer suas batalhas no mundo dos negócios". A *Business Week* usou a mesma expressão para descrever os desafios enfrentados pela Nissan em sua batalha contra a Toyota: "A execução da Nissan deve ser impecável".[207] Tudo isso deveria ser bom — não apenas reconhecer a importância da eficácia operacional, mas colocar o alvo nas alturas, falar sobre *execução impecável*.

Contudo, na minha experiência, as boas intenções sobre a execução são muitas vezes solapadas por uns poucos erros básicos. Vou explicar. Recentemente compareci a uma palestra de um executivo sênior de uma conhecida empresa multinacional que falou para quarenta dos seus gerentes de todo o mundo. A empresa tem alto desempenho, é líder na sua indústria, e não uma firma com problemas. No início da sua palestra, ao descrever os desafios enfrentados pela empresa, o executivo disse enfaticamente: "Nós temos a estratégia certa. Precisamos apenas executar melhor". Todos na sala balançaram a cabeça concordando, e a discussão seguiu em frente, cobrindo uma ampla gama de tópicos durante a hora segunite. O que poderia haver de errado com aquilo? Apenas isto: existem dúzias de dimensões de execução, e as quarenta pessoas na sala poderiam bem estar pensando quarenta coisas diferentes. Quando a sessão terminou, elas não tinham um melhor entendimento dos desafios mais difíceis enfrentados pela sua empresa, nem estavam mais perto de um acordo sobre ações específicas que deveriam empreender — o que tornava improvável que muita coisa mudasse para melhor. Dizer "precisamos executar melhor" é tão útil quanto dizer "Vamos todos trabalhar melhor". É apenas conversa mole para boi dormir.

Em vez de meramente afirmar a importância da execução impecável — afinal, quem poderia ser *contra* a execução impecável? — seria melhor se os administradores identificassem aqueles poucos elementos de execução que são os mais importantes para cumprir a estratégia escolhida. Para uma empresa poderia ser a redução do tempo do ciclo de fabricação. Ou abaixar o nível de defeitos. Para outra poderia ser melhorar a velocidade da chegada de novos produtos ao mercado. Ou alcançar níveis mais altos de retenção do cliente. Ou melhorar a taxa de entrega no prazo. É claro, é tentador dizer que tudo é importante, mas isso é fácil demais. A chave é perguntar: Para a *nossa* empresa, *neste* momento, competindo contra os *nossos* rivais, quais das muitas dimensões de execução são as *mais* importantes? Quais são as mais vitais para *nós* *neste* momento? É uma pergunta mais difícil, porém necessária se queremos desenvolver um senso compartilhado de prioridades. E isso pode ser feito. Quando Larry Bossidy era CEO da AlliedSignal, ele não falava simplesmente sobre a importância da execução de um modo geral; ele focalizava a atenção em quatro dimensões específicas: acelerar o desenvolvimento de novos produtos, melhorar a taxa de preenchimento de pedidos, gerenciamento de estoque superior e melhor gerenciamento de capital de giro. Era uma lista breve que todos na empresa podiam entender e na qual todos poderiam se concentrar.[208]

Um segundo desafio é o nosso velho amigo, o Efeito Aura. Se não formos cuidadosos, pode-se dizer que *qualquer* empresa de sucesso executa bem, e *qualquer* fracasso pode ser explicado, após o fato, como fracasso na execução. A esta altura nós sabemos como evitar auras — temos de confiar em medidas que não são formadas pelo desempenho. Temos de separar *inputs* de resultados. Durante a última década, a Dell Inc. foi um exemplo capital de grande execução. Embora seja natural olhar para o sucesso da Dell e concluir acerca de uma execução excelente, uma olhada mais de perto deixa claro que a Dell mediu rigorosamente muitos aspectos das suas operações, desde a velocidade do processo de produção com montagem sob encomenda à sua habilidade de reduzir o tempo de cada passo do ciclo de produção e à sua superior rotatividade de estoque (mais de oitenta vezes por ano!). A Dell também cobrava dos seus clientes antes de pagar aos fornecedores — significando, em termos contábeis, que tinha dias negativos de capital de giro, uma realização bastante notável. A Dell não se limitava a simplesmente falar sobre a importância da execução impecável, ela focalizava diversos elementos-chave e depois os media com precisão. E os resultados foram objetivamente medidos, soberbos.[209]

Há uma outra razão por que eu questiono o valor de afirmações amplas sobre *execução impecável* — é que isso pode desviar a atenção da *estratégia*. Lembra-se de quando todos os quarenta administradores balançaram as cabeças concordando com a importância da execução? É claro que eles fizeram isso — quem poderia discordar? Mas pondo a atenção na execução, o tópico da escolha estratégica foi primorosamente evitado. Isso acontece o tempo todo. Quando a minha velha empresa, a Hewlett-Packard, anunciou resultados desapontadores em agosto de 2004, a CEO Carly Fiorina afirmou: "A estratégia está certa. O que não conseguimos foi executar a estratégia".[210] Sua explicação soou razoável, e ninguém a questionou quando ela celeremente substituiu alguns executivos importantes — parecia ser uma medida apropriada para melhorar a execução e aumentar o desempenho da empresa. Curiosamente, quando a própria Fiorina foi demitida apenas seis meses depois, em fevereiro de 2005, um porta-voz da empresa repetiu a mesma fala: A HP estava seguindo a estratégia certa, mas a executiva-chefe foi substituída porque a diretoria queria uma melhor execução![211] Novamente tudo soou razoável, e nenhum alarme disparou sobre as escolhas básicas da empresa. Seis semanas depois, quando Mark Hurd foi contratado como o novo CEO, a Hewlett-Packard se ateve à sua mensagem, anunciando que havia "escolhido o sr. Hurd por causa das suas habilidades de execução". E nesse particular reside o problema: É *sempre* mais fácil bater o tambor sobre execução do que se dirigir a questões fundamentais de estratégia. É sempre mais fácil insistir que estamos indo na direção certa e que apenas precisamos correr um pouco mais depressa; é muito mais doloroso admitir que a direção pode ser falha, porque os remédios têm conseqüências muito mais graves. Inspecionando mais de perto, a Hewlett-Packard estava assediada por todos os lados por preocupações estratégicas. Ela desfrutava de uma forte posição em produtos de impressão e imagens, mas em computadores pessoais estava travando uma batalha perdida com a Dell; em computadores corporativos estava espremida entre a Dell e a IBM; em sistemas corporativos de armazenamento de dados ela ficava atrás da EMC; seus serviços de tecnologia da informação estavam atrasados em relação à IBM, à Accenture e à EDS; e em eletrônica de consumo a HP enfrentava uma série de concorrentes fortes, desde a Kodak até a Sony. De fato, havia uma porção de razões para questionar a estratégia da HP, mas fazer isso levantava questões sérias com conseqüências de longo alcance.[212] Os administradores muito naturalmente acham mais fácil manter a atenção na execução, a qual todos sempre concordarão que poderia ser melhorada. E nem mesmo a Dell está isenta: Quando ela anunciou resultados trimestrais desapontadores em meados de 2005, o CEO Kevin Rollins se saiu com a explicação de uma "questão de execução" para os problemas. De fato, havia amplas razões para questionar as escolhas estratégicas da Dell com relação a mercados-alvo e posicionamento competitivo, mas essas discussões invariavelmente têm implicações mais perturbadoras.[213] É muito mais simples apontar o dedo para a execução. O que leva a uma observação: sempre que alguém diz — "Temos a estratégia certa, precisamos apenas executar melhor" —, me asseguro de dar uma olhada mais de perto na *estratégia*.

E isso nos traz à melhor resposta que posso dar para a pergunta *O que leva ao alto desempenho?* Se colocarmos de lado os suspeitos usuais da liderança, cultura, foco, e assim por diante — que talvez sejam melhor entendidos como atribuições baseadas no desempenho e não causas do desempenho — ficamos com duas categorias amplas: escolha estratégica e execução. A primeira é inerentemente arriscada, uma vez que é baseada em nossos melhores palpites sobre os clientes, sobre os concorrentes e a tecnologia, bem como sobre as nossas capacidades internas. A última é incerta porque práticas que funcionam bem em uma empresa podem não ter o mesmo efeito em outra. A despeito do nosso desejo de passos simples, a realidade da administração é muito mais incerta do que gostaríamos muitas vezes de admitir — e muito mais ainda do que as nossas histórias nos fariam acreditar. Administradores sensatos sabem que os negócios dizem respeito a encontrar maneiras de melhorar as chances de sucesso — mas nunca imagine que o sucesso é certo. Se uma empresa faz escolhas estratégicas astutas, trabalha duro para operar com eficácia, e é favorecida pela Dama da Sorte, ela pode criar alguma vantagem competitiva em relação aos seus rivais, pelo menos por algum tempo. Mas até esses lucros tenderão a se erodir com o passar do tempo. O sucesso em um momento não assegura o sucesso no momento seguinte, porque o sucesso convida a novos desafios, alguns deles dispostos a assumir riscos maiores que os anteriores. Tudo isso ajuda a explicar por que, a despeito das histórias sedutoras, simplesmente não existe uma fórmula que possa garantir o sucesso. Como Tom Peters observou: "Para ser excelente você precisa ser consistente. Quando você é consistente, é vulnerável ao ataque. Sim, é um paradoxo. Aprenda a lidar com ele".[214]

CAPÍTULO DEZ
ADMINISTRANDO SEM FONES DE OUVIDO DE COCO

Depois que você internalizou o conceito de que não pode provar nada em termos absolutos, percebe que a vida consiste em saber agarrar as oportunidades, rezar para ter sorte e perceber que não se pode ter tudo o que sonhamos sem fazer concessões. Em um mundo sem verdades comprováveis, o único modo de refinar as probabilidades que restam é através de maior conhecimento e entendimento.

Robert E. Rubin

In an Uncertain World: Tough Choices from Wall Street to Washington [Em um mundo incerto: escolhas difíceis de Wall Street a Washington], 2003

NÃO ADMIRA QUE ADMINISTRADORES sob pressão para produzir receitas e lucros ainda mais altos sejam atraídos por livros que alegam revelar os segredos do sucesso. Mesmo alguns líderes bem conhecidos dos negócios ocasionalmente apelam aos best-sellers. Em setembro de 2005, a *Business Week* escreveu sobre o executivo chefe da Microsoft, Steve Ballmer, e seus esforços para se defender de desafiantes como Google e Yahoo! para revigorar a empresa e devolver à Microsoft a sua antiga grandeza. Entre outras coisas, falou-se que Ballmer procurou inspiração em *Good to Great* de Jim Collins.[215]

Steve Ballmer é um sujeito esperto, e eu não imagino que ele tenha pensado seriamente que o livro de Collins contivesse muitas respostas para a Microsoft. Os problemas enfrentados pela empresa líder mundial em softwares, preocupada em manter uma posição dominante numa indústria altamente dinâmica, com desafios que vão desde softwares de código aberto a uma tempestade de inovações on-line, com nomes como *wikis*, *blogs* e *mash-ups*, estão a anos-luz de distância dos problemas que enfrentam as empresas de tamanho médio envolvidas com crédito ou vendas no varejo. Mas se Ballmer tivesse tentado implementar as autodescritas leis imutáveis de Collins teria ficado desapontado. Desde que ele se tornara CEO, o crescimento da receita anual da Microsoft caiu de 36% para 8%, e o preço das suas ações caiu 40%. Nada disso deveria ser muito surpreendente. Nós sabemos que empresas de alto desempenho usualmente regridem com o tempo por causa das forças competitivas. As idéias essenciais em *Good to Great* — *ter excelente pessoal, permanecer focado e ser persistente* — são provavelmente úteis para muitas empresas em muitas circunstâncias, mas não há razão para acreditar que elas sejam suficientes para restaurar os dias de glória de uma gigantesca empresa de software.

Infelizmente, para Ballmer e qualquer outro administrador, não existe nenhuma fórmula mágica, nenhum jeito de quebrar o código, nenhum gênio da garrafa com os segredos do sucesso. A resposta à pergunta — *O que realmente funciona?* — é simples: *nada* realmente funciona, pelo menos não o tempo todo. Não é essa a natureza do mundo dos negócios. Mas esse insight, ainda que prudente, não é um grande conforto. Administrar consiste em ações, *fazer coisas*. Então, o que pode ser feito? Um primeiro passo é pôr de lado os equívocos que tanto obscurecem a nossa visão sobre o desempenho nos negócios. Reconhecer que histórias de inspiração podem ser agradáveis, mas têm pouco mais força profética do que um par de fones de ouvido de coco numa ilha tropical. Em vez disso, os administradores fariam melhor se entendessem que o sucesso nos negócios é relativo, não absoluto, e que a vantagem competitiva exige riscos calculados. Aceitar que poucas empresas conquistam o sucesso duradouro, e que esses poucos casos dizem mais respeito ao encadeamento de sucessos de curto prazo do que à manutenção de uma grandeza absoluta.[216] Admitir que, como Tom Lester, do *Financial Times*, colocou tão perfeitamente, "a margem entre o sucesso e o fracasso é freqüentemente muito estreita, e nunca exatamente tão nítida ou tão duradoura quanto parece à distância".[217] Por extensão, reconhecer que as boas decisões nem sempre levam a resultados favoráveis, que resultados desfavoráveis não são sempre fruto de erros, e portanto resistir à tendência natural de fazer atribuições baseadas unicamente em resultados. E, finalmente, reconhecer que a sorte muitas vezes desempenha um papel importante no sucesso da empresa.[218] Empresas de sucesso não são "apenas afortunadas" — o alto desempenho *não é* puramente aleatório —, mas a boa sorte tem de fato um papel, às vezes mesmo um papel central.

Se tudo isso parece desencorajador, não precisa ser. O fato de que o desempenho nos negócios depende de tantas coisas fora do nosso controle não é razão para desespero. E, felizmente, existem diversos bons exemplos de administradores que vêem o mundo claramente, prudentemente, afastando-se de equívocos. Eles não escrevem relatos autocongratulatórios de suas carreiras vitoriosas, ou oferecem platitudes sobre autenticidade, integridade e humildade, como se essas coisas — por importantes que possam ser — fossem suficientes para garantir o sucesso. Eles não se apegam a uma visão idealizada do mundo dos negócios. Antes disso buscam ser administradores sérios, que reconhecem que o sucesso vem de uma combinação de juízo perspicaz e trabalho duro com uma dose de boa sorte combinada, e estão bem conscientes de que, se as oportunidades do jogo tivessem ocorrido de modo só um pouco diferente, os resultados também poderiam ter sido outros. Os executivos que examinaremos — Robert Rubin, Andy Grove e Guerrino de Luca — foram todos muito bem-sucedidos, portanto pode parecer que estou selecionando meus exemplos baseado em resultados, e até um certo ponto isso é verdade. Nós não saberíamos deles se não tivessem desfrutado de algum sucesso. Mas eu os apresento aqui não pelos seus sucessos — pelos resultados —, mas pelo modo como tomaram decisões, pelo modo como administraram suas empresas, pelo modo como fizeram escolhas estratégicas arriscadas com os olhos bem abertos, e então se empenharam pela execução excelente. Esse tipo de abordagem é um exemplo para quaisquer administradores.

Robert Rubin e a administração de probabilidades

Robert Rubin é talvez mais conhecido pelos seus oito anos na administração Clinton. Primeiramente, como diretor do White House National Economic Council, e depois como secretário do Tesouro. Antes disso, Rubin passou 26 anos no banco de investimentos Goldman Sachs, exercendo eventualmente o cargo de sócio co-sênior. Em suas memórias, Rubin descreveu: "O que orientou minha carreira tanto nos negócios como no governo foi a minha visão fundamental de que nada é provadamente certo. Um corolário dessa visão é a tomada de decisão probabilística. O pensamento probabilístico não é apenas uma elaboração intelectual para mim, mas um hábito e uma disciplina profundamente enraizada na minha psique".[219] Foi uma visão primeiramente desenvolvida na faculdade, onde ele estudou filosofia e aprendeu a nunca aceitar proposições pelo valor aparente, mas abordar o que ele aprendia e ouvia com uma mentalidade cética. O pensamento de Rubin foi ainda mais afiado em Wall Street, onde percebeu que nada estava garantido, e que não havia fórmulas para o sucesso. Ao invés disso, como ele mesmo afirma: "O sucesso foi obtido graças à avaliação de todas as informações disponíveis para tentar julgar as possibilidades de vários resultados e os possíveis ganhos e perdas associados com cada um. Minha vida em Wall Street foi baseada em decisões probabilísticas tomadas a partir de uma base cotidiana".[220]

Muitos dos anos de Rubin na Goldman Sachs foram gastos no campo da arbitragem de risco, que envolve a compra de papéis negociáveis sujeitos a um evento importante — uma fusão, por exemplo, uma alienação ou uma falência. Era altamente complicada, mas também, se bem feita, altamente lucrativa. Faça a aposta certa e você sai muito na frente. Faça a aposta errada, e *pimba!* pôs-se tudo a perder. A arbitragem de risco não se presta a cálculos exatos, mas sempre envolveu uma medida de risco. Como se lembrou Rubin: "O fluxo e a incerteza tornam a arbitragem de risco um tanto exasperante para algumas pessoas. Mas, de um modo ou de outro, fui capaz de lidar com isso de uma maneira razoável. A arbitragem combinava comigo, não apenas no temperamento, mas como um modo de pensar — uma espécie de disciplina mental. [...] A arbitragem de risco às vezes envolvia aceitar grandes perdas, mas se você fazia a sua análise apropriadamente e não se deixava levar pela psicologia da multidão podia ter sucesso. Perdas intermitentes — às vezes excedendo em muito as suas expectativas de pior caso — eram parte do negócio".[221]

Um negócio memorável foi a proposta de aquisição em 1967 pela Becton Dickinson de uma empresa rival na indústria de produtos médicos, a Univis.[222] Sob os termos da fusão *stock-swap*, uma ação da Univis teria seu valor aumentado do preço corrente de mercado de US$ 24,50 para cerca de US$ 33,00. Quando o negócio foi anunciado, as ações da Univis subiram em parte, de US$ 24,50 para US$ 30,50, refletindo a incerteza do mercado sobre se o negócio iria acontecer. Essa era a pergunta que o departamento de Rubin teria que responder. Se a Goldman Sachs acreditasse que a fusão teria sucesso, ela compraria a Univis por US$ 30,50 e aproveitaria o aumento futuro para US$ 33,00; mas se ela esperasse que o negócio não daria certo poderia vender a Univis na baixa. Depois de muitos cálculos, a Goldman Sachs comprou ações na Univis. Ela podia ganhar US$ 125 mil se o negócio acontecesse, uma quantia considerável em 1967. Mas, algumas semanas depois, um relatório de ganhos da Univis não muito animador fez com que a Becton Dickinson retirasse sua oferta, e a Goldman Sachs acabou perdendo US$ 675 mil — mais de cinco vezes o que esperava ganhar. Naturalmente houve uma boa quantidade de críticas após o ato, e dedos apontados nos corredores da Goldman Sachs, uma reação normal já que muitas pessoas inferem que um mau resultado é conseqüência de uma má decisão. Mas embora o resultado tenha sido ruim, Rubin sabia que a decisão não estava necessariamente errada. Ele explicou: "Mesmo uma perda grande e doída não significa que tenhamos julgado mal alguma coisa. Como acontece com qualquer negócio atuarial, a essência da arbitragem é que se você calcula as probabilidades corretamente irá fazer dinheiro na maioria dos negócios e na soma total de todos os seus negócios. Se você assume um risco de seis para um, irá perder dinheiro em cada sétima vez. [...] Para quem vê de fora, o nosso negócio pode ter parecido um jogo de azar. Mas na verdade ele era o oposto de um jogo de azar, ou pelo menos da maioria dos jogos de amadores. Era um negócio de investimentos, construído sobre análises cuidadosas, juízos disciplinados — muitas vezes feitos sob pressão considerável — e a lei das médias".[223] Como negociador veterano na Goldman Sachs, Robert Rubin sabia que, grosso modo, um negócio em cada sete provavelmente seria mau. Ele e seus colegas com certeza tentaram melhorar a sua taxa de sucesso, mas sabiam pela experiência que uma perda em sete era provável — e aceitável. (Se a taxa de perdas fosse muito mais baixa, isso poderia estar sinalizando que a Goldman não estava assumindo riscos suficientes — o que também seria um problema sério. A taxa ótima de fracasso não era zero, não mais que o número ótimo de inadimplências em empréstimos bancários é zero. Simplesmente certifique-se de que uma perda não vá quebrar o banco!) Essa visão de mundo é baseada em uma apreciação de probabilidades, não em uma busca de certezas.

Se até mesmo uma perda grande e doída não significa necessariamente uma má decisão, então o que significa má decisão? Para responder a essa pergunta temos que ir além do Efeito Aura. Temos de dar uma olhada de perto no processo de decisão em si, deixando de lado o eventual resultado. Foram reunidas as informações certas, ou alguns dados importantes foram negligenciados? As suposições foram razoáveis, ou foram falhas? Os cálculos foram precisos, ou houve erros? O conjunto pleno de eventualidades foi identificado e seu impacto estimado? Foi apropriadamente considerado o portfolio geral de risco da Goldman Sachs? Esse tipo de análise rigorosa, com resultados separados de *inputs*, não é natural para muitas pessoas. Ele requer um passo mental a mais, julgando ações por seus méritos e não simplesmente fazendo atribuições *ex post facto*, sejam favoráveis ou desfavoráveis. Pode não ser uma tarefa fácil, mas é essencial. Somente com uma avaliação sóbria assim a Goldman Sachs poderia esperar aprender com esse episódio e se sair melhor da próxima vez. Para Robert Rubin, esse tipo de pensamento era natural. Sua visão de mundo era baseada em probabilidades e incerteza. Ele escreveu: "Algumas pessoas que encontrei na vida parecem ter mais certeza sobre tudo do que eu tenho sobre qualquer coisa. Esse tipo de certeza não é apenas um traço de personalidade que me falta. É uma atitude que parece entender mal a própria natureza da realidade — sua complexidade e ambigüidade — e que, portanto, provê uma base bastante sofrível para elaborar decisões de um modo que provavelmente leve aos melhores resultados".[224]

A atitude de Rubin, que mostrou respeito pela complexidade e ambigüidade, aliando a humildade nos bons momentos com uma insistência em aprender com os maus momentos, lhe serviu bem não apenas na Goldman Sachs como também no serviço governamental, onde teve que enfrentar decisões que eram tão incertas quanto e para as quais não havia fórmulas fáceis. No seu primeiro dia como secretário do Tesouro — no dia exato de 1995 em que assumiu o cargo — Rubin enfrentou uma decisão crítica relacionada com a crise do peso mexicano. Com o México enfrentando iminente inadimplência, deveriam ou não os Estados Unidos intervir e apoiar o México? Como fizera com decisões de arbitragem, Rubin pensou nas diferentes opções. Quais eram os riscos da intervenção — que sinais ela iria mandar, que precedentes iria estabelecer? Quais eram os riscos de *não* intervir — o México iria ficar inadimplente, e, nesse caso, com que repercussões para os Estados Unidos e o sistema monetário global? Não havia fórmulas a seguir, juízo criterioso de opções, probabilidades e conseqüências, cada qual com possibilidades aproximadas, rapidamente anotadas em um bloco amarelo mental, e formando a base para um eventual julgamento — sem nenhuma garantia de sucesso certo, mas visando melhorar as chances de sucesso no mais alto grau possível. Baseada nas melhores informações que pôde reunir, a administração Clinton garantiu a tão necessitada ajuda financeira ao peso mexicano — o que ajudou a estabilizar o mercado e a iniciar o processo de recuperação econômica. Isto não ocorreu sem riscos substanciais, e dificilmente com a certeza de sucesso, mas foi baseado no mesmo pensamento desapaixonado e na avaliação de probabilidades que tanto ajudaram Robert Rubin no curso da sua carreira.

Andy Grove e o jogo das novas tecnologias

A arbitragem de risco na Goldman Sachs envolveu muitas transações, nenhuma das quais grande o bastante para quebrar o banco — ao menos não se os riscos fossem administrados apropriadamente. Mas as empresas também enfrentam decisões estratégicas nas quais os riscos não são conhecidos, e um mau resultado pode não ser contrabalançado por outros resultados favoráveis. Não existem taxas básicas para consultar e poucas diretrizes sobre a magnitude potencial de ganhos ou perdas. Algumas empresas enfrentam esses tipos de decisão apenas ocasionalmente, mas outras — especialmente em indústrias em que a tecnologia muda rapidamente — têm de confrontá-las regularmente.

Um administrador que já navegou por essa incerteza tão bem quanto qualquer um é Andy Grove da Intel. Nascido Andraz Graf, na Hungria, ele sobreviveu tanto a Hitler como a Stalin antes de imigrar para os Estados Unidos no final dos anos 1950, e jamais perdeu uma percepção profunda de que o sucesso nunca é garantido, e de que o fracasso pode atacar a qualquer momento. Depois de estudar engenharia química na Universidade da Califórnia, Grove foi trabalhar na florescente indústria eletrônica. Em 1968, ele se mudou de Fairchild, juntamente com Gordon Moore e Robert Noyce, para fundar a Intel Corporation, uma nova empresa de semicondutores. Aquela não era nenhuma indústria antiquada.

A tecnologia de semicondutores estava avançando rapidamente, com a capacidade dos chips dobrando a cada dezoito meses aproximadamente, como Moore já observara.

Em 1969, quando a Intel tinha apenas um ano de idade, e competindo com empresas consolidadas e agressivas, como a Texas Instruments e a Mostek, uma importante empresa de computadores foi convocada para propor a construção de um novo chip com memória de 64 bits. A Intel era uma das sete concorrentes, e depois de intensos esforços de desenvolvimento — trabalhando como se sua vida dependesse disso, lembrou-se Grove — ela acabou vencendo. O chip de 64 bits foi um enorme sucesso para a jovem empresa, mas não havia tempo para complacência. Os rivais estavam pretendendo construir um chip com quatro vezes aquela memória, com 256 bits. Novamente, desenvolver o novo produto foi visto como uma questão de vida ou morte, e mais uma vez a Intel fez jus ao desafio apresentando o melhor projeto. E mais uma vez os rivais estavam atarefados, determinados a desenvolver a próxima geração além do chip de 256 bits. Para se diferenciar da matilha, a Intel decidiu renunciar ao passo lógico seguinte, um dispositivo de 512 bits, e objetivou dar um pulo à frente dos seus concorrentes com um chip de 1.024 bits, quatro vezes o anterior. Aquela foi uma escolha — um decisão deliberada de fazer algo muito diferente mas potencialmente benéfico. Foi também muito arriscado. Aquilo exigia uma maneira de pensar de raposa: agilidade, um pouco de astúcia, senso de oportunidade, mas também reconhecimento de perigos. Lembre-se de Andy Grove: "Isso exigiu arriscar algumas grandes apostas tecnológicas". Uma vez tomada a decisão, os empregados se uniram — engenheiros e técnicos e especialistas em fabricação trabalhando sob intensa pressão para executar a estratégia. E dessa vez, lembrou-se Grove, "nós tiramos a sorte grande. O dispositivo se tornou um grande sucesso".[225] Observe as palavras.

Grove falou de "apostas" e da necessidade de tirar a "sorte grande". Não houve conversas sobre projetos para grandeza duradoura ou sucesso garantido. Grove reconheceu os riscos e incertezas envolvidos, e sabia que a Intel tinha de assumir riscos ousados que poderiam deixar a empresa desfrutar de uma vantagem temporária, e então alavancar aquela vantagem em novos campos. Era um jogo calculado, mas ainda assim um jogo.

A decisão de seguir adiante com o chip de 1.024 bits foi uma de muitas escolhas arriscadas que a Intel fez no decorrer dos anos. Como CEO, Grove rastreou continuamente o ambiente para aprender sobre as mudanças na tecnologia, os concorrentes e os clientes, reunindo informações que pudessem ser úteis para a Intel. Ele escreveu: "Pense na mudança no seu ambiente como um *blip* na tela de radar. Você não pode dizer de início o que é representado pelo *blip*, mas continua observando a tela do radar depois do rastreamento, procurando ver se o objeto está se aproximando, qual a sua velocidade e que forma ele assume à medida que se aproxima. Mesmo se ele se demora na sua periferia você ainda fica de olho, porque a sua velocidade e curso podem mudar".[226] Os relatos de Grove sobre os seus anos na Intel são cheios de exemplos em que a sobrevivência demandava escolhas feitas sob incerteza. Elas não tinham garantia de sucesso — as apostas estratégicas nunca têm. Mas como disse Robert Rubin, você tenta melhorar as suas chances de sucesso examinando clara e cuidadosamente as possibilidades, as suas próprias capacidades, os motivos e habilidades dos seus rivais, e faz o melhor julgamento que puder, com pleno conhecimento de que até as melhores decisões nem sempre darão certo, mas deixar de assumir os riscos avaliados significa que você nunca vai vencer em um mercado competitivo. Contudo, uma vez que apostas foram feitas, Grove também era um crente da execução disciplinada. Ele explicou: "Como você pode esperar mobilizar uma grande equipe de executivos para se reunir, aceitar novas e diferentes atribuições de tarefas, trabalhar em um ambiente incerto, e trabalhar duro a despeito da incerteza futura, se o líder da empresa não pode ou não quer articular a forma do [futuro]?"[227] Agora a raposa cedeu lugar ao ouriço.

Edificando sobre o seu sucesso anterior, a Intel se tornou uma potência na indústria de semicondutores durante os anos 1970 e início dos 1980, comandando uma grande fatia do mercado de chips de memória. Mas, em meados dos anos 1980, a Intel estava novamente sob ataque, dessa vez de empresas japonesas. A Intel não declinara em nenhum sentido absoluto, mas estava escorregando em relação aos rivais japoneses que surgiam. Em 1985, Noyce e Grove fizeram outra opção corajosa: abandonar inteiramente os chips de memória e mudar a empresa para microprocessadores, que eram menos cíclicos e ofereciam margens mais altas. Era imensamente arriscado, mas compensou brilhantemente. No decorrer dos anos seguintes as vendas e lucros da Intel decolaram, graças em parte à sua parceria com a Microsoft. Sob a liderança de Andy Grove, a Intel manteve uma fatia dominante do mercado de microprocessadores, lançando geração após geração de chips mais velozes e poderosos — o 286, o 386, o Pentium e assim por diante.

A Intel teve apenas sorte? Acho que não. Durante essas e outras decisões Grove sabia que o desempenho da empresa é relativo. Não é o bastante ir mais ou menos bem; você tem de ser melhor que as outras — e isso significa que você tem de arriscar. O livro de 1996 de Grove, *Only the Paranoid Survive* [*Só os paranóicos sobrevivem*], é uma cartilha séria para administradores sobre pontos de inflexão estratégica — momentos de risco extremo quando a vida da empresa está em risco. Ele demonstrou um apurado entendimento da dinâmica da indústria, da tecnologia em mudança e da necessidade de fazer apostas calculadas. Grove sabia que seguir planos que alegam garantir o sucesso é um equívoco. Uma disposição de assumir riscos é essencial — e isso não se aplica aos fracos de coração. Boa parte do estímulo provém do medo. Grove comentou:

> O guru da qualidade, W. Edward Deming, advogou reprimir o medo nas corporações. Tenho problemas com a ingenuidade dessa afirmação. A função mais importante dos administradores é criar um ambiente em que as pessoas são apaixonadamente dedicadas a vencer no mercado. O medo desempenha um papel importante em criar e manter essa paixão. O medo da concorrência, o medo da falência, o medo de estar errado e o medo de perder tudo podem ser poderosos motivadores.[228]

Os best-sellers de negócios normalmente não falam de medo. O medo não tem lugar no mundo cor-de-rosa do *Rags to Riches* ou nos confortáveis confins de *Mister Roger's Neighborhood* [*A vizinhança do sr. Roger*], onde o bem sempre triunfa e se diz que um punhado de regras simples levam previsivelmente ao sucesso, não importa o que faça outra pessoa qualquer. O medo não é uma história reconfortante para ser contada antes de dormir. Mas, a esta altura, nós sabemos que esse tipo de confiança simplória é baseado em equívocos e não é provável que ela leve aos melhores resultados.

Não estou sozinho em minha admiração por Andy Grove. Em 2004 ele foi nomeado o mais influente CEO dos 25 anos anteriores pela Wharton School. Jeffrey Garten, ex-reitor da Yale School of Management, foi um passo além, chamando-o de "um modelo soberbo para as futuras gerações de CEOs". Por que os louvores? Não só por causa dos soberbos resultados da Intel — outras empresas se deram igualmente bem se confiarmos nas medidas de desempenho das ações — mas por causa da habilidade de Grove em reagir à mudança, à repercussão das crises. Garten escreveu que o gênio de Grove era alinhar estratégia e execução mesmo que as forças da globalização estivessem causando mudanças maciças no ambiente dos negócios. Ele fez escolhas estratégicas calculadas, jamais negligenciando os imensos riscos envolvidos. Quanto à execução, Grove concedia aos seus administradores espaço para iniciativa, porém "ele era brutal em exigir que eles medissem o seu desempenho a cada passo do caminho".[229] Ele exigia que seus administradores pensassem por si mesmos, que não aceitassem clichês só porque os outros dizem que eles resultam ser verdadeiros. Mais recentemente, a vida de Grove foi objeto de uma biografia completa por Richard Tedlow, da Harvard Business School, que o chamou de "o melhor modelo que temos para liderar um negócio no século XXI", não porque Grove seguisse um plano para o sucesso a longo prazo, e o seguisse com a tenacidade de um ouriço, mas porque ele estava vigilante quanto às mudanças na paisagem competitiva e se adaptava às novas circunstâncias — tecnológicas, competitivas, regulatórias e do consumidor. Como escreveu Tedlow: "Grove escapou da seleção natural fazendo a sua própria evolução. Adaptando-se vigorosamente a uma sucessão de novas realidades, ele deixou para trás uma trilha de suposições descartadas".[230]

Mesmo quando a Intel prosperava nos anos 1990, Grove nunca tomou o sucesso por coisa certa, nunca perdeu a sua apreensão de refugiado húngaro em relação ao risco de falência iminente. Ele trabalhou de perto com Clayton Christensen, da Harvard Business School, em um esforço para evitar o trauma das tecnologias disruptivas. Ele também colaborou com Robert Burgelman, da Stanford Business School, cujo livro de 2002, *Strategy is Destiny* [*Estratégia é destino*], detalhava o processo de criação de estratégias da Intel. Se alguma empresa demonstrou a consciência da indústria, a sabedoria da administração, o currículo da inovação e a combinação de talento profundo e também prosperidade foi a

Intel. O *The New York Times* observou: "Por duas décadas a Intel foi a mais segura de si de todas as empresas do Vale do Silício".[231] Em 2005, ela foi a sétima maior empresa americana em capitalização de mercado, valendo mais de US$ 180 bilhões, e ficou em 18º lugar em lucros.

Então, por tudo isso, estava assegurado para a Intel um sucesso contínuo? Nem pensar. Como toda empresa de sucesso, a Intel lutou para encontrar novas avenidas para o crescimento lucrativo. Um concorrente, a AMD, fez importantes intrusões no domínio da Intel em microprocessadores, e o mercado para computadores pessoais estava indo mais devagar. Os primeiros esforços da Intel para se expandir para novos mercados não tiveram sucesso. Sua entrada no mercado da televisão digital foi falha. Ela também foi lenta em reconhecer uma mudança no mercado de chips, afastando-se da ênfase em velocidade e em direção à integração de microprocessadores com outras tecnologias. Em 2005, o *Financial Times* relatou: "A confiança da Intel, construída sobre o seu domínio no mercado de PC, estabelecido devido ao fato de que os seus chips estão dentro de quatro em cada cinco máquinas vendidas, foi abalada no decorrer do ano passado".[232]

O que era necessário para melhorar o desempenho? A escolha estratégica, é claro — o que sempre envolve risco. Em 2006, o novo CEO Paul Otellini anunciou que iria mudar bem além do seu núcleo tradicional de microprocessadores para uma nova ênfase em chips e software, combinando-os em plataformas visando uma variedade de campos — do laptop à sala de estar e a aplicações *wireless*. Juntamente com essa mudança veio um novo desenho da marca da Intel e um novo slogan para a empresa — "Leap Ahead" [Salto para a frente]. Foi um ousado redirecionamento, um rompimento com o passado, e para alguns observadores pareceu quase um repúdio do curso orientado por Andy Grove. Então, como

Grove reagiu? Denunciou a nova abordagem da Intel como um exemplo de *desviar-se do núcleo*? Muito pelo contrário. Em uma reunião da alta direção da Intel, Grove assinalou a sua forte aprovação, proclamando a nova orientação da empresa como "uma das melhores manifestações, incorporando os valores da Intel em assumir riscos, disciplina e orientação de resultados que já vi aqui".[233] O sucesso estava assegurado? Dificilmente: o novo impulso estratégico da Intel estava repleto de riscos. Porém, mais uma vez, a Intel foi forçada a se reinventar ou aceitar um declínio no crescimento e redução das margens. Empresas inteligentes avaliam suas opções e fazem o melhor para aumentar as probabilidades de sucesso, mas mesmo assim seu destino *ainda* é incerto, e os administradores mais sensatos, como Andy Grove, sabem disso.

Uma olhada para a Logitech

Como último exemplo, vamos olhar para uma empresa que não tem um CEO famoso nem um histórico de 35 anos de sucesso. A Logitech é uma das líderes mundiais na produção de dispositivos de interface de computadores — mouses, teclados, periféricos, alto-falantes etc. Foi fundada na Suíça, e agora tem sua sede em Fremont, Califórnia, com operações de projeto e fabricação na Europa, América do Norte e Ásia. Em um mercado agressivo, com competição intensa, parte dela vindo da Microsoft — e agora talvez também da Intel — a Logitech se deu muito bem. De 1999 a 2005, as vendas triplicaram e os lucros cresceram ainda mais.

Como podemos explicar o sucesso da Logitech? É tentador dizer que a Logitech tem excelente pessoal, e por qualquer medida objetiva ela realmente tem; mas sabemos que é fácil dizer coisas favoráveis sobre os empregados de uma empresa desde que ela seja bem-sucedida. Podemos também adivinhar que a Logitech tem uma grande cultura corporativa, e, se perguntarmos aos empregados da Logitech, eles provavelmente dirão que ela tem, mas essa também não é uma explicação adequada. Diz-se usualmente das empresas de sucesso que elas têm grandes culturas — porque os empregados gostam de jogar em um time vencedor e de se sentirem confiantes em seu futuro. Quanto à orientação ao cliente, essa também é fácil, porque o rápido crescimento das vendas da Logitech deve significar que os clientes gostam dos seus produtos (como o mouse sem fio que estou usando agora). Podemos também alegar que a Logitech é bem-sucedida porque seguiu uma estratégia focada, e é verdade que a Logitech focalizou uma faixa razoavelmente estreita de produtos. Mas podemos discutir se a Logitech teve sucesso por causa do seu foco ou se ela permaneceu focada por causa do seu sucesso. E não vamos esquecer da liderança. Podemos sempre encontrar razões para inferir que uma empresa lucrativa de crescimento rápido teve um líder brilhante. Podemos sempre encontrar evidências da visão forte de um CEO, da sua habilidade para inspirar e integridade pessoal. Mas agora sabemos mais. O sucesso é relativo, nunca absoluto. Os concorrentes imitam e as vantagens se dissipam. Mesmo as boas decisões às vezes dão mau resultado — o que não significa que foram enganos ou asneiras. As práticas que funcionam em uma empresa não têm exatamente o mesmo efeito em outra. Então, como vamos explicar o sucesso da Logitech?

Em 2005, compareci a uma palestra do presidente e CEO da Logitech, Guerrino de Luca. Nativo da Itália, de Luca possuía extensa experiência nos EUA, tendo servido durante muitos anos como administrador sênior de marketing da Apple Computer. Eu estava curioso. Será que ele tentaria explicar o sucesso da Logitech em termos de excelente pessoal, fortes valores e moral dos empregados? Nada disso. De Luca descreveu o sucesso da Logitech — e seus desafios — explicitamente em termos de estratégia e execução, e não se esquivou de dirigir-se à incerteza intrínseca de cada um deles. Primeiramente, ele reviu as escolhas estratégicas conscientes feitas pela Logitech. A empresa focalizou um único segmento: produtos que provêem a interface entre pessoas e tecnologia. Dentro desse segmento, ela enfatizou o desenho, a funcionalidade e a tecnologia. Ela se preocupou com a experiência do usuário — e quis vender produtos que as pessoas adoram usar e têm orgulho em mostrar aos amigos. A Logitech evitou explicitamente produtos de consumo. "No minuto em que você pensar que o seu produto é uma commodity, ele será", advertiu de Luca. E enquanto a Logitech se recusava a competir nos preços, ela deliberadamente manteve os preços acessíveis para que as pessoas pudessem tomar decisões de compra sem ter de fazer consultas extensas. Reconhecendo a velocidade da mudança tecnológica, a Logitech também substituiu agressivamente os seus produtos. De Luca ressaltou que a Logitech havia repetidamente "matado a galinha dos ovos de ouro que punha ovos mais depressa do que o mercado podia receber". Ela também se absteve de perseguir novos produtos que não pareciam oferecer uma chance de vantagem competitiva. De Luca observou: "Você precisa escolher o seu campo de ação com muito cuidado, e ser o melhor ali. Nós dissemos 'não' muitas, muitas vezes a oportunidades que pareciam óbvias, a mercados que cresciam depressa. A razão por que dissemos 'não'? Ou porque não podíamos nos diferenciar, ou porque sentimos que não podíamos ser um peixe razoavelmente grande naqueles mercados".[234] Esse era um administrador sempre vigilante, mapeando o ambiente competitivo e fazendo escolhas de acordo com ele. A ênfase da Logitech na inovação exigia gastos maciços em pesquisa e desenvolvimento de produtos, o que de Luca descreveu como "uma escolha fundamental que fazemos conscientemente". Essas escolhas envolviam risco? Sim. Você lê o mercado, você estuda a concorrência, você examina as tendências, você olha para as suas habilidades e capacidades — e faz uma aposta. Seria a Logitech, para usar a expressão de Andy Grove, um pouco "paranóica"? Sim, absolutamente. Nessa indústria, dada a intensidade da competição e a rapidez da mudança, ela tinha de ser.

De Luca também enfatizou a importância da execução. Uma vez feitas as escolhas estratégicas, o foco mudou para realizar as coisas. "Aprendemos muitas vezes", disse ele, "que estratégias modestamente definidas resultaram em sucessos dramáticos através da excelente execução." Mas de Luca não invocou simplesmente a palavra "execução", ele identificou elementos-chave que foram os mais importantes para que sua empresa tivesse sucesso no seu ambiente competitivo. Um foi o desenvolvimento de novos produtos, conduzido através de métodos e processos explícitos. Outro foi o gerenciamento da cadeia de suprimentos, que usou centros de distribuição na América do Norte e na Europa. A Logitech também investiu pesadamente em locais de fabricação no estado da arte, tendo aberto recentemente novas instalações na China. Contudo, apesar de toda a sua atenção à estratégia e à execução, de Luca também reconheceu que o sucesso nunca é garantido. Houve, disse ele, um esforço concertado na Logitech para evitar a arrogância e a complacência: "Nós nos forçamos a tentar evitar a síndrome de 'se não está quebrado, não conserte'. Estamos constantemente fazendo mudanças no modo como gerimos o nosso negócio. Fazemos mudanças na nossa organização. Fazemos mudanças no nosso sistema. A resistência à mudança em empresas de sucesso é muito alta, mas nós temos de conduzir essa mudança". O CEO da Logitech pensava que estava seguindo um plano para o sucesso duradouro? Não. Mas ele tomou decisões sérias sobre escolhas estratégicas — decidindo o que *não* fazer tanto quanto o que fazer — seguidas de execução disciplinada baseada em prioridades claras e medidas explícitas.

E POR FIM

A LOGITECH IRÁ sempre prosperar? Provavelmente não. A natureza brutal da competição de mercado significa que para a Logitech, e para quase qualquer outra empresa, chegar ao topo é difícil — é uma combinação de estratégia perspicaz, execução soberba e boa sorte. Permanecer no topo é ainda mais difícil, porque o sucesso atrai imitadores, alguns dos quais estão dispostos a assumir riscos que parecem insensatos — mas uns poucos dentre eles podem se sair espetacularmente bem, mesmo desestabilizando concorrentes estabelecidos. Mais cedo ou mais tarde as forças da concorrência antenadas com a mudança tecnológica irão erodir a posição da Logitech. E quando o seu desempenho vacilar, seja em dois anos ou vinte, é inevitável que alguém venha a dizer que a empresa errou estupidamente, ou que o executivo-chefe a detonou. Os comentadores matinais de segunda-feira irão dizer que a Logitech devia ter feito mais disso ou menos daquilo, que ela errou por se desviar do seu núcleo, ou talvez que ela falhou por permanecer tempo demais no seu núcleo. As decisões que deram mau resultado serão castigadas como más decisões. Haverá sempre uma tentação de contar uma história elegante que torne tudo sensato e lógico, e que sugirá porque os merecedores tiveram sucesso enquanto os perversos ou arrogantes falharam.

Sempre haverá também livros que tentarão descobrir os elementos que separam as melhores empresas do resto, e que aconselharão os administradores sobre o que eles podem fazer para levar suas empresas a alturas cada vez maiores, para juntar-se às fileiras dos grandes, dos vencedores, dos sucessos extraordinários. Alguns desses livros serão bons, alguns não. Os administradores continuarão a lê-los, ansiosos por obter novos insights, esperando descobrir coisas novas que possam aplicar. Isso não é apenas inevitável, é saudável.

A idéia central deste livro foi que a nossa visão sobre negócios é moldada por diversos equívocos. Minha esperança é que os administradores leiam livros sobre negócios um pouco mais criticamente, livres de crenças infundadas, temperando com um pouco de realismo suas mais profundas fantasias e mais acalentadas esperanças. Eu espero em particular que os administradores se lembrem que:

- Se variáveis independentes não são medidas independentemente, podemos nos ver atolados até a cintura em auras.
- Se os dados estão repletos de auras, não importa quantos reunimos ou quão sofisticada a nossa análise parece ser.
- O sucesso raramente dura tanto tempo quanto gostaríamos. Na maior parte, a idéia de sucesso a longo prazo é um equívoco baseado na seleção após o fato.
- O desempenho da empresa é relativo, e não absoluto. Uma empresa pode melhorar e ao mesmo tempo iniciar um processo de declínio.
- Pode ser verdade que muitas empresas de sucesso apostam em tiros no escuro, mas apostar em tiros no escuro não leva freqüentemente ao sucesso.
- Qualquer um que alegue ter encontrado *leis da física dos negócios*, ou entende pouco de negócios, ou entende pouco de física, ou ambos.
- Procurar os segredos do sucesso revela pouco sobre o mundo dos negócios, mas diz muito a respeito daqueles que os procuram, de suas aspirações e seu desejo de certezas.

Uma vez que tenhamos varrido para longe esses equívocos, como agir? Quando se trata de administrar uma empresa para o alto desempenho, um administrador sensato sabe:

- Qualquer boa estratégia envolve risco. Se você acha que a sua estratégia é à prova de tolos, o tolo pode bem ser você.
- A execução também é incerta — o que funciona em uma empresa com uma força de trabalho pode ter resultados diferentes em outra.
- O acaso freqüentemente desempenha um papel mais importante do que pensamos, ou do que os administradores de sucesso usualmente gostam de admitir.
- A ligação entre *inputs* e resultados é tênue. Maus resultados nem sempre significam que os administradores cometeram erros; e os bons resultados nem sempre significam que eles agiram brilhantemente.
- Mas quando os dados são lançados, os melhores administradores agem como se o acaso fosse irrelevante — persistência e tenacidade são tudo.

Tudo isso irá garantir o sucesso? Claro que não. Mas eu suspeito que irá melhorar as suas chances de sucesso, o que é uma meta mais sensata para se perseguir. E você não se verá na praia de uma ilha tropical, se perguntando por quê, a despeito dos seus melhores esforços para seguir a fórmula do sucesso, os aviões de carga ainda não pousaram.

Apêndice

As TABELAS nestas próximas páginas sustentam a análise de desempenho financeiro de empresas cujo perfil apareceu em *In Search of Excellence* e *Built to Last*, como discutido no capítulo seis.

Tabela 1A

Esta tabela mostra o retorno total do acionista (mudança no preço das ações com todos os dividendos reinvestidos, todos os valores mostrados em percentuais) de 35 empresas *excelentes* por cinco anos e dez anos após o final do estudo de Peters e Waterman. O índice de mercado Standard & Poor's 500 cresceu em 0,047% de 1980 a 1984, e 403,40% de 1980 a 1989. O crescimento de cada empresa é declarado para cada período de tempo, e indicado com um "+" se maior que o S&P 500, e com um "—" se menor que o S&P 500. Ao todo, doze empresas ultrapassaram o S&P 500 de 1980 a 1984, enquanto 23 ficaram atrás do mercado. Entre 1980 a 1989, treze empresas foram melhor que a média do mercado, enquanto dezoito não se deram tão bem.

Retorno total do acionista para 35 empresas *excelentes* (1980-1984 e 1980-1989)

		1980-1984		1980-1989	
	S&P 500	99,47%		403,40%	
1	3M	99,06	—	380,79	—
2	Allen-Bradley	206,89	+	460,36	—
3	Amdahl	11,38	—	149,76	—
4	Avon Products	-15,35	—	95,32	—
5	Bristol-Meyers	235,09	+	750,96	+
6	Caterpillar Tractor	-29,62	—	40,61	—
7	Chesebrough-Pond's	94,47	—		
8	Dana	104,46	+	225,68	—
9	Data General	114,12	+		
10	Digital Equipment	60,80	—	138,11	—
11	Dow Chemical	15,92	—	438,65	+
12	Dupont	66,79	—	408,84	+
13	Eastman Kodak	90,70	—	203,55	—
14	Emerson Electric	141,69	+	478,65	+
15	Flour	-34,76	—	72,64	—
16	Frito-Lay (PepsiCo)	114,06	+	967,85	+
17	Hewlett-Packard	135,08	+	237,46	—
18	Hughes Aircraft	-39,80	—		
19	IBM	141,02	+	119,70	—

20	Intel	65,93	—	206,68	—
21	Johnson & Johnson	56,45	—	476,32	+
22	Kmart	83,99	—	227,08	—
23	Levi Strauss	-11,39	—		
24	Maytag	156,85	+	459,34	+
25	McDonald's	189,85	+	822,66	+
26	Merck	53,57	—	750,88	+
27	National Semiconductor	54,33	—	-5,78	—
28	Procter & Gamble	95,17	—	474,78	+
29	Raychem	71,81	—	91,94	—
30	Schlumberger	0,27	—	52,10	—
31	Standard Oil (Indiana)	74,75	—	368,07	—
32	Texas Instruments	48,91	—	45,74	—
33	Wal-Mart	800,28	+	4269,51	+
34	Walt Disney	46,90	—	1038,73	+
35	Wang Laboratories	213,97	+	-34,2	—
	Acima S&P 500		12		13
	Abaixo S&P 500		23		18

Fonte: *Compustat*

Tabela 1B

Esta tabela compara o desempenho de lucros (lucro operacional como uma porcentagem dos ativos totais) de 35 empresas *excelentes* nos cinco anos antes do final do estudo de Peters & Waterman, 1975-1979, com os cinco anos depois que o estudo terminou. Trinta dentre as 35 empresas declinaram em lucratividade depois que o estudo terminou, o que é consistente com a idéia de que empresas selecionadas com base no alto desempenho tenderão a regredir em épocas subseqüentes. Somente cinco empresas — Allen Bradley, Hewlett-Packard, IBM, McDonald's e Wal-Mart — aumentaram sua lucratividade.

Desempenho de lucros de 35 empresas *excelentes*
(1975-1979 e 1980-1984) (Todos os valores em percentuais)

		1975-1979	1980-1984	
1	3M	21,9%	21,0%	—
2	Allen-Bradley	9,3	10,3	+
3	Amdahl	21,2	5,7	—
4	Avon Products	33,8	20,4	—
5	Bristol-Meyers	21,6	21,2	—
6	Caterpillar Tractor	18,1	3,2	—
7	Chesebrough-Pond's	20,7	19,5	—
8	Dana	18,2	11,6	—
9	Data General	20,6	9,4	—
10	Digital Equipment	14,9	11,9	—

11	Dow Chemical	14,5	6,5	—
12	DuPont	14,0	13,8	—
13	Eastman Kodak	21,6	16,9	—
14	Emerson Electric	24,1	22,8	—
15	Flour	16,1	7,3	—
16	Frito-Lay (PepsiCo)	16,6	14,8	—
17	Hewlett-Packard	18,8	19,4	+
18	Hughes Aircraft	17,5	10,6	—
19	IBM	23,4	23,7	+
20	Intel	29,8	10,1	—
21	Johnson & Johnson	20,1	17,4	—
22	Kmart	16,2	9,7	—
23	Levi Strauss	29,4	20,0	—
24	Maytag	37,3	27,5	—
25	McDonald's	17,8	18,1	+
26	Merck	24,4	18,5	—
27	National Semiconductor	16,1	5,0	—
28	Procter & Gamble	18,3	17,4	—
29	Raychem	15,0	13,2	—
30	Schlumberger	23,2	20,2	—
31	Standard Oil (Indiana)	19,4	15,8	—
32	Texas Instruments	15,4	8,4	—

33	Wal-Mart	18,4	19,8	+
34	Walt Disney	15,7	10,0	—
35	Wang Laboratories	15,3	13,8	—
	Aumento			5
	Redução			30

Fonte: *Compustat*

Tabela 2A

Esta tabela mostra o retorno total dos acionistas (mudança no preço das ações com todos os dividendos reinvestidos, em percentuais) de dezessete empresas *visionárias* para cinco anos e dez anos depois do final do estudo de Collins e Porras. (Nota: O estudo de Collins e Porras terminou no fim do ano de 1990, portanto o período subseqüente do estudo começa em janeiro de 1991; em comparação, o estudo de Peters e Waterman terminou no fim do ano de 1979, portanto o período subseqüente começa em janeiro de 1980.) O índice de mercado Standard & Poor cresceu 115,44% de 1991 a 1995, e por 399,78% de 1991 a 2000. Oito empresas ultrapassaram o S&P 500 de 1991 a 1995, enquanto nove ficaram atrás do mercado; para 1991 a 2000, seis empresas foram melhor que a média do mercado, enquanto dez não se saíram tão bem.

Desempenho de mercado de dezessete empresas *visionárias*, (1991-1995 e 1991-2000)

		1991-1995		1991-2000	
	S&P 500	115,44%		399,78%	

1	3M	82,32	—	290,10	—
2	American Express	168,03	+	1027,59	+
3	Boeing	92,96	—	245,81	—
4	Citicorp	480,49	+		
5	Ford	167,66	+	611,18	+
6	General Electric	76,61	—	152,42	—
7	Hewlett-Packard	456,53	+	884,07	+
8	IBM	-4,95	—	266,39	+
9	Johnson & Johnson	163,71	+	593,59	+
10	Merck	149,37	+	675,95	+
11	Motorola	352,69	+	399,99	+
12	Nordstrom	91,10	—	82,12	—
13	Philip Morris	114,53	—	338,25	—
14	Procter & Gamble	114,28	—	338,25	—
15	Sony	65,26	—	283,58	—
16	Wal-Mart	51,11	—	643,67	+
17	Walt Disney	139,46	+	264,76	—
	Acima do S&P 500		8		6
	Abaixo do S&P 500		9		10

Fonte: *Compustat*

Tabela 2B

Esta tabela compara o desempenho de lucros (receita operacional como uma porcentagem dos ativos totais) de dezessete empresas *visionárias* nos cinco anos antes do final do estudo de Collins e Porras, com os cinco anos depois que o estudo terminou. Cinco das empresas *visionárias* aumentaram sua lucratividade, enquanto onze declinaram e uma permaneceu inalterada.

Desempenho de lucros de dezessete empresas *visionárias* (1986-1990 e 1001-1995)

		1986-1990	**1991-1995**	
1	3M	20,3%	16,9%	—
2	American Express	5,0	1,5	—
3	Boeing	5,2	8,3	+
4	Citicorp	2,5	3,8	+
5	Ford	9,7	5,3	—
6	General Electric	6,3	3,7	—
7	Hewlett-Packard	12,6	12,2	—
8	IBM	12,5	5,5	—
9	Johnson & Johnson	19,4	19,4	inalt.
10	Merck	28,2	24,5	—
11	Motorola	9,3	11,4	+
12	Nordstrom	15,4	13,1	—
13	Philip Morris	17,4	18,6	+

14	Procter & Gamble	11,8	13,3	+
15	Sony	5,1	3,1	—
16	Wal-Mart	20,1	13,4	—
17	Walt Disney	16,6	13,1	—
	Aumento			5
	Redução			11

Fonte: *Compustat*

TABELA 3A

ESTA TABELA, similar à tabela 2A, mostra o retorno total dos acionistas (mudança no preço das ações com todos os investimentos reinvestidos, em percentuais); mas aqui, para as empresas de *comparação* no estudo de Collins e Porras. Um menor número de empresas foram incluídas em relação às empresas *visionárias*, pois algumas são de capital fechado e outras foram adquiridas, tornando difícil uma comparação direta entre os dois grupos. Não obstante, os dados mostram que sete empresas de *comparação* ultrapassaram o S&P 500 de 1991 a 1995, enquanto cinco ficaram atrás do mercado; para 1991 a 2000, seis foram melhor que a média do mercado, enquanto três foram não se saíram tão bem.

Desempenho de mercado de treze empresas de *comparação* (1991-1995 e 1991-2000)

		1991-1995		1991-2000	
	S&P 500	115,44%		399,78%	
1	Wells Fargo	269,00	+	1288,97	+
2	McDonnel Douglas	683,86	+		
3	Chase Manhattan	630,98	+		
4	General Motors	76,61	—	152,41	—
5	Westinghouse	-32,41	—	148,94	—
6	Texas Instruments	192,22	+	2112,43	+
7	Burroughs/Unisys	120,00	+	485,00	+
8	Bristol Meyers	57,63	—	500,09	+
9	Pfizer	250,94	+	1521,54	+
10	Zenith	3,77	—		
11	Melville	-12,43	—	310,21	—
12	Colgate Palmolive	115,65	+	755,90	+
	Acima do S&P 500		7		6
	Abaixo do S&P 500		5		3

Fonte: *Compustat*

TABELA 3B

ESTA TABELA, similar à tabela 2B, compara o desempenho de lucros (receita operacional como uma porcentagem dos ativos totais) de doze empresas de *comparação* nos cinco anos antes do final do estudo de Collins e Porras com os cinco anos depois que o estudo terminou. Todos os valores estão em percentuais. Os dados mostram que oito das empresas aumentaram sua lucratividade nos cinco anos depois que o estudo terminou, enquanto quatro mostraram um declínio em desempenho.

Desempenho de lucros de doze empresas de *comparação*

		1986-1990	1991-1995	
1	Wells Fargo	2,1%	3,0%	+
2	McDonnel Douglas	5,1	8,2	+
3	Chase Manhattan	1,3	1,7	+
4	General Motors	5,3	4,1	—
5	Westinghouse	9,1	5,9	—
6	Texas Instruments	4,5	9,6	+
7	Burroughs/Unisys	4,4	6,2	+
8	Bristol Meyers	22,8	26,2	+
9	Pfizer	13,6	16,6	+
10	Zenith	-0,8	-7,4	—
11	Melville	21,6	13,1	—
12	Colgate Palmolive	11,3	14,5	+
		Aumento		8
		Redução		4

Fonte: *Compustat*

Notas

PREFÁCIO

1 "How Little We Know (How Little It Matters)". Letra de Carolyn Leigh, música de Philip Springer, © 1956, Edwin H.Morris & Company. © renovado 1984, EMI Carwin Catalog Inc & Tamir Music. Todos os direitos reservados. Utilizado com permissão.
2 Feynman, Richard P., *The Pleasure of Finding Things Out: The Best Short Works of Richard P. Feynman*. London: Penguin Books, 1999, p. 195.

CAPÍTULO UM

3 "How Little We Know (How Little It Matters)". Letra de Carolyn Leigh, música de Philip Springer, © 1956, Edwin H.Morris & Company. © renovado 1984, EMI Carwin Catalog Inc & Tamir Music. Todos os direitos reservados. Utilizado com permissão.
4 Clare MacCarthy, "Deputy Chief Sacked as Lego Tries to Rebuild", *Financial Times*, 9 jan. de 2004, p. 25.
5 Zook, Chris & Allen, James. *Profit from the Core: Growth Strategy in an Era of Turbulence*. Boston: Harvard Business School Press, 2001, p. 74.
6 Hjelt, Paola. "The World's Most Admired Companies". *Fortune*, 14 mar. 2005, pp. 41-5; Coggan, Philip, "World's Most Respected Companies", *Financial Times, Special Report*. 18 nov. 2005.
7 Todas as citações sobre o que a Lego poderia fazer vêm de Doonar, Joanna, "Brand MOT: Lego", *Brand Strategy*, 10 fev. 2004.
8 Deparei-me com esta anedota sobre Ted Williams muitos anos atrás, mas não consegui achar a fonte exata. O foco provável do descontentamento de Ted foi Joe Cronin, empresário do Red Sox de 1935 a 1947. Em um artigo de 2000 intitulado "Pitching in the Big Leagues the Underhand Way", por Jim Sargent, o ex-arremessador do Red Sox Eldon Auker escreveu: "Toda vez que eu andava

para o monte do arremessador para arremessar em um jogo, [Cronin] passava a maior parte do tempo dele no monte me dizendo como arremessar. Ele dizia, 'Não lhe dê nenhuma bola, mas não o deixe andar" Qualquer um com a fonte exata do comentário de Williams pode contatar um autor agradecido em phil@the-halo-effect.com.

9 As citações sobre a Mattel e seus infortúnios com a Barbie vêm de Moore, Angela, "Mattel Earns Rise, but Barbie Sales Snag", Reuters, 19 jul. 2004.

10 Clark, Nicola. "Fraying Brand Image at Britain's WH Smith", *International Herald Tribune*, 26 abr. 2004, p. 9.

11 Andy Reinhardt, "Can Nokia Get the Wow Back?". *Business Week*, 31 maio 2004, pp. 18-21.

12 O poder do Wal-Mart como censor do gosto social foi visto em novembro de 2004, quando ele se recusou a oferecer o livro de George Carlin *When Will Jesus Bring the Pork Chops?*, alegando que não seria do interesse dos clientes do Wal-Mart. O livro começou no número dois da lista de best-sellers do *New York Times* e vendeu milhões. Um livro altamente irreverente? Sim. Profano? Com certeza. Mas não do interesse dos milhões de clientes do Wal-Mart? Improvável.

13 "tanto seres racionais como seres *racionalizantes*" é de Eliot Anderson, *The Social Animal*, 5ª ed., New York: W.H. Freeman & Company, 1988, p. 119.

14 As duas citações de Richard Feynman, "perguntas que podem ser postas na forma: *Se eu fizer isto, o que vai acontecer?*" e "reúne uma grande quantidade de informações a partir de tais experiências" vêm de Feynman, 1999, p. 255.

15 O físico John R. Platt escreveu que o progresso científico é mais rápido quando é seguido um certo método de raciocínio, "um método cumulativo de inferência indutiva que é tão eficaz que eu acho que deveria receber o nome de 'inferência forte.'" A essência da inferência forte é um processo de quatro passos para engendrar hipóteses alternativas; planejar experiências com resultados possíveis alternativos que possam excluir uma ou mais das hipóteses; conduzir os experimentos; e repetir o processo com hipóteses recém refinadas. Platt, John R. "Strong Inference", *Science* 146, nº 3.642, out. 1964, p. 16.

16 A passagem sobre a Harrah's vem de Loveman, Gary, "Diamonds in the Data Mine", *Harvard Business Review*, maio 2003, pp. 109-13.

17 Bennis, Warren, & James O'Toole, "How Business Schools Lost Their Way", *Harvard Business Review*, maio 2005.

18 John Platt, usando uma terminologia similar, escreveu que os resultados desses esforços são "não ciência, mas fé; não teoria, mas teologia". Vide Platt, 1964.

19 A anedota de Feynman sobre *Cargo Cult Science* é de Feynman, 1999, p. 209.

CAPÍTULO DOIS

20 Valores de capitalização de mercado de "Fortune 500 Largest U.S. Corporations", *Fortune*, 18 abr. 2005.

21 John K., *John Chambers and the Cisco Way: Navigating Through Volatility*. New York: John Wiley & Sons, 2002.
22 Flower, Joe, "The Cisco Mantra", *Wired*, 5.03, mar. 1997.
23 Reinhardt, Andy & Burrows, Peter. "Crunch Time for the High Tech Whiz", *Business Week*, 28 abr. 1997, p. 80.
24 "aquisições rápidas como raios." Schlender, Brent. "Computing's Next Superpower", *Fortune*, 12 maio 1997, pp. 64-71.
25 Quick, Rebecca. "Tiny Dogs and a Dream: Beating Cisco", *Wall Street Journal*, 4 jun. 1998.
26 "cavalgando num sorriso e num sapato engraxado" é uma fala da peça de 1949 de Arthur Miller, *A morte do caixeiro viajante*: "Ele é um homem solto no espaço, cavalgando num sorriso e num sapato engraxado".
27 Gomes, Lee. "Cisco Tops $100 Billion in Market Capital — Passing Milestone in 12 Years May Be Speed Record", *Wall Street Journal*, 20 jul. 1998.
28 Kupfer, Andrew. "The Real King of the Internet", *Fortune*, set. 1998.
29 Thurm, Scott. "Cisco Profit Before Charges Rise 33% as Revenue Growth Keeps Accelerating", *Wall Street Journal*, 3 fev. 1999.
30 Schlender, 1997.
31 Goldblatt, Henry. "Cisco's Secrets", *Fortune*, 8 nov. 1999.
32 O caso da Harvard Business School foi "Cisco Systems Inc.: Acquisition Integration for Manufacturing (A)", por Nicole Tempest & Christian G. Kasper, Estudo de caso da Harvard Business School 9-600-015, 1999.
33 Schlender, 1997.
34 Tempest & Kasper, 1999, p. 4.
35 Goldblatt, 1999.
36 Tempest & Kasper, 1999, p. 8.
37 A pesquisa de clientes da Best Practices foi citada em Thurm, Scott, "Joining the Fold: Under Cisco's Systems, Mergers Usually Work", *Wall Street Journal*, 1 mar. 2000.
38 Todas as citações de OFReilly & Pfeffer vêm de OFReilly, Charles III & Pfeffer, Jeffrey. *Hidden Value: How Great companies Achieve Extraordinary Results with Ordinary People*. Boston: Harvard Business School Press, 2000, pp. 49-77.
39 Todas as citações do artigo da *Fortune* de maio de 200 são de Serwer, Andy. "There's Something About Cisco", *Fortune*, 15 maio 2000.
40 Levantamento anual da *Fortune*: "Global Most Admired: The World's Most Admired Companies", *Fortune*, 2 out. 2000.
41 Thurm, Scott. "Superstar's Pace: Cisco Keeps Growing but Exactly How Fast is Becoming an Issue — As Debate over Its Stock Mounts, the Outcome Could Have Big Ripples", *Wall Street Journal*, 3 nov. 2000.
42 Todas as citações nesta seção vêm de Manette, Nicole. "Cisco Fractures Its Own Fairy Tale", *Fortune*, 14 maio 2001.
43 Weber, Joseph, Burrows, Peter & Arndt, Michael. "Management Lessons from the Bust", *Business Week*, 20 ago. 2002.

44 Byrne, John A. & Elgin, Ben. "Cisco Behind the Hype", *Business Week*, 21 jan. 2002.
45 Todas as citações são de Burrows, Peter. "Cisco's Comeback", *Business Week*, nov. 2003.
46 Correspondência por *e-mail*
47 Correspondência por *e-mail* com Peter Burrows, 27 ago. 2004.

CAPÍTULO TRÊS

48 Uma primeira versão deste capítulo foi publicada como "What Do We Think Happened at ABB?: Pitfalls in Research About Firm Performance". Rosenzweig, Philip M. *International Journal of Management and Decision Making* 5, nº 4, 2004, pp. 267-81.
49 Taylor, William. "The Logic of Global Business: An Interview with Percy Barnevik". *Harvard Business Review*, mar./abr. 1991, pp. 91-5.
50 Kennedy, Carol. "ABB: Model Merger for the New Europe", *Long Range Planning* 25, nº 5, out. 1992, 10-7.
51 Rapoport, Carla, & Moran, Kevin. "A Tough Swede Invades the U.S.", *Fortune*, 29 jun. 1992. pp. 56-9.
52 "Podem chamar de Planeta Barnevik. O agressivo executivo da ABB..." e subseqüentes citações são de Schares, Gil E., "Percy Barnevik's Global Crusade", *Business Week*, 6 dez. 1993, pp. 56-9.
53 Karlgaard, Rich. "Interview with Percy Barnevik", *Forbes*, 5 dez. 1994, pp. 65-8.
54 McClenahen, John S. "Percy Barnevik and the ABBs of Competition", *Industry Week*, 6 jun. 1994, pp. 2-4.
55 Kets de Vries, Manfred, "Making a Giant Dance", *Across the Board* 31, nº 9, out. 1994, pp. 27-32.
56 Kennedy, Carol. "ABB's Sun Rises in the East", *Director*, set. 1996, pp. 40-4.
57 Tomlinson, Richard & Hjelt, Paola. "Dethroning Percy Barnevik", *Fortune*, 1 abr. 2002, pp. 38-41.
58 A menção da Korean Management Association nomeando Barnevik "o mais honrado alto executivo do mundo" foi relatada no relatório anual da ABB em 1997.
59 Bartlett, Christopher A. "ABB's Relays Business: Building and Managing a Global Matrix", Estudo de Caso da Harvard Business School 9-394-016, 1993.
60 Tomlinson & Hjelt, 2002.
61 Barham, Kevin & Heimer, Claudia. *ABB: The Dancing Giant*. London: FT Pitman Publishing, 1988;
62 Relatório anual da ABB, 1988.
63 McClenahen, 1994.
64 Schares, 1993.

65 Peters, Tom. *Liberation Management: Necessary Disorganization for the Nanosecond Nineties*. London: Pan Books, 1992.
66 Bartlett, Christopher A., "ABB's Relays Business: Building and Managing a Global Matrix", Estudo de Caso da Harvard Business School 9-394-016, 1993.
67 A ABB como uma organização a se emular é de Kets de Vries, Manfred. "Making a Giant Dance", *Across the Board* 31, nº 9, out. 1994, pp. 27-32; descrever a ABB como uma "prototípica organização pós-industrial" é de Kets de Vries, Manfred. "Leaders Who Make a Difference", *European Journal of Management* 14, nº 5, 1996, pp. 486-93.
68 De Jonquieres, Guy. "Europe's Most Respected Companies", *Financial Times*, 18 set. 1996, p. 1 da pesquisa.
69 Micklethwait, John & Wooldridge, Adrian. *The Witch Doctor: What the Management Gurus Are Saying, Why It Matters, and How to Make Sense of It*. London: Heinemann, 1996, p. 243.
70 A referência a uma "nova forma de organização global" e às "cinco luzes-guia" da ABB é de Barham, Kevin & Heimer, Claudia. "Creating the Globally Connected Corporation", *Financial Times Mastering Management*, jun. 1997, pp. 12-4
71 Relatório anual da ABB, 1999.
72 Morosini, Piero. "ABB in the New Millennium: New Leadership, New Strategy, New Organization", Estudo de Caso IMD 3-0829,2000.
73 O plano da nova organização foi descrito em Woodruff, David. "ABB Unveils New Board, Overhaul-Structural Plan Aims to Shift Focus from Products to Corporate Customers", *Wall Street Journal Europe*, 12 jan. 2001.
74 A especulação sobre as razões por trás do afastamento de Lindahl são de Woodruff, David. "Shares of ABB slide 8.5% in Zurich on Disappointing Report of Results — New Chairman Vows to Boost Earnings, Revenue at Industrial Conglomerate", *Wall Street Journal Europe*, 14 fev. 2001.
75 Fleming, Charles. "New Chairman of ABB Aims to Tighten Business Focus", *Wall Street Journal Europe*, 23 nov. 2001.
76 O pano de fundo da transição de Centerman para Dormann é de Bilefsky, Dan, Mijuk, Goran & Mitchener, Brandon. "In a Surprise Move, ABB Replaces CEO — Appointment of Successor to Centerman Raises Questions on Management", *Wall Street Journal Europe*, 6 set. 2001; e Fleming, Charles. "New Chairman of ABB Aims to Tighten Business Focus", *Wall Street Journal Europe*, 23 nov. 2002.
77 A especulação de que a empresa se encontrava próxima da falência é de Tomlinson & Hjelt, 2002.
78 Tomlinson & Hjelt, 2002.
79 "A empresa não era suficientemente disciplinada", "problemas de comunicação entre departamentos", "compartilhamento de dados se tornara um pesadelo" e a alegada obsessão em se equiparar ao tamanho e sucesso da General Electric são todos de Bilefsky, Dan & Raghavan, Anita. "How ABB Tumbled Back Down to Earth", *Wall Street Journal Europe*, 23 jan. 2003.
80 Woodruff, David & Latour, Almar. "Barnevik Gets Harsh Verdict in Court of

Public Opinion — Former ABB Chief Is Disgraced in Pension Row", *Wall Street Journal Europe*, 18 fev. 2002.
81 Tomlinson & Hjelt, 2002.
82 Bilefsky & Raghavan, 2003.
83 Tomlinson & Hjelt, 2002.
84 Abandonar a investigação sobre Barnevik e Lindahl é de Mijuk, Goran. "Pensions Case Against Ex-CEOs of ABB Is Ended", *Wall Street Journal Europe*, 6 out. 2005.

CAPÍTULO QUATRO

85 Thorndike, Edward L. "A Constant Error in Psychological Ratings", *Journal of Applied Psychology* 4, 1920, pp. 469-77. Thorndike também observou que soldados considerados geralmente inferiores eram também julgados como maus por critérios específicos e chamou isso de Efeito Diabo.
86 Para uma análise crítica completa do Efeito Aura e pesquisas associadas, ver Cooper, William H. "Ubiquitous Halo", *Psychological Bulletin* 90, nº 2, 1981, pp. 218-44. Cooper descreve diversas fontes de Auras: "amostragem insuficiente, engolfamento, concretude insuficiente, motivação e conhecimento insuficientes do avaliador, distorções cognitivas e contagens reais correlatas." As duas que parecem mais relevantes aos exemplos neste livro são "concretude insuficiente", donde percepções de coisas que são vagas e ambíguas mas não concretamente definidas são formadas por mais variáveis concretas, tais como desempenho financeiro, combinadas com "motivação e conhecimento insuficientes do avaliador", especificamente o fato de que jornalistas e pesquisadores ficam satisfeitos com a história que as auras oferecem e não são motivados a sondar mais profundamente.
87 Os índices da pesquisa de 2001 do presidente Bush foram citados por Walczak, Lee, Dunham, Richard S. & McNamee, Mike. "Selling the Ownership Society", *Business Week*, 6-13 set. 2004, baseado em dados do Pew Research Center for the People & Press. O mesmo efeito foi descrito por Willer, Robb. "The Effects of Government-Issued Terror Warnings on Presidential Approval Ratings", *Current Research on Social Psychology* 10, nº 1, 2004.
88 "Poll: Bush Ratings Hit New Low", CBS News Poll, 6 out. 2005.
89 O estudo Staw é relatado em Staw, Barry M. "Attribution of 'Causes' of Performance: a General Alternative Interpretation of Cross-Sectional Research on Organizations", *Organizational Behavior and Human Performance* 13, 1975, pp. 414-32. Staw conduziu outros estudos sobre o tema do desempenho organizacional, inclusive Staw, Barry M., McKechnie, Pamela I. & Puffer, Sheila M. "The Justification of Organizational Performance", *Administrative Science Quarterly* 28 1983, pp. 592-600.
90 O estudo Downey é relatado em Downey, H. Kirk, Chacko, Thomas & McElroy, James. "Attributions of 'Causes' of Performance: A Constructive, Quasi-

Longitudinal Replication of the Staw (1975) Study", *Organizational Behavior and Human Performance* 24, 1979, pp. 287-99.

91 As citações de John Opel vêm de Perry, Nancy J. "America's Most Admired Corporations" , *Fortune*, 9 jan. 1984.

92 "cultura abotoada", "burocracia rígida" e "executivos complacentes" foram citados de *Kirkus Reviews*. Carrol, Paul. *Big Blues: The Unmaking of IBM*. New York: Crown, 1993.

93 *The Economist*, "Tough at the Top: A Survey of Corporate Leadership", 25 out. 2003. A lista completa foi: "Uma bússola ética saudável; A habilidade de tomar decisões desagradáveis; Clareza e foco; Ambição; Habilidades eficazes de comunicação; A capacidade de julgar pessoas; Um talento para desenvolver pessoas; Autoconfiança emocional; Adaptabilidade; Charme".

94 George, Bill. *Authentic Leadership: Rediscovering the Secrets to Creating Lasting Value*. San Francisco: Jossey-Bass, 2003, p. 168.

95 George, 2003, p. 117.

96 Yoffie, David B. & Kwak, Mary. "Playing by the Rules: How Intel Avoids Antitrust Litigation", *Harvard Business Review*, jun. 2001, pp. 119-22.

97 Yoffie & Kwak, 2001, p.120.

98 Descrições da Microsoft como "combativa e rude" e usando *bullying* e outras "táticas injustas para competir em mercados onde a sua tecnologia era inferior". Markoff, John, "Papers Shed New Light on Microsoft Tactics", *International Herald Tribune*, 25 mar. 2004, p. 11.

99 O estudo de caso foi chamado "Bill Gates and the Management of Microsoft", Rosenzweig, Philip M. Estudo de Caso da Harvard Business School 392-019, 1992.

100 Algumas das obras mais importantes de James Meindl nessa corrente incluem Meindl, James R., Ehrlich, Sanford B. & Dukerich, Janet M. "The romance of Leadership", *Administrative Science Quarterly* 30, 1985, pp. 78-102; Meindl, James R. & Ehrlich, Sanford B. "The romance of Leadership and the Evaluation of Organizational Performance", *Academy of Management Journal* 30, nº 1, 1987, pp. 91-109; e Salancyk, Gerald R. & Meindl, James R. "Corporate Attributions as Strategic Illusions of Management Control", *Administrative Science Quarterly* 29, 1984, pp. 238-54.

101 Do parecer do Juiz Potter Stewart em *Jacobellis v. Ohio*, 378 U.S. 184 (1964). O parágrafo completo diz o seguinte: "Sob a primeira e 14ª emendas as leis criminais nessa área são constitucionalmente limitadas à pornografia explícita. Hoje não deverei tentar definir melhor os tipos de material que entendo como abrangidos por essa descrição resumida; e talvez eu jamais possa ter sucesso em fazer isso de modo inteligível. Mas eu a reconheço quando a vejo, e o filme envolvido neste caso não é isso."

102 O levantamento anual da *Fortune* foi de início chamada *America's Most Admired Companies*; hoje, a pesquisa é a *World's Most Admired Companies*.

103 Brown, Brad & Perry, Susan. "Removing the Financial Performance Halo

from Fortune's *Most Admired Companies*", *Academy of Management Journal* 37, nº 5, 1994, pp. 1.347-59.
104 Os dois estudos que mostraram que o desempenho financeiro de uma empresa explicava entre 42% e 53% da variância da avaliação geral são Fombrun, Charles & Shanley, Mark. "What Is in a Name?: Reputation Building and Corporate Strategy", *Academy of Management Journal* 33, pp. 233-58; e McGuire, Jean B., Schneeweis, Thomas & Branch, Ben. "Perceptions of Firm quality: A Cause or Result of Firm Performance", *Journal of Management* 16, nº 1, 1990, pp.167-80.
105 Hjelt, Paola. "The World's Most Admired Companies", *Fortune*, 8 mar. 2004, pp. 30-7.
106 Carvajal, Doreen. "Champion in Hearts of Employees", *International Herald Tribune*, 11 ago. 2004, p. 11. Se o portfolio tivesse mudado todos os anos para incluir a lista corrente de empresas, o retorno teria sido 15,21% — assumindo que ignoremos os custos de transação.
107 Os modos como conceitos como"respeito" são medidos foram encontrados no *website Great Place to Work*, www.greatplacetowork.com.
108 As classificações da Cisco como *Excelente Lugar para se Trabalhar* estão listadas no *website*.

CAPÍTULO CINCO

109 Narver, John C. & Slater, Stanley F. "The Effect of Market Orientation on Business Performance", *Journal of Marketing*, out. 1990, pp. 20-35. Nessa passagem, usei os termos "orientação ao cliente" e "orientação de mercado" de modo intercambiável.
110 Aguilar, Francis & Bambri, Arvind. "Johnson & Johnson, Philosophy and Culture" (A), Estudo de Caso da Harvard Business School 384-053, 1983.
111 Em 2004, os valores compartilhados da Johnson & Johnson pareciam ser mais fortes que nunca. Ver London, Simon. "J&J Stands Proudly By Its Leader's Words". *Financial Times*, 31 ago. 2004, p. 10.
112 Kotter, John & Heskett, James. *Corporate Culture and Performance*, New York: Free Press, 1992, p. 16.
113 Kotter & Heskett, 1992, pp. 20-1. Em sua carta acompanhando a pesquisa, eles aconselharam os entrevistados: "Por favor avaliem as firmas listadas na folha anexa em uma escala de um a cinco, atribuindo um a uma firma que você acredita ter uma forte cultura. Tente dissociar as suas avaliações do modo como essas firmas se desempenharam em anos recentes. Essa última advertência reconhecia o potencial para atribuições baseadas no desempenho, mas se ela seria suficiente para neutralizar a tendência para auras, considerando o que vimos em outros cenários, e questionável, e não foi testado pelos autores.
114 Kotter & Heskett, 1992, p. 37.

115 Resenha no *website* da Amazon.com, jul. 2004.
116 Existem, é claro, argumentos pelo contrário, notadamente a obra de Clayton Christensen sobre tecnologias disruptivas, o qual sugere que as empresas podem fracassar se ficaram focadas *demais* nos clientes de hoje e negligenciarem as necessidades de futuros clientes em potencial. Vide Christensen, Clayton M. *The Innovator's Dilemma: When New Technologies Cause Great Firms to Fail*. Boston: Harvard Business School Press, 1997.
117 Locke, Edwin A. "The Nature and Causes of Job Satisfaction", in Dunnette, M.D. (ed.), *Handbook of Industrial and Organizational Psychology*. Chicago: Rand McNally, 1976, pp. 1.297-349. Steven Levitt e Stephen Dubner, na p. 10 do seu *bestseller Freakanomics: A Rogue Economist Explores the Hidden Side of Everything* (New York: Penguin, 2005) demonstraram mais ou menos a mesma coisa: "Só porque duas coisas são correlacionadas, isso não significa que uma causa a outra. Uma correlação significa simplesmente que existe uma relação entre dois fatores — vamos chamá-los X e Y — mas isso não diz nada sobre a direção dessa relação. É possível que X cause Y; também é possível que Y cause X; e pode ser que X e Y estejam ambos sendo causados por algum outro fator, Z."
118 A afirmação da Bain & Company de que "os nossos clientes superaram o mercado de ações em quatro para um" foi encontrada em janeiro de 2006 em www.bain.com/bainweb/About/what_we_do.asp. Que cada ponto representava uma comparação trimestre a trimestre de um portfolio de clientes da Bain naquele trimestre com o mercado foi explicado por *e-mail* em janeiro de 2006 pela chefe de relações com a imprensa da Bain, Cheryl Krauss.
119 Um plano longitudinal pode ajudar a superar erros simples de correlação e causalidade mas não pode provar definitivamente a causalidade. Se remontamos o nosso pensamento a David Hume e outros filósofos da ciência, temos de admitir que a causalidade não pode jamais ser provada de maneira definitiva. Sou grato a Michael Raynor por este ponto.
120 Demonstrar que o desempenho financeiro medido pelo retorno sobre os ativos e ganhos por ação deu melhor resultado em prever a satisfação dos empregados do que o inverso, é de Schneider, Benjamin; Hanges, Paulo J.; Smith, D. Brent & Salvaggio, Amy Nicole. "Which comes First: Employee Attitudes or Organizational, Financial, and Market Performance?". *Journal of Applied Psychology* 88, nº 5, out. 2003, pp. 836-51.
121 Jaworsky, Bernard J. & Kohli, Ajay K. "Market Orientation: Antecedents and Consequences". *Journal of Marketing* 57 jul./ago. 1993, pp. 53-70.
122 Jaworsky & Kohli, 1993, p. 64.
123 Ver, por exemplo, pp. 52-4 de Paine, Lynn Sharp. *Value Shift: Why Companies Must Merge Social and Financial Imperatives to Achieve Superior Performance*. New York: McGraw-Hill, 2003.
124 Ruf, Bernardette M.; Muralidhar, Krishnamurty; Brown, Robert M.; Janney, Jay J. & Paul, Karen. "An Empirical Investigation of the Relationship Between Change in Corporate Social Performance and Financial Performance: A

Stakeholder Theory Perspective". *Journal of Business Ethics* 32, 2001, pp. 143-56. Um outro estudo sobre RSC que usou dados de KDL e encontrou uma relação positiva foi Berman, Shawn L.; Wicks, Andrew C.; Kotha, Suresh & Jones, Thomas M. "Does Stakeholder Orientation Matter?: The Relationship Between Management Models and Firm Financial Performance". *Academy of Management Journal* 42, nº 5, out. 1999.

125 O *The Economist* sugeriu que muitas iniciativas de RSC eram pouco mais que exemplos de "boa administração". "The Good Company: A Review of Corporate Social Responsibility", *The Economist*, 22 jan. 2005.

126 Eles observam, por exemplo, o problema de "avaliação administrativa da eficácia do GRH" — um reconhecimento de que o Efeito Aura pode colorir as classificações. "em três medidas amplamente seguidas do desempenho da firma." Huselid, Mark A.; Jackson, Susan E. & Schuler, Randall S. "Technical and Strategic Human Resource Management Effectiveness as Determinants of Firm Performance". *Academy of Management Journal* 40, nº 1, 1997, p. 184.

127 Huselid, Jackson & Schuler, 1997, p. 186.

128 Wasserman, Noam; Nohria, Nitin & Anand, Bharat. "When Does Leadership Matter?: The Contingent Opportunities View of CEO Leadership", minuta de trabalho da Harvard Business School, 2001.

129 Citado em Joyce, William F.; Nohria, Nitin & Roberson, Bruce. *What Really Works: The 4+2 Formula for Sustained Business Success.* New York: HarperBusiness, 2003, p. 200.

130 Huselid, Mark A. & Becker, Brian E. "Methodological Issues in Cross-Sectional and Panel Estimates of the Human Resource-Firm Performance Link", *Industrial Relations* 35, nº 3, jul. 1996, p. 403.

131 A observação de Pinker é da p. 38 de Pinker, Stephen. *How the Mind Works.* London: Penguin Books, 1997.

132 Esta última categoria, que eles chamaram de "efeitos segmento-específicos", captura as práticas da empresa, a eficácia ou a organização, e as habilidades dos seus administradores. McGahan, Anita & Porter, Michael E. "How Much Does Industry Matter, Really?". *Strategic Management Journal* 18, 1997, pp. 15-30. A frase exata era: "Esta última categoria, efeitos segmento-específicos, engloba todas as diferenças de segmento de negócios, inclusive diversidade na fatia de mercado, diferenciação, heterogeneidade em ativos fixos, diferenças em práticas organizacionais, diferenças em eficácia organizacional, heterogeneidade em configurações de atividades, anomalias em práticas contábeis e diferenças em competência administrativa".

CAPÍTULO SEIS

133 Twain, Mark (Samuel L. Clemens). *The Annotated Huckleberry Finn: The Adventures of Huckleberry Finn.* New York: W.W. Norton & Co., 2001, p. 203.

134 Peters, Thomas J., & Waterman Jr., Robert H. *In Search of Excellence: Lessons from America's Best-Run Companies*. New York: Warner Books, 1982, p. 24.
135 Peters, Tom, "Tom Peters' True Confessions", *Fast Company*, dez. 2001, p. 81
136 Peters, 2001, p. 81.
137 Peters, 2001, p. 84.
138 Peters & Waterman, 1982, p.17.
139 Peters, 2001, p. 84.
140 Peters & Waterman, 1982, p. 25.
141 "Who's Excellent Now?". *Business Week*, 5 nov. 1984.
142 Peters, 2001, p. 86.
143 Collins, James C. & Porras, Jerry I. *Built to Last: Successful Habits of Visionary Companies*. New York: HarperBusiness, 1994. p. 17 da edição de bolso de 1997.
144 Collins & Porras, 1994, pp. 20-1.
145 Vastas quantidades de dados são mencionadas em Collins & Porras, 1994, p. 19.
146 Collins & Porras, pp. 245-6.
147 Collins & Porras, dentro de citação na segunda página da edição de bolso de 1997.
148 *Built to Last*, quarta capa da edição de bolso de 1997.
149 Collins & Porras, p. xxiv.
150 Collins & Porras, dentro de citação na segunda página da edição de bolso de 1997.
151 Collins & Porras, p. 21.
152 Gary Hamel e Liisa Välikangas compararam as dezoito empresas visionárias ao Dow Jones Industrial Average, em vez do S&P 500, mas obtiveram resultados similares. Em "The Quest for Resilience" (*Harvard Business Review*, set. de 2003, pp. 52-63) eles escreveram: "Nos últimos dez anos, apenas seis dessas empresas conseguiram desempenho melhor que o Dow Jones Industrial Average."
153 Foster, Richard N. & Kaplan, Sarah. *Creative Destruction: Why Companies That Are Built to Last Underperform the Market — And How to Successfully Transform Them*. New York: Random House, p. 8.
154 Foster & Kaplan, pp. 8-9;
155 Schumpeter, Joseph A. *Capitalism, Socialism and Democracy*. New York: Harper, 1975 (orig. pub. 1942), pp. 82-5.
156 Ghemawat, Pankaj. *Commitment: The Dynamics of Strategy*. New York: Free Press, 1991.
157 Waring, Geoffrey F. "Industry Differences in the Persistence of Firm-Specific Returns", *American Economic Review*, dez. 1996, pp. 1.253-65.
158 McGahan, Anita M. "Competition, Strategy, and Business Performance", *Califórnia Management Review* 41, nº 3, spring 1999.
159 A maioria das pessoas não capta intuitivamente o fenômeno da regressão em direção ao meio. Amos Tversky e Daniel Kahneman, psicólogos que foram pioneiros em muitas pesquisas do julgamento humano sob incerteza, explicaram:

"Sugerimos que o fenômeno da regressão continua elusivo porque é incompatível com a crença de que o resultado previsto deve ser maximamente representativo do input, donde o valor da variável do resultado deve ser tão extremo quanto o valor da variável do input". "Judgment Under Uncertainty: Heuristics and Biases". *Science* 185, 1974, p. 1.124-31.

160 Os estudos de Ghemawat e McGahan são apenas dois dos muitos que demonstraram a mesma tendência geral. Robert Wiggins, da Universidade de Memphis, e Timothy Ruefli, da Universidade do Texas, em Austin, analisaram muitos desses estudos e concluíram não apenas que os lucros se erodem, mas que a taxa de erosão está se tornando mais e mais rápida — devido ao aumento de pressões competitivas, às vezes chamado de hipercompetição. Eles citam Schumpeter: "Praticamente todo empreendimento [é] ameaçado e posto na defensiva assim que vem à existência". Wiggins, Robert R. & Ruefli, Timothy W. "Schumpeter's Ghost: Is Hypercompetition Making the Best of Times Shorter?". *Strategic Management Review* 26, 2005, pp. 887-911.

CAPÍTULO SETE

161 Bing, Stanley. "Quantum Business", *Fortune*, 4 out. 2004, p. 104.

162 Diversas citações diretas vêm de Joyce, William F.; Nohria, Nitin & Roberson, Bruce. *What Really Works: The 4+2 Formula for Sustained Business Success*. New York: HarperBusiness, 2003: "mas nenhum maior do que este: O que realmente funciona?" é da p. 3; "aquelas que de fato realmente importam" é da p. 5; "conduzida com rigor científico e verificada por fatos medidos" é da p. 6; e "a ligação entre práticas 4+2 e sucesso nos negócios foi impressionante" é da p. 15.

163 Kirby, Julia. "Toward a Theory of High Performance", *Harvard Business Review*, jul./ago. 2005, pp. 30-9. Kirby discute vários dos estudos discutidos neste livro — inclusive Peters e Waterman, Collins e Porras, Kotter e Heskett, Zook e Allen, Joyce, Nohria, Roberson, e Foster e Kaplan. O artigo prova diversos bons pontos de vista mas não aborda dois problemas fundamentais: a dependência de dados de fontes que provavelmente são formadas pelo Efeito Aura e a natureza relativa do desempenho da empresa.

164 Todos esses itens com marcadores vêm de Alex. Brown, exceto a menção de "sofisticada tecnologia de cliente/servidor que levou a um melhor gerenciamento de mercadorias e economias de US$ 240 milhões", que é de Santosus, Megan. "A Seasoned Performer", *CIO*, 15 jan. 1995.

165 Buchanan, R. F. "Kmart Corporation — Company Report", 9 out. 1990, Alex. Brown & Sons, The Investext Group, Boston, p. 4.

166 Foley, Sharon. "Wal-Mart Stores, Inc.", Estudo de Caso da Harvard Business School 9-794-024, rev. 1996, p. 6.

167 Para o pano de fundo sobre a General Motors e sua fatia de mercado

enfraquecida, ver Welch, David & Beucke, Dan. "Why GM's Plan Won't Work", *Business Week*, 9 maio 2005.

168 A capa declarou: "O pioneiro estudo de cinco anos dos segredos das melhores empresas do mundo." "aperfeiçoar a partir de práticas específicas garante o desempenho superior de uma empresa", é de Joyce, Nohria & Roberson, 2003, p. 12.

169 "marcha fúnebre da análise financeira" e a descrição de quinze anos de retornos no mercado de ações perto da média geral, "interrompidos por um ponto de transição", e "na mais improvável das situações" são todas de Collins, 2001, p. 6.

170 Collins, 2001, p. 9.

171 Nas pp. 211-2 de *Good to Great,* Collins aborda questões de significância estatística, considerando que havia apenas onze empresas no estudo. Ele escreve que a sua equipe consultou um estatístico na Universidade do Colorado, o qual observou que o problema de significância estatística se aplica somente quando a amostragem de dados está envolvida, mas que Collins em vez disso fez uma seleção intencional para chegar a essas onze empresas. Isso está correto, mas não é necessariamente um ponto a favor desse plano de pesquisa. Selecionar empresas com base nos resultados não seria problemático se houvesse independência entre variáveis independentes e dependentes; mas esse não é o caso, pois muitos dos dados vieram de fontes que são comumente distorcidas pelo Efeito Aura. Em seguida, à p. 212, Collins cita uma professor de matemática aplicada da Universidade do Colorado, o qual concluiu que "virtualmente não existe chance de que simplesmente encontremos onze eventos aleatórios que aconteceram só para demonstrar os padrões *good-to-great* que estamos procurando. Podemos concluir confiantemente que as características que encontramos são fortemente associadas com transformações *good-to-great*". Associadas com, mas não do modo causal que Collins tão fortemente implica quando alega ter explicado por que algumas empresas dão o salto de bom para grande enquanto outras não o fazem. As características observadas levam a transformações *good-to-great,* ou as empresas que passaram por essas transições tendem a ser descritas como possuindo aquelas características? O argumento fundamental deste livro é que a última explicação é a mais provável, dada a probabilidade de auras nesse conjunto de dados.

172 As perguntas da entrevista são de Collins, 2001, pp. 240-1.

173 O auto-relato pode ser valioso quando usado em conjunção com outros dados e quando conduzido de modo a minimizar tendências de retrospecção. Ver, por exemplo, a discussão de Robert K. Yin in *Case Study Research: Design and Methods*. Newbury Park, CA: Sage Publications, 1984. Collins e sua equipe não mostram evidências de reconhecer as limitações dos seus métodos, que se apoiavam em entrevistas retrospectivas, artigos de publicações e outros relatos desse tipo, nem mostram qualquer esforço para compensar os problemas inerentes àqueles dados.

174 Collins, 2001, p. 10. Collins lembrou-se de que iria "fazer uma apresentação à equipe sobre aquela empresa específica, extraindo conclusões em potencial e fazendo perguntas, Então iria debater, discordar, bater na mesa, erguer nossas

vozes, pausar e refletir, debater mais um pouco, pausar e pensar, discutir, resolver, questionar e debater mais uma vez sobre "o que isso tudo significa". Como sabemos pela pesquisa de Barry Staw, esses tipos de discussão são provavelmente banhados pelo Efeito Aura.

175 Collins, 2001, p. 11.

176 Collins, 2001, p. 11.

177 Uma olhada de perto nas onze grandes empresas mostra que nos quinze anos antes do ponto de inflexão elas na verdade declinaram ligeiramente em relação ao mercado. A mensagem? Não se preocupe se você não está indo bem agora mesmo. A sua empresa também pode ir de meramente boa para verdadeiramente grande.

178 Tomei emprestada uma imagem do *Ulysses* de James Joyce, que também descreve um bastão de hóquei celestial: "E eles contemplaram a Ele mesmo Ele, ben Bloom Elijah, por entre nuvens de anjos ascender à glória do esplendor, a um ângulo de 45 graus acima de Donohoe na rua Little Green como que lançado por uma pá". Joyce, James. *Ulysses, The Corrected Version*. New York: Random House, 1986, p. 283.

179 Berlin, Isaiah. *The Hedgehog and the Fox: An Essay on Tolstoy's View of History*. Chicago: Elephant Paperback, 1993.

180 Tetlock, Philip E. *Expert Political Judgment: How Good Is It? How Can We Know?* Princeton, N.J.: Princeton University Press, 2005.

181 Collins, 2001, p. 5.

182 Collins, 2001, p. 15.

183 Derman, Emanuel. *My Life as a Quant: Reflections on Physics and Finance*. New York: John Wiley, 2004, p. 15. No nível das partículas subatômicas, parte dessa precisão se rompe e os físicos não podem descrever fenômenos com a mesma precisão reconfortante, mas Collins não invoca a imagem da física para sugerir a incerteza; antes, muito pelo contrário, sua referência à física visa sugerir precisão e previsibilidade.

CAPÍTULO OITO

184 Booker, Christopher. *The Seven Basic Plots: Why We Tell Stories*. London: Continuum Books, 2004. p. 585. "uma miraculosa transformação em seu destino" é da p. 52.

185 Anders, George. "Homespun Strategist Offers Career Advice". *Wall Street Journal Online*, 13 jan. 2004. Disponível em: www.careerjournal.com/myc/climbing/20040113-anders.html.

186 Bertrand, Marianne & Schoar, Antoinette. "Managing with Style: The Effect of Managers on Firm Policies". *Quarterly Journal of Economics* 118, nº 4, nov. 2003, pp. 1.169-208. Essa publicação, vale mencionar, está entre as mais eruditas publicações de economia, dificilmente uma leitura leve para administradores em exercício. Os autores se referem a outros ensaios que procuraram medir o impacto

de características gerenciais sobre o desempenho da firma e corretamente ressaltam que "esses ensaios não controlam efeitos fixos da firma e portanto não podem separar efeitos do administrador dos efeitos da firma". Esses ensaios incluem o ensaio preliminar de Wasserman, Nohria & Anand (2001), o qual foi mencionado como um esforço para estudar o impacto da liderança sobre o desempenho da firma no capítulo cinco.

187 Bloom, Nick; Dorgan, Stephen; Dowdy, John; Van Reenen, John & Rippin, Tom. "Management Practices Across Firms and Nations". Centre for Economic Performance, London School of Economics, jun. 2005, p. 3. A interpretação dos 10% de explicação do desempenho total da firma vem da correspondência por e-mail com Nick Bloom, julho de 2005: "Sobre a variância do DTF (Desempenho Total da Firma) explicada isso é baseado e números r^2 das regressões ajustadas para erro de medição . Para os países é baseado apenas em dizer que o hiato de DTF UK—EUA é cerca de 20% a 40% e o hiato de administração seria associado com cerca de 3% a 5% do hiato de DTF, portanto isto responde por cerca de 15% da variação. Naturalmente, quanto a esses, não sabemos nada sobre causalidade."

188 March, James G. & Sutton, Robert I. "Organizational Performance as a Dependent Variable", *Organization Science* 8, nº 6, nov./dez. 1997, p. 698. A referência ao "tour de force esquizofrênico" em que "as exigências dos papéis de consultor e professor são dissociados das exigências do papel do pesquisador" está na p. 703.

189 "Barn's Storming", *The Economist*, 12 mar. 2005, p. 57. Remunerações extraordinárias como essas sugerem outra coisa, uma espécie de consumo conspícuo, como descrito pelo economista Thorstein Veblen. Uma vez que é difícil avaliar acuradamente o valor de tais discursos, a alta remuneração serve como um sinal de alto valor de mercado.

190 "pobres poderes de Poul Plougmann para acrescentar ou depreciar" é uma frase tomada de empréstimo do *Discurso de Gettysburg* de Abraham Lincoln: "Os homens bravos, vivos e mortos, que lutaram aqui, o consagraram muito além de nossos pobres poderes para acrescentar ou depreciar."

191 Os artigos citados nesta seção incluem Ekman, Ivar. "Lego Braces for Big Changes". *International Herald Tribune*, 23 jul. 2005, p. 9; Austen, Ian. "Lego Plays Hardball with Right to Bricks". *International Herald Tribune*, 3 fev. 2005, p. 11; e o *press release* da Lego de 21 out. 2004, www.lego.com. As perspectivas em declínio para as empresas de brinquedos foram descritas por Erika Kinetz em "Putting Away Childish Things". *International Herald Tribune*, 2-3 abr. 2005, pp. 16-7. "Pela maior parte dos padrões, a indústria de brinquedos está se desmanchando nas costuras. As crianças simplesmente não estão comprando brinquedos como antes, e a industria está lutando para se ajustar. As vendas na Europa Ocidental, no Japão e nos Estados Unidos — os três maiores mercados para brinquedos pelas vendas — estão estagnados há vários anos." Parte do problema é o crescimento dos brinquedos eletrônicos e dos telefones móveis; e a consolidação dos canais de varejo está espremendo ainda mais as empresas de brinquedos. O

imperativo, de acordo com o repórter, era aumentar o seu público, expandir os seus atrativos e se aventurar em eletrônica de consumo, mídia, educação, moda e até híbridos de decoração doméstica. Quase qualquer coisa, ao que parece, fora se apegar a um núcleo moribundo.

CAPÍTULO NOVE

192 Porter, Michael E. "What Is Strategy?", *Harvard Business Review*, nov./dez. 1996, p. 62.

193 Joyce, Nohria & Roberson, 2003, p. 16.

194 Collins, *Good to Great*. O argumento de Collins é circular, uma vez que sugere que podemos identificar pessoas "certas" e "erradas" independentemente da estratégia da empresa. De fato, certas pessoas e suas habilidades podem ser mais ou menos apropriadas considerando o que a empresa está tentando fazer — as atividades que ela desempenha, os mercados em que compete, e as fontes de diferenciação que ela persegue. Como um exemplo, considere a Harrah's Entertainment, que foi mencionada no capítulo um. Quando Gary Loveman levou a empresa em uma direção diferente — uma escolha estratégica de enfatizar uma abordagem ao gerenciamento de dados do cliente baseada em informação — algumas das pessoas que tinham sido consideradas entre as de melhor desempenho não eram mais necessárias. Loveman até substituiu um gerente de marketing que acabara de ser nomeado "funcionário do ano". Essa pessoa se tornara subitamente "errada"? Não em um sentido absoluto, mas relativamente à direção estratégica, é evidente que sim.

195 Para propósitos desta discussão, eu uso os termos "risco" e "incerteza" de forma intercambiável , embora estritamente falando exista uma diferença importante entre os dois. Risco geralmente significa envolver probabilidades conhecidas, enquanto sob condições de incerteza as probabilidades não são conhecidas. A roleta é portanto um jogo de risco — conhecemos as chances, e conhecemos as recompensas, e podemos fazer as nossas apostas de acordo com isso. Prever os danos causados por um terremoto maciço envolve incerteza — não sabemos o momento nem a magnitude e não podemos prever os danos com precisão. Por essa definição, a maior parte do que eu cito aqui vem sob o rótulo de incerteza.

196 Guralnick, Peter. *Last Train to Memphis: The Rise of Elvis Presley*. New York: Little, Brown, 1944, p. 227 da edição de bolso.

197 Christensen, Clayton M. *The Innovator's Dilemma: When New Technologies Cause Great Firms to Fail*. Boston: Harvard Business School Press, 1997.

198 Robert R. Wiggins e Timothy Ruefli mostraram que as indústrias diferem na persistência do desempenho, com as empresas de tecnologia de ponta demonstrando erosão mais rápida do que indústrias mais estáveis. Eles também mostraram que todas as indústrias parecem ter períodos de encurtamento da persistência, querendo dizer que o Equívoco do Sucesso Duradouro está se tor-

nando cada vez mais pronunciado. Ver Wiggins, Robert R., & Ruefli, Timothy W. "Schumpeter's Ghost: Is Hypercompetition Making the Best of Times Shorter?". *Strategic Management Review* 26, 2005, pp. 887-911.

199 Para ver a importância de conhecer o perfil da população global imagine que 90% de todas as empresas tivessem um único núcleo e os outros 10% tivessem mais de um. Nesse caso, se 78% das empresas de sucesso tivessem um único núcleo, descobriríamos que as empresas com mais de um núcleo tendiam a ter uma maior probabilidade de sucesso em base proporcional, 22/10 = 220% contra 78/90 = 87%. O estudo de Zook não é o único a cometer esse tipo de erro. Neil Harper & Viguerie, Patrick. "Are You Too Focused?". *McKinsey Quarterly*, Special Edition: Risk and Resilience, 2000, pp. 28-37. Seu estudo de mais de quatro mil importantes empresas americanas de 1990 a 2000 descobriu que empresas focadas tiveram melhor desempenho que a média da sua indústria em 8%, mas empresas moderadamente diversificadas tiveram desempenho melhor que a média em 13%. A conclusão: A diversificação moderada é pelo menos tão boa quanto — e provavelmente melhor do que — um foco maior. Mas exatamente como o estudo Bain, o estudo McKinsey é incapaz de nos dizer se a diversificação moderada leva ao alto desempenho, ou se as empresas que tem bom desempenho se abstêm de uma diversificação maior. A não se que possamos examinar os dados através do tempo e comparar os resultados de diferentes decisões tomadas por empresas se defrontando com circunstâncias similares, não podemos dizer.

200 Deveria ser possível conduzir tal estudo coletando dados no correr do tempo (um plano longitudinal) usando uma metodologia apropriada como análise de evento-história, claro que com a condição de que os nossos dados não estejam corrompidos por auras.

201 Ver March, James G. & Shapira, Zur. "Managerial Perspectives on Risk and Risk-Taking", *Management Science* 33, 1987. Eles escrevem: "Em perspectiva histórica, não temos dificuldade em distinguir aqueles que foram brilhantes enfrentadores de riscos daqueles que foram jogadores insensatos, por obscura que possa ter sido a diferença na época em que eles estavam tomando suas decisões. A reconstrução após o fato permite que a história seja contada de modo que a 'chance', seja no sentido de fenômenos genuinamente probabilísticos ou no sentido de variação inexplicável, seja minimizada como explicação".

202 Bossidy, Larry; Charan, Ram & Burck, Charles. *Execution: The Discipline of Getting Things Done*. New York: Random House Business Books, 2002, p. 9.

203 As origens dos sistemas sociotécnicos remontam a Eric Trist, A.K. Rice, Eric J. Miller e seus colegas na Tavistock School durante os anos 1950 e 1960.

204 Becker, Brian E.; Huselid, Mark A.; Pickus, Peter S. & Spratt, Michael F. "HR as a Source of Shareholder Value: Research and Recommendations", *Human Resource Management* 36, nº 1, 1997, p. 47.

205 Peter Cappelli e Anne Crocker-Hefter, da Wharton School, duvidaram se existe um só conjunto que seja de "melhores" práticas. Antes, eles observaram: "há exemplos em virtualmente todas as indústrias de firmas altamente bem-

sucedidas que têm práticas administrativas muito distintas". Seus exemplos iam desde empresas (Sears e Nordstrom, ou Boston Consulting Group e McKinsey & Co) até escolas de administração (Harvard e Wharton) e times de futebol (o San Francisco 49ers e o Oakland Raiders), cada qual com práticas administrativas muito diferentes daquelas do seu par, mas todas bem-sucedidas em seus campos. Eles notam: "Mesmo práticas que parecem ter sido demonstradas como 'as melhores' em algumas firmas parecem jamais varrer a comunidade de negócios como um todo". Cappelli, Peter & Crocker-Hefter, Anne. "Distinctive Human Resources Are Firms' Core Competences". *Organizational Dynamics* 24, 1996, pp. 7-21.

206 Murphy, James D. *Flawless Execution: Use the Techniques and Systems of America's Fighter Pilots to Perform at Your Peak and Win the Battles of the Business World*. Los Angeles: Regan Books, 2005.

207 Edmondson, Gail. "What He'll Do with Renault". *Business Week*, 25 abr. 2005, p. 19.

208 A descrição da execução da Allied-Signal é de Tichy, Noel & Charan, Ram. "The CEO as Coach: An Interview with AlliedSignal's Lawrence A. Bossidy". *Harvard Business Review*, mar./abr. 1995, p. 72.

209 A descrição da execução na Dell é de Bossidy, Larry; Charan, Ram & Burck, Charles. *Execution: The Discipline of Getting Things Done*. New York: Random House Business Books, 2002, pp. 16-8.

210 Ver www.informationweek.com/showArticle.jhtml?articleID=29100212.

211 Para histórias sobre a substituição de Carly Fiorina, ver Morrison, Scott. "HP Sacks Chief Executive Fiorina but Stresses Strategy Will Not be Changed". *Financial Times*, 10 fev. 2005, p. 1; e Morrison, Scott. "HP Turns to NCR for Its New Chief". *Financial Times*, 30 mar. 2005, p. 1.

212 Uma revisão das questões estratégicas diante da Hewlett-Packard foi bem sumarizada pela *Business Week* em "Carly's Challenge", por Ben Elgin, 13 dez. 2004, pp. 48-56. Uma crítica devastadora, que abordou toda a escala de problemas, da estratégia à execução, foi provida por Carol J. Loomis. "Why Carly's Big Bet Is Failing". *Fortune*, 24 jan. 2005. Ver também "Exit Carly". *The Economist*, 12 fev. 2005, p. 63.

213 Lee, Louise & Burrows, Peter. "Dell's Edge Is Getting Duller". *Business Week*, 14 nov. 2005, p. 43. De acordo com os autores, algumas das questões estratégicas enfrentadas pela Dell diziam respeito à importância relativa atribuída ao consumidor versus os mercados corporativos, bem como sua aproximação com a China.

214 Peters, 2001, p. 90.

CAPÍTULO DEZ

215 A menção de Ballmer lendo *Good to Great* de Collins é de Greene, Jay. "Troubling Exits at Microsoft". *Business Week*, 26 set. 2005, p. 55.

216 Wiggins & Ruefli (2005) escrevem que "a vantagem competitiva sustentada se tornou menos uma questão de encontrar e manter uma única vantagem competitiva e mais um caso de encontrar uma série de vantagens competitivas no decorrer do tempo e concatenando-as em uma vantagem competitiva sustentada".

217 Lester, Tom. "Learning How to Fail in Business". *Financial Times*, 29 set. 2003.

218 O professor de estratégia Jay Barney escreve: "Firmas que desfrutam de retornos acima do normal talvez façam isso por causa de insights e habilidades únicas que elas controlavam quando foram escolhidas as estratégias que geraram seus atuais retornos. Por outro lado, essas firmas podem também ter tido sorte". Barney, Jay B. "Strategic Factor Markets: Expectations, Luck and Business Strategy". *Management Science* 32, nº 10, out. 1986, pp. 1.231-41.

219 Rubin & Weisberg, p. 7.

220 Rubin & Weisberg, p. 7.

221 Rubin & Weisberg, p. 46.

222 A transação Becton-Dickinson e Univis é explicada em Rubin & Weisberg, pp. 42-6.

223 Rubin & Weisberg, p. 46.

224 Rubin & Weisberg, p. xii.

225 Grove, Andrew S. *Only the Paranoid Survive: How to Exploit the Crisis Points That Challenge Every Company*. New York: Doubleday, 1996, p. 83.

226 Grove, 1996, p. 102.

227 Grove, 1996, pp. 152-3.

228 Grove, 1996, p. 117.

229 As citações do artigo de Jeffrey Garten são de "Andy Grove Made the Elephant Dance". *Business Week*, 11 abr. 2005, p. 11.

230 As citações do artigo de Tedlow são de "The Education of Andy Grove". *Fortune*, 12 dez. 2005, pp. 33-41.

231 Markoff, John. "The Disco Ball of Failed Hopes and Other Tales from Inside Intel". *New York Times*, 29 nov. 2004. A *Business Week* também publicou um perfil da Intel como uma das grandes inovadoras dos negócios; ver Edwards, Cliff. "Supercharging Silicon Valley". *Business Week*, 4 out. 2004, p. 8.

232 Nuttall, Chris. "Intel Inside Out: The Chip Industry Leader Adapts to Changing Consumer Demands". *Financial Times*, 9 fev. 2005, p. 15.

233Edwards, Cliff. "Inside Intel", *Business Week*, 9 jan. 2006, pp. 45-53.

234 Comentários pronunciados em Orchestrating Winning Performance do IMD em Lausanne, Suíça, em 26 jun. 2005.

Bibliografia

Livros

Aronson, Eliot. *The Social Animal*. 5ª ed., New York: W.H. Freeman & Co., 1988.

Barham, Kevin & Heimer, Claudia. *ABB: The Dancing Giant*. London: FT Pitman Publishing, 1998.

Berlin, Isaiah. *The Hedgehog and the Fox: An Essay on Tolstoy's View of History*. Chicago: Elephant Paperback, 1993.

Booker, Christopher. *The Seven Basic Plots: Why We Tell Stories*. London: Continuum Books, 2004.

Bossidy, Larry; Charan, Ram & Burck, Charles. *Execution: The Discipline of Getting Things Done*. New York: Random House Business Books, 2002.

Burgelman, Robert A. *Strategy is Destiny: How Strategy-Making Shapes a Company's Future*. New York: Free Press, 2002.

Carlin, George. *When Will Jesus Bring the Pork Chops?* New York: Hyperion, 2004.

Carrol, Paul. *Big Blues: The Unmaking of IBM*. New York: Crown, 1993.

Christensen, Clayton M. *The Innovator's Dilemma: When New Technologies Cause Great Firms to Fail*. Boston: Harvard Business School Press, 1997.

—— & Raynor, Michael E.. *The Innovator's Solution: Creating and Sustaining Successful Growth*. Boston: Harvard Business School Press, 2003.

Collins, James C. & Porras, Jerry I. *Built to Last: Successful Habits of Visionary Companies*. New York: HarperBusiness, 1994.

Collins, Jim. *Good to Great: Why Some Companies Make the Leap... and Others Don't*. New York: Random House Business Books, 2001.

Derman, Emanuel. *My Life as a Quant: Reflections on Physics and Finance*. New York: John Wiley, 2004.

Feynman, Richard P. *The Pleasure of Finding Things Out: The Best Short Works of Richard P. Feynman*. London: Penguin Books, 1999.

FOSTER, Richard N. & KAPLAN, Sarah. *Creative Destruction: Why Companies That Are Built to Last Underperform the Market — And How to Successfully Transform Them*. New York: Currency-Random House, 2001.

GEORGE, Bill. *Authentic Leadership: Rediscovering the Secrets to Creating Lasting Value*. San Francisco: Jossey-Bass, 2003.

GHEMAWAT, Pankaj. *Commitment: The Dynamics of Strategy*. New York: Free Press, 1991.

GOULD, Stephen Jay. *Full House: The Spread of Excellence from Plato to Darwin*. New York: Three Rivers Press, 1996.

GROVE, Andrew S. *Only the Paranoid Survive: How to Exploit the Crisis Points That Challenge Every Company*. New York: Doubleday, 1996.

GURALNICK, Peter. *Last Train to Memphis: The Rise of Elvis Presley*. New York: Little Brown, 1944.

HITCHENS, Cristopher. *Letters to a Young Contrarian*. New York: Basic Books, 2001.

JOYCE, James. *Ulysses, The Corrected Version*. New York: Random House, 1986.

JOYCE, William F.; NOHRIA, Nitin & ROBERSON, Bruce. *What Really Works: The 4+2 Formula for Sustained Business Success*. New York: HarperBusiness, 2003.

KOTTER, John & HESKETT, James. *Corporate Culture and Performance*. New York: Free Press, 1992.

LEVITT, Steven D. & DUBNER, Stephen J. *Freakanomics: A Rogue Economist Explores the Hidden Side of Everything*. New York: Penguin, 2005.

MARCUS, Alfred A. *Big Winners and Big Losers: The Four Secrets of Long-Term Business Success and Failure*. Upper Saddle River, N.J.: Pearson Education Inc., 2006.

MICKLETHWAIT, John & WOOLDRIDGE, Adrian. *The Witch Doctor: What the Management Gurus Are Saying, Why It Matters, and How to Make Sense of It*. London: Heinemann, 1996.

MURPHY, James D. *Flawless Execution: Use the Techniques and Systems of America's Fighter Pilots to Perform at Your Peak and Win the Battles of the Business World*. Los Angeles: Regan Books, 2005.

O'REILLY, Charles III & PFEFFER, Jeffrey. *Hidden Value: How Great companies Achieve Extraordinary Results with Ordinary People*. Boston: Harvard Business School Press, 2000.

PAINE, Lynn Sharp. *Value Shift: Why Companies Must Merge Social and Financial Imperatives to Achieve Superior Performance*. New York: McGraw-Hill, 2003.

PETERS, Thomas J. & WATERMAN JR., Robert H. *In Search of Excellence: Lessons from America's Best-Run Companies*. New York: Warner Books, 1982.

PETERS, Tom. *Liberation Management: Necessary Disorganization for the Nanosecond Nineties*. London: Pan Books, 1992.

PINKER, Stephen. *How the Mind Works*. London: Penguin Books, 1997.

RUBIN, Robert E. *In an Uncertain World: Tough Choices from Wall Street to Washington*. New York: Random House, 2003.

SCHUMPETER, Joseph A. *Capitalism, Socialism and Democracy*. New York: Harper, 1942.

SHAW, George Bernard. *Pygmalion*. London: Penguin Books, 1916.

SIMON, Herbert A. *Models of My Life*. New York: Basic Books, 1991.

TALEB, Nassim Nicholas. *Fooled by Randomness: The Hidden Role of Chance in Life and in the Markets*. New York: Texere, 2004.

TETLOCK, Philip E. *Expert Political Judgment: How Good Is It? How Can We Know?* Princeton, N.J.: Princeton University Press, 2005.

TWAIN, Mark (Samuel L. Clemens). *The Annotated Huckleberry Finn: The Adventures of Huckleberry Finn*. New York: W.W. Norton & Co., 2001.

WATERS, John K. *John Chambers and the Cisco Way: Navigating Through Volatility*. New York: John Wiley & Sons, 2002.

YIN, Robert K. *Case Study Research: Design and Methods*. Newbury Park, CA: Sage Publications, 1984.

ZOOK, Chris & ALLEN, James. *Profit from the Core: Growth Strategy in an Era of Turbulence*. Boston: Harvard Business School Press, 2001.

ARTIGOS

"Global Most Admired: The World's Most Admired Companies". *Fortune*, 2 out. 2000.

"Who's Excellent Now?". *Business Week*, 5 nov. 1984, pp. 46-8.

"Fortune 500 Largest U.S. Corporations". *Fortune*, 18 abr. 2005.

"Poll: Bush Ratings Hit New Low", CBS News Poll, 6 out. 2005.

"The Good Company: A Review of Corporate Social Responsibility". *The Economist*, 22 jan. 2005.

"Tough at the Top: A Survey of Corporate Leadership". *The Economist*, 25 out. 2003.

"Barn's Storming". *The Economist*, 12 mar. 2005, p. 57.

ABB Annual Reports. ABB Corporate Communications Ltd., Dept. CCBI, P.O.Box 8829, CH-8050, Zurich, Switzerland.

AGUILAR, Francis & BAMBRI, Arvind. "Johnson & Johnson, Philosophy and Culture" (A). Estudo de Caso da Harvard Business School 384-053, 1983.

ANDERS, George, "Homespun Strategist Offers Career Advice". *Wall Street Journal Online*, 13 jan. 2004.

AUSTEN, Ian. "Lego Plays Hardball with Right to Bricks". *International Herald Tribune*, 3 fev. 2005, p. 11.

BARHAM, Kevin & HEIMER, Claudia. "Creating the Globally Connected Corporation". *Financial Times Mastering Management*, jun. 1997, pp. 12-4.

BARNEY, Jay B. "Strategic Factor Markets: Expectations, Luck and Business Strategy". *Management Science* 32, nº 10, out. 1986, pp. 1.231-41.

BARTLETT, Christopher A. "ABB's Relays Business: Building and Managing a Global Matrix". Estudo de Caso da Harvard Business School 9-394-016, 1993.

BECKER, Brian E.; HUSELID, Mark A.; PICKUS, Peter S. & SPRATT, Michael F. "HR as a Source of Shareholder Value: Research and Recommendations". *Human Resource Management* 36, nº 1, 1997, p. 47.

BENNIS, Warren, & O'TOOLE, James. "How Business Schools Lost Their Way". *Harvard Business Review*, maio 2005.

BERMAN, Andrew C. Wicks; KOTHA, Suresh & JONES, Thomas M. "Does Stakeholder Orientation Matter?: The Relationship Between Management Models and Firm Financial Performance". *Academy of Management Journal* 42, nº 5, out. 1999.

BERTRAND, Marianne & SCHOAR, Antoinette. "Managing with Style: The Effect of Managers on Firm Policies". *Quarterly Journal of Economics* 118, nº 4, nov. 2003, pp. 1.169-208.

BILEFSKY, Dan & RAGHAVAN, Anita. "How ABB Tumbled Back Down to Earth". *Wall Street Journal Europe*, 23 jan. 2003.

BILEFSKY, Dan; MIJUK, Goran & MITCHENER, Brandon. "In a Surprise Move, ABB Replaces CEO —Appointment of Successor to Centerman Raises Questions on Management". *Wall Street Journal Europe*, 6 set. 2002.

BING, Stanley. "Quantum Business". *Fortune*, 4 out. 2004, p. 104.

BLOOM, Nick; DORGAN, Stephen; DOWDY, John; VAN REENEN, John & RIPPIN, Tom. "Management Practices Across Firms and Nations". Centre for Economic Performance, London School of Economics, jun. 2005, p. 3.

BROWN, Brad & PERRY, Susan. "Removing the Financial Performance Halo from Fortune's *Most Admired Companies*". *Academy of Management Journal* 37, nº 5, 1994, pp. 1.347-59.

BUCHANAN, R. F. "Kmart Corporation — Company Report". Boston, Alex. Brown & Sons, Investext Group, 9 out. 1990, p. 4.

BURROWS, Peter. "Cisco's Comeback". *Business Week*, 24 nov. 2003, pp. 42-8.

BYRNE, John A. & ELGIN, Ben. "Cisco Behind the Hype". *Business Week*, 21 jan. 2002.

CAPPELLI, Peter & CROCKER-HEFTER, Anne. "Distinctive Human Resources Are Firms' Core Competences". *Organizational Dynamics* 24, 1996, pp. 7-21.

CARVAJAL, Doreen. "Champion in Hearts of Employees" . *International Herald Tribune*, 11 ago. 2004, p. 11.

CHRISTENSEN, Clayton M. & RAYNOR, Michael E. "Why Hard-Nosed Executives Should Care About Management Theory". *Harvard Business Review*, set. 2003, pp. 67-74.

CLARK, Nicola. "Fraying Brand Image at Britain's WH Smith". *International Herald Tribune*, 26 abr. 2004, p. 9.

COGGAN, Philip. "World's Most Respected Companies". *Financial Times, Special Report*, 18 nov. 2005.

COOPER, William H. "Ubiquitous Halo". *Psychological Bulletin* 90, nº 2, 1981, pp. 218-44.

De Jonquieres, Guy. "Europe's Most Respected Companies". *Financial Times*, 18 set. 1996, p. 1.

Doonar, Joanna. "Brand mot: Lego", *Brand Strategy*, 10 fev. 2004.

Downey, H. Kirk; Chacko, Thomas & McElroy, James. "Attributions of 'Causes' of Performance: A Constructive, Quasi-Longitudinal Replication of the Staw (1975) Study". *Organizational Behavior and Human Performance* 24, 1979, pp. 287-99.

Edmondson, Gail. "What He'll Do with Renault". *Business Week*, 25 abr. 2005, p. 19.

Edwards, Cliff. "Supercharging Silicon Valley". *Business Week*, 4 out. 2004, p. 8.

——. "Inside Intel". *Business Week*, 9 jan. 2006, pp. 45-53.

Ekman, Ivar. "Lego Braces for Big Changes". *International Herald Tribune*, 23 jul. 2005, p. 9

Elgin, Ben. "Carly's Challenge". *Business Week*, 13 dez. 2004, pp. 48-56.

Fleming, Charles. "New Chairman of ABB Aims to Tighten Business Focus". *Wall Street Journal Europe*, 23 nov. 2001.

Flower, Joe. "The Cisco Mantra". *Wired* 5.03, mar. 1997.

Fombrun, Charles & Shanley, Mark. "What Is in a Name?: Reputation Building and Corporate Strategy". *Academy of Management Journal* 33, nº 2, 1990, pp. 233-58.

Garten, Jeffrey. "Andy Grove Made the Elephant Dance". *Business Week*, 11 abr. 2005, p. 11.

Goldblatt, Henry. "Cisco's Secrets". *Fortune*, 8 nov. 1999.

Gomes, Lee. "Cisco Tops $100 Billion in Market Capital — Passing Milestone in 12 Years May Be Speed Record". *Wall Street Journal*, 20 jul. 1998.

Greene, Jay. "Troubling Exits at Microsoft". *Business Week*, 26 set. 2005, pp. 53-60.

Hamel, Gary & Välikangas, Liisa. "The Quest for Resilience". *Harvard Business Review*, set. 2003, p. 52.

Hammonds, Keith H. "Michael Porter's Big Ideas". *Fast Company*, mar. 2001, pp. 150-5.

Harper, Neil W. C. & Viguerie, Patrick. "Are You *Too* Focused?". McKinsey Quarterly, 2002, Special Edition: Risk and Resilience, pp. 28-37.

Hjelt, Paola. "The World's Most Admired Companies". *Fortune*, 14 mar. 2005, pp. 30-7.

——. "The World's Most Admired Companies" . *Fortune*, 14 mar. 2005, pp. 41-5.

Huselid, Mark A.; Jackson, Susan E. & Schuler, Randall S. "Technical and Strategic Human Resource Management Effectiveness as Determinants of Firm Performance". *Academy of Management Journal* 40, nº 1, 1997, pp. 171-88.

Huselid, Mark A. & Becker, Brian E. "Methodological Issues in Cross-Sectional and Panel Estimates of the Human Resource-Firm Performance Link". *Industrial Relations* 35, nº 3, jul. 1996, pp. 400-22.

Jaworsky, Bernard J. & Kohli, Ajay K. "Market Orientation: Antecedents and Consequences". *Journal of Marketing* 57, jul./ago. 1993, pp. 53-70.

Karlgaard, Rich. "Interview with Percy Barnevik". *Forbes*, 5 dez. 1994, pp. 65-8.

Kennedy, Carol. "ABB: Model Merger for the New Europe". *Long Range Planning* 25, nº 5, out. 1992.

——. "ABB's Sun Rises in the East". *Director*, set. 1996, pp. 40-4.

Kets de Vries, Manfred. "Leaders Who Make a Difference". *European Journal of Management* 14, nº 5, 1996, pp. 486-93.

——. "Making a Giant Dance". *Across the Board* 31, nº 9, out. 1994, pp. 27-32.

Kinetz, Erika. "Putting Away Childish Things". *International Herald Tribune*, 2-3 abr. 2005, pp. 16-7.

Kirby, Julia. "Toward a Theory of High Performance", *Harvard Business Review*, jul./ago. 2005, pp. 30-9.

Kupfer, Andrew. "The Real King of the Internet". *Fortune*, set. 1998.

Lester, Tom. "Learning How to Fail in Business". *Financial Times*, 29 set. 2003.

Locke, Edwin A. "The Nature and Causes of Job Satisfaction". In: Dunnette, M. D. (ed.). *Handbook of Industrial and Organizational Psychology*. Chicago: Rand McNally, 1976, pp. 1.297-349.

London, Simon. "J&J Stands Proudly By Its Leader's Words". *Financial Times*, 31 ago. 2004, p. 10.

Loomis, Carol J. "Why Carly's Big Bet Is Failing". *Fortune*, 24 jan. 2005.

Loveman, Gary. "Diamonds in the Data Mine". *Harvard Business Review*, maio 2003, pp. 109-13.

MacCarthy, Clare. "Deputy Chief Sacked as Lego Tries to Rebuild". *Financial Times*, 9 jan. 2004, p. 25.

Manette, Nicole. "Cisco Fractures Its Own Fairy Tale" . *Fortune*, 14 maio 2001.

March, James G. & Sutton, Robert I. "Organizational Performance as a Dependent Variable". *Organization Science* 8, nº 6, nov./dez. 1997, pp. 698-706.

March, James G. & Shapira, Zur. "Managerial Perspectives on Risk and Risk-Taking". *Management Science* 33, 1987.

Markoff, John. "Papers Shed New Light on Microsoft Tactics". *International Herald Tribune*, 25 mar. 2004, p. 11.

——. "The Disco Ball of Failed Hopes and Other Tales from Inside Intel". *New York Times*, 29 nov. 2004.

McClenahen, John S. "Percy Barnevik and the ABB s of Competition". *Industry Week*, 6 jun. 1994, pp. 20-4.

McGahan, Anita M. "Competition, Strategy, and Business Performance". *California Management Review* 41, nº 3, spring 1999, pp. 74-101.

——. & Porter, Michael E. "How Much Does Industry Matter, Really?" *Strategic Management Journal* 18, 1997, pp. 15-30.

McGuire, Jean B.; Schneeweis, Thomas & Branch, Ben. "Perceptions of Firm quality: A Cause or Result of Firm Performance". *Journal of Management* 16, nº 1, 1990, pp. 167-80.

MEINDL, James R.; EHRLICH, Sanford B. & DUKERICH, Janet M. "The romance of Leadership". *Administrative Science Quarterly* 30, 1985, pp. 78-102.

MEINDL, James R. & EHRLICH, Sanford B. "The Romance of Leadership and the Evaluation of Organizational Performance". *Academy of Management Journal* 30, nº 1, 1987, pp. 91-109.

MIJUK, Goran. "Pensions Case Against Ex-CEOs of ABB Is Ended". *Wall Street Journal Europe*, 6 out. 2005.

MOORE, Angela. "Mattel Earns Rise, but Barbie Sales Snag". Reuters, 19 jul. 2004.

MOROSINI, Piero. "ABB in the New Millennium: New Leadership, New Strategy, New Organization". Estudo de Caso IMD 3-0829, 2000.

MORRISON, Scott. "HP Sacks Chief Executive Fiorina but Stresses Strategy Will Not be Changed". *Financial Times*, 10 fev. 2005, p. 1.

——. "HP Turns to NCR for Its New Chief". *Financial Times*, 30 mar. 2005, p. 1.

NARVER, John C. & SLATER, Stanley F. "The Effect of Market Orientation on Business Performance". *Journal of Marketing*, out. 1990, pp. 20-35.

NUTTALL, Chris. "Intel Inside Out: The Chip Industry Leader Adapts to Changing Consumer Demands". *Financial Times*, 9 fev. 2005, p. 15.

ORWELL, George. "Notes on Nationalism". *England, Your England and Other Essays*. London: Secker & Warburg, 1945.

PERRY, Nancy J. "America's Most Admired Corporations" . *Fortune*, 9 jan. 1984.

PETERS, Tom. "Tom Peters' True Confessions". *Fast Company*, dez. 2001, p. 90.

PLATT, John R. "Strong Inference". *Science* 146, nº 3642, 16 out. 1964.

PORTER, Michael E. "What Is Strategy?". *Harvard Business Review*, nov./dez. 1996.

QUICK, Rebecca. "Tiny Dogs and a Dream: Beating Cisco". *Wall Street Journal*, 4 jun. 1998.

RAPOPORT, Carla, & MORAN, Kevin. "A Tough Swede Invades the U.S.". *Fortune*, 29 jun. 1992, pp. 76-9.

REINHARDT, Andy. "Can Nokia Get the Wow Back?". *Business Week*, 31 maio 2004, pp. 18-21.

—— & BURROWS, Peter."Crunch Time for the High Tech Whiz". *Business Week*, 28 abr. 1997, p. 80.

ROSENZWEIG, Philip M. "What Do We Think Happened at ABB?: Pitfalls in Research About Firm Performance". *International Journal of Management and Decision Making* 5, nº 4, 2004, pp. 267-81.

——."Bill Gates and the Management of Microsoft". Estudo de Caso da Harvard Business School 392-019, 1991.

RUF, Bernardette M.; MURALIDHAR, Krishnamurty; BROWN, Robert M.; JANNEY, Jay J. & PAUL, Karen. "An Empirical Investigation of the Relationship Between Change in Corporate Social Performance and Financial Performance: A Stakeholder Theory Perspective". *Journal of Business Ethics* 32, 2001, pp. 143-56.

SALANCYK, Gerald R. & MEINDL, James R. "Corporate Attributions as Strategic Illusions of Management Control". *Administrative Science Quarterly* 29, 1984, pp. 238-54.

SANTOSUS, Megan. "A Seasoned Performer". *CIO*, 15 jan. 1995.

SCHARES, Gil E. "Percy Barnevik's Global Crusade". *Business Week*, 6 dez. 1993, pp. 56-9.

SCHLENDER, Brent. "Computing's Next Superpower", *Fortune*, 12 maio 1997, pp. 64-71.

SCHNEIDER, Benjamin; HANGES Paulo J.; SMITH, D. Brent & SALVAGGIO, Amy Nicole. "Which comes First: Employee Attitudes or Organizational, Financial, and Market Performance?". *Journal of Applied Psychology* 88, nº 5, out. 2003, pp. 836-51.

SERWER, Andy. "There's Something About Cisco" . *Fortune*, 15 maio 2000.

SIMONIAN, Andy. "Optimistic ABB Turns the Corner". *Financial Times*, 30 jul. 2004.

STAW, Barry M. "Attribution of 'Causes' of Performance: a General Alternative Interpretation of Cross-Sectional Research on Organizations". *Organizational Behavior and Human Performance* 13, 1975, pp. 414-32.

——; MCKECHNIE, Pamela I. & PUFFER, Sheila M. "The Justification of Organizational Performance". *Administrative Science Quarterly* 28, 1983, pp. 592-600.

TAYLOR, William. "The Logic of Global Business: An Interview with Percy Barnevik". *Harvard Business Review*, mar./abr. 1991, pp. 91-5.

TEMPEST, Nicole & KASPER, Christian G. "Cisco Systems Inc.: Acquisition Integration for Manufacturing (A)". Estudo de caso da Harvard Business School 9-600-015, 1999.

THORNDIKE, Edward L. "A Constant Error in Psychological Ratings". *Journal of Applied Psychology* 4, 1920, pp. 469-77.

THURM, Scott. "Cisco Profit Before Charges Rise 33% as Revenue Growth Keeps Accelerating". *Wall Street Journal*, 3 fev. 1999.

——."Joining the Fold: Under Cisco's Systems, Mergers Usually Work". *Wall Street Journal*, 1º mar. 2000.

——."Superstar's Pace: Cisco Keeps Growing but Exactly How Fast is Becoming an Issue — As Debate over Its Stock Mounts, the Outcome Could Have Big Ripples". *Wall Street Journal*, 3 nov. 2000.

TICHY, Noel & CHARAN, Ram. "The CEO as Coach: An Interview with AlliedSignal's Lawrence A. Bossidy". *Harvard Business Review*, mar./abr. 1995.

TOMLINSON, Richard & HJELT, Paola. "Dethroning Percy Barnevik". *Fortune*, 1º abr 2002, pp. 38-41.

TVERSKY, Amos & KAHNEMAN, Daniel. "Judgment Under Uncertainty: Heuristics and Biases". *Science* 185, 1974, pp. 1.124-31.

WALCZAK, Lee; DUNHAM, Richard S. & MCNAMEE, Mike. "Selling the Ownership Society". *Business Week*, 6-13 set. 2004.

WARING, Geoffrey F. "Industry Differences in the Persistence of Firm-Specific Returns". *American Economic Review*, dez. 1996, pp. 1.253-65.

WASSERMAN, Noam; NOHRIA, Nitin & ANAND, Bharat. "When Does Leadership Matter?: The Contingent Opportunities View of CEO Leadership". Minuta de trabalho da Harvard Business School, 2001.

WEBER, Joseph, BURROWS, Peter & ARNDT, Michael. "Management Lessons from the Bust". *Business Week*, 20 ago. 2001.

WELCH, David & BEUCKE, Dan. "Why GM's Plan Won't Work". *Business Week*, 9 maio 2005.

WIGGINS, Robert R. & RUEFLI, Timothy W. "Schumpeter's Ghost: Is Hypercompetition Making the Best of Times Shorter?". *Strategic Management Review* 26, 2005, pp. 887-911.

WILLER, Robb. "The Effects of Government-Issued Terror Warnings on Presidential Approval Ratings". *Current Research on Social Psychology* 10, nº 1, 2004.

WOODRUFF, David. "ABB Unveils New Board, Overhaul-Structural Plan Aims to Shift Focus from Products to Corporate Customers". *Wall Street Journal Europe*, 12 jan. 2001.

——."Shares of ABB slide 8.5% in Zurich on Disappointing Report of Results — New Chairman Vows to Boost Earnings, Revenue at Industrial Conglomerate". *Wall Street Journal Europe*, 14 fev. 2001.

——. & LATOUR, Almar. "Barnevik Gets Harsh Verdict in Court of Public Opinion — Former ABB Chief Is Disgraced in Pension Row" . *Wall Street Journal Europe*, 18 fev. 2002.

YOFFIE, David B. & KWAK, Mary. "Playing by the Rules: How Intel Avoids Antitrust Litigation". *Harvard Business Review*, jun. 2001, pp. 119-22.

AGRADECIMENTOS

MEU PRIMEIRO AGRADECIMENTO vai para Gordon Adler, meu bom amigo e colega no IMD, que me ouviu falar sobre alguns dos temas neste livro no decorrer dos últimos vários anos e me encorajou a escrevê-los. Minha esposa, Laura Rosenzweig, e meu pai, Mark Rosenzweig, leram rascunhos dos primeiros capítulos e ofereceram comentários e encorajamento. Outros colegas leram vários capítulos e reagiram com entusiasmo. Obrigado a Dan Denison, Peter Killing e John Walsh. Minha mais profunda gratidão vai para aqueles que leram o manuscrito inteiro em detalhes consideráveis (às vezes mais de uma vez) e ofereceram muitos comentários valiosos, grandes e pequenos: Bill Fischer, Tomi Laamanen, Anita McGahan, Michael Raynor, Mark Rosenzweig e Tom Vollmann. Eu aprecio o tempo que eles gastaram, e o cuidado que tomaram para desafiar minhas suposições, para apontar meus enganos, para aguçar meu pensamento e para oferecer idéias para aperfeiçoá-lo. O livro é incomensuravelmente melhor graças às suas contribuições.

O IMD, International Institute for Management Development, em Lausanne, na Suíça, do qual sou membro do corpo docente desde 1996, é um dos centros de administração, pesquisa e educação mais importantes do mundo. O IMD é acima de tudo um instituto prático, com curiosidade sobre idéias de negócios e sua aplicação a situações do mundo real. Esse espírito foi um campo fértil para o pensamento que resultou neste livro. Sou muito grato à diretoria do IMD ao longo desta última década: Peter Lorange e Jim Ellert. Também desejo agradecer aos meus colegas de faculdade, por sua amizade e suporte, e por me permitirem contribuir com o Instituto enquanto equilibrava a vida familiar no estrangeiro. Não são muitas as organizações que teriam assumido uma postura tão flexível e construtiva — o IMD fez isso, pelo que eu e minha família somos gratos.

Marine Frey me assistiu durante os últimos dois anos, rastreando artigos e livros de bibliotecas, preparando versões encadernadas de minutas e correspondência administrativa. Ela combina diversas qualidades há muito associadas com a Suíça — eficiência, confiabilidade e discrição — com outras que aprecio em qualquer pessoa, qualquer que seja o passaporte — bom astral, irreverência e um senso de humor malicioso. John Evans, diretor do Centro de Informações do IMD, e toda a sua equipe ajudaram enormemente em reunir artigos. Em particular, John desempenhou um papel-chave, trabalhando com a Standard & Poor para coletar os dados da Compustat mostrados no apêndice e descritos nos capítulos seis e sete.

Daniel Bial, meu agente literário, acreditou neste projeto desde o começo, e foi um parceiro soberbo durante todo o processo, do contato inicial até a finalização. Fred Hills, da Free Press, forneceu muitas idéias que foram essenciais na formação do manuscrito. Apreciei grandemente seu aconselhamento e apoio. Sem Dan e Fred eu provavelmente ainda estaria resmungando comigo mesmo sobre o contar histórias mascaradas de ciência. Obrigado também às muitas pessoas da Free Press que ajudaram a editar, planejar e produzir o livro, inclusive Marty Beiser, Phil Metcalf, Davina Mock e Eric Fuentecilla.

Antes de encerrar, eu gostaria de oferecer uma palavra de apreciação a alguns dos professores que mais me influenciaram em importantes momentos da minha vida: da Berkeley High School, Donald Schrump e Gordon "Bussy" Jackson (1945-1971); da UC Santa Barbara, Roy Savoian e William Ebenstein (1910-1976); e da Universidade da Pensilvânia, John Kimberly, Kenwin Smith e Edward Bowman (1925-1998). Meus sinceros agradecimentos a todos eles por sua orientação e pelos exemplos que me deram.

Finalmente, agradecimentos especiais à minha adorável esposa, Laura, que reconheceu o prazer que tive com este projeto e jamais se queixou de acordar ao som do *clic-clic-clic* do teclado no quarto ao lado.

ÍNDICE REMISSIVO

Este livro foi impresso em
chamois fine 70g na Imprensa da Fé.
São Paulo, Brasil, verão de 2008.